Alexandra Schwarz

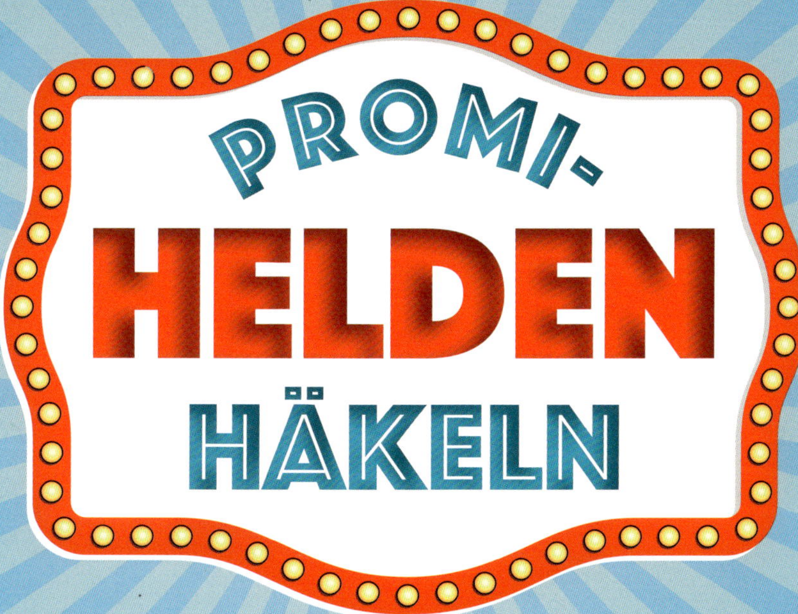

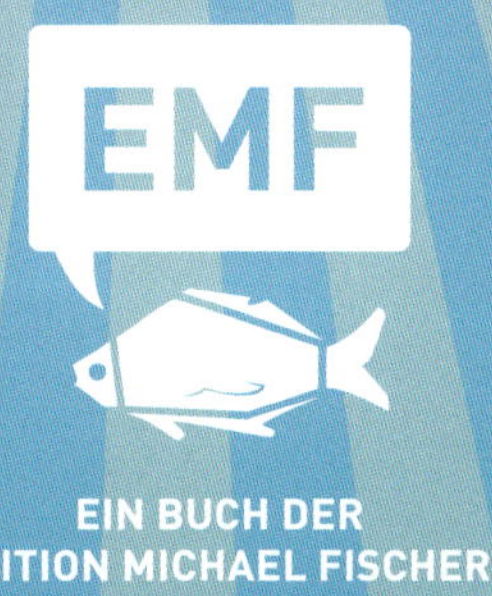

EIN BUCH DER
EDITION MICHAEL FISCHER

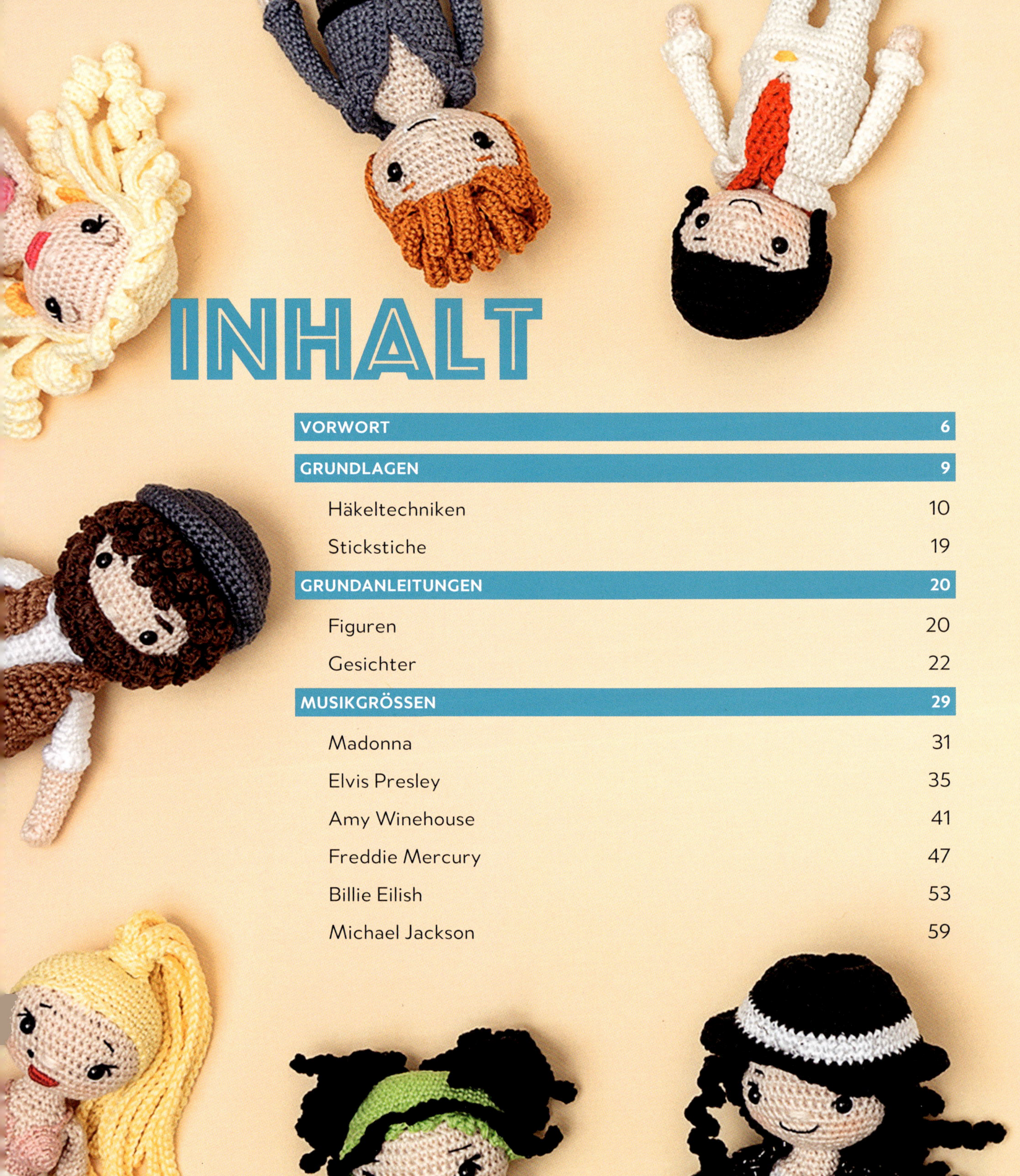

INHALT

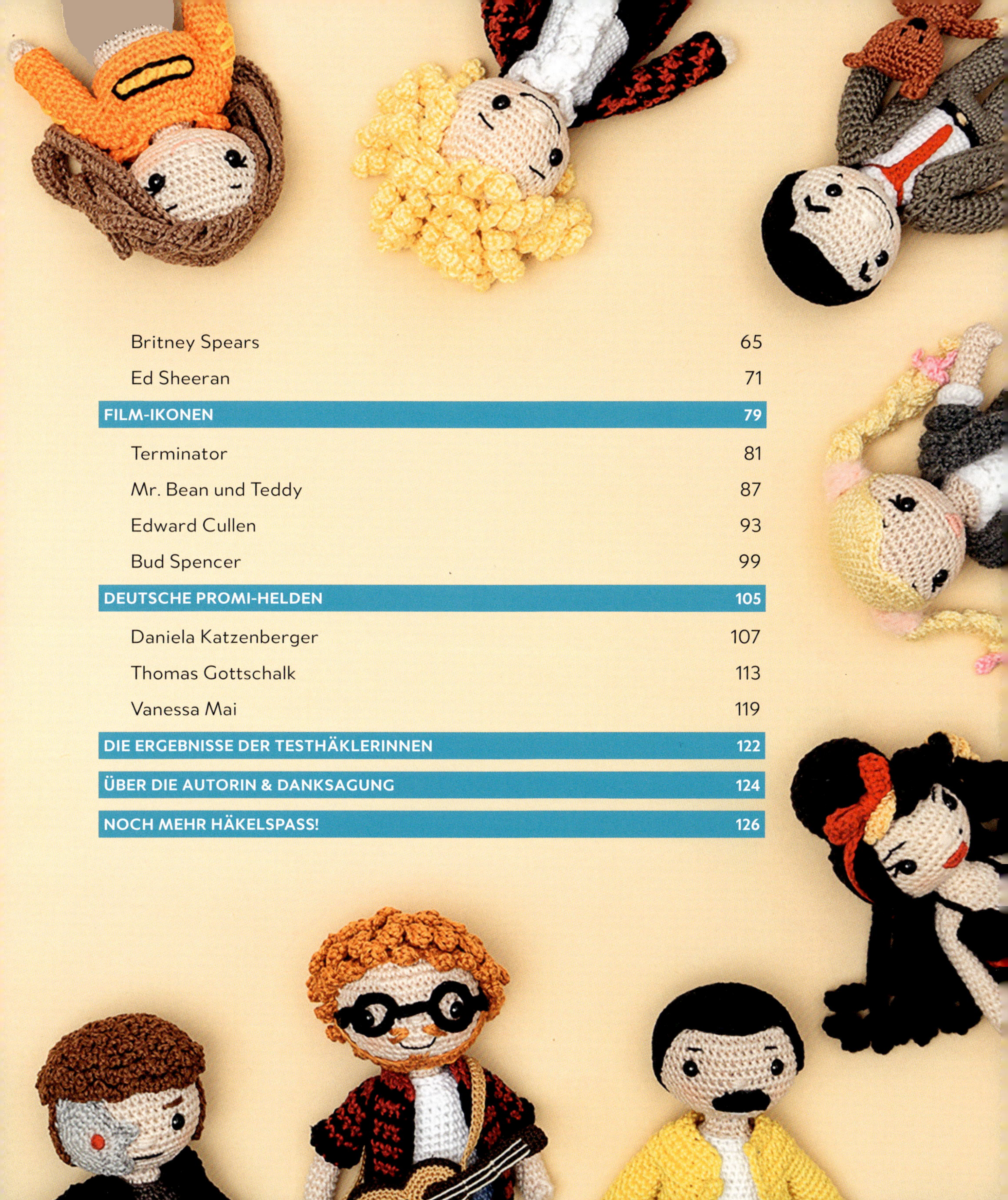

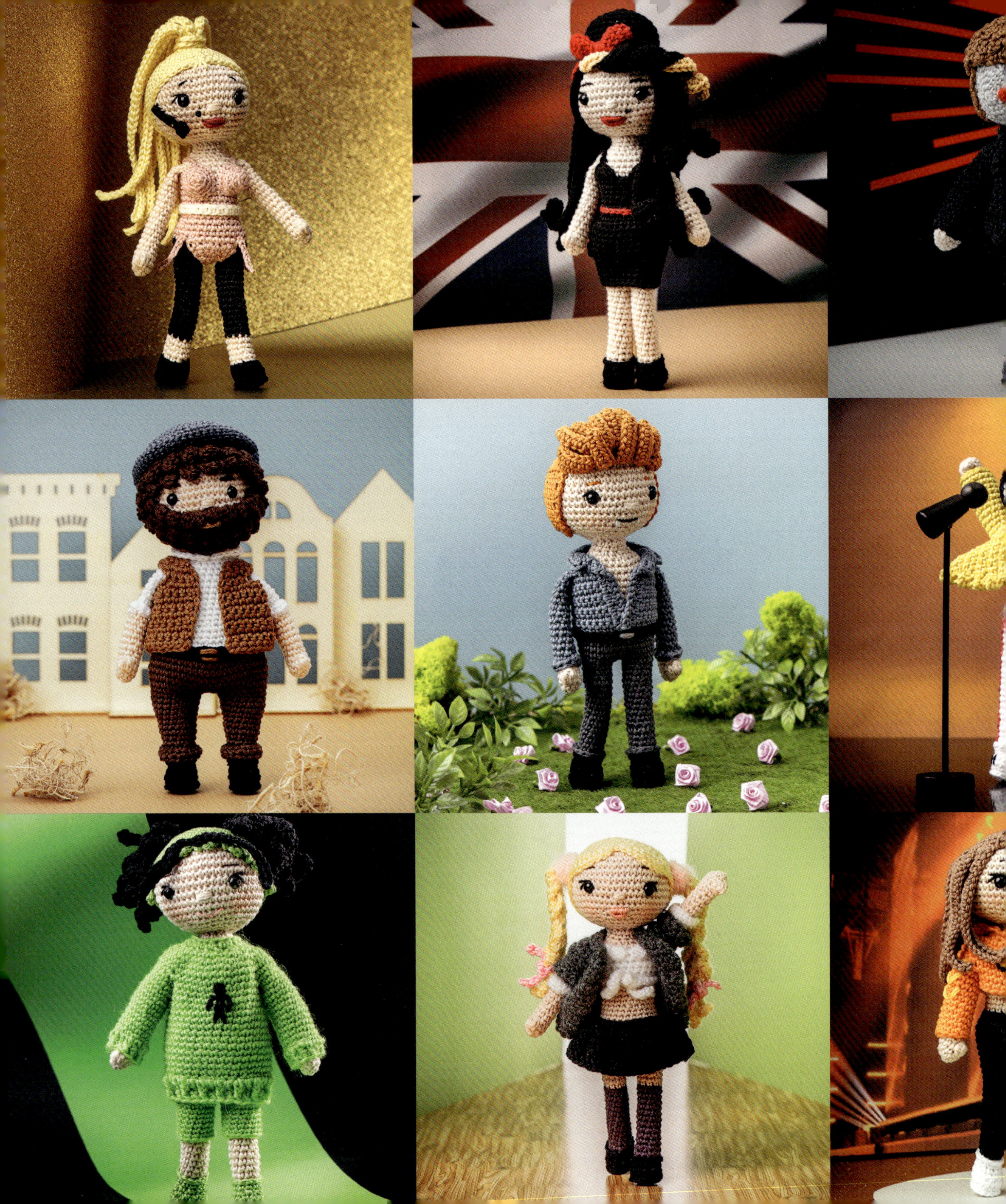

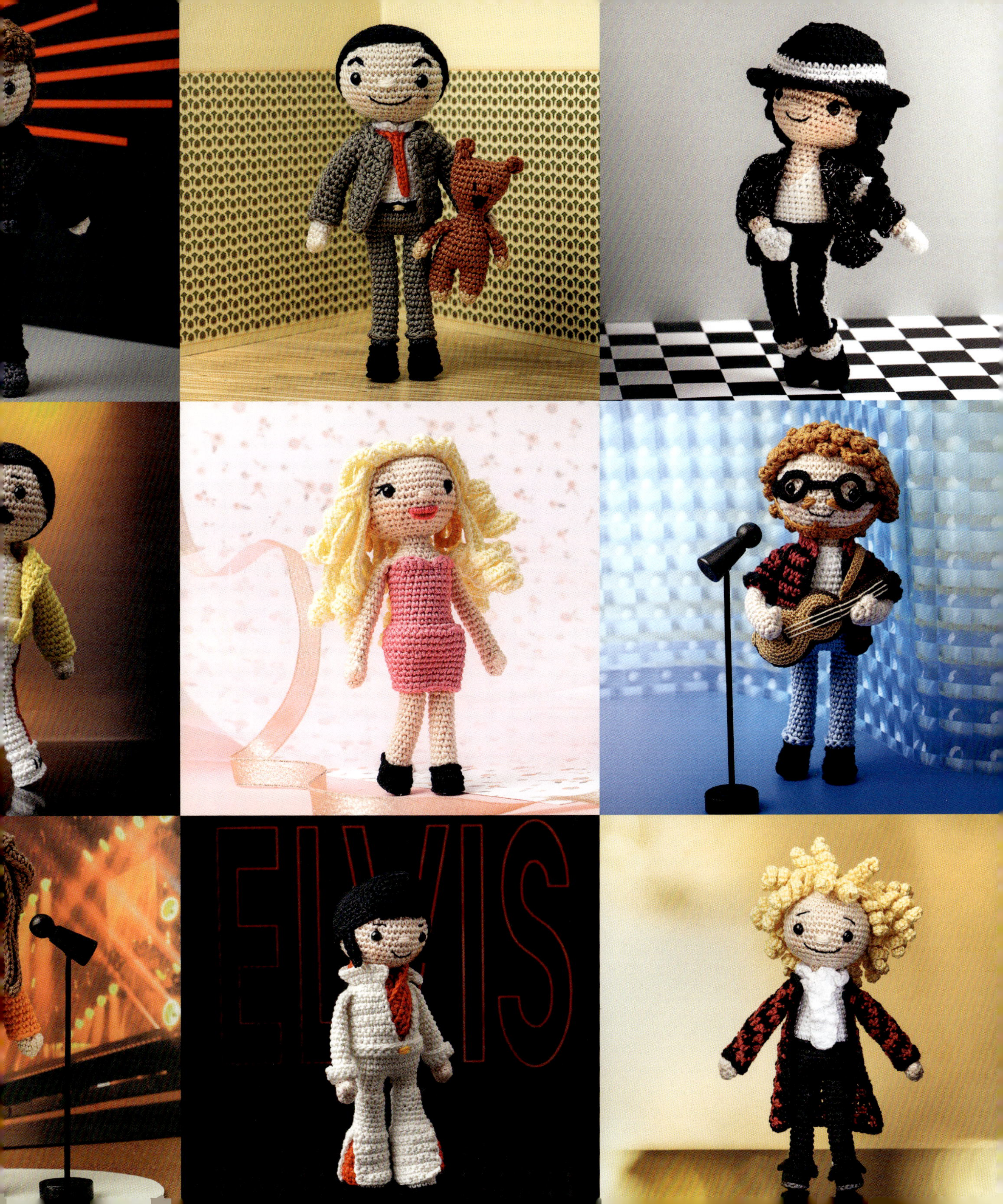
ELVIS

VORWORT

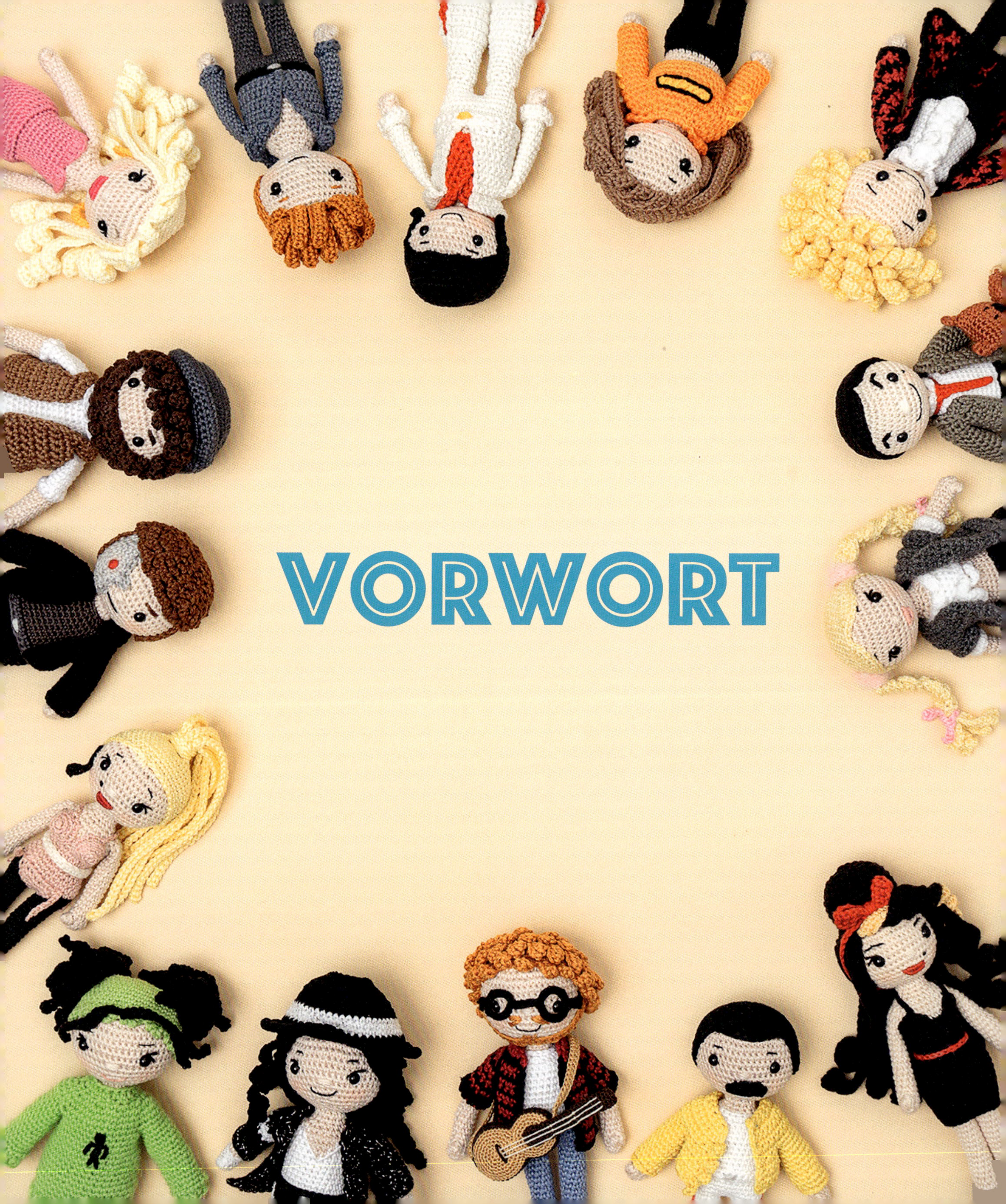

HALLO, LIEBER HÄKELFAN,

mein Name ist Alexandra. Ich bin 36 Jahre alt und wohne mit meinen zwei Kindern, meinem Mann und unserer Katze namens Motte in meiner Wahlheimat Wasseralfingen, im schönen Baden-Württemberg. Geboren und aufgewachsen bin ich in Berlin. Hauptberuflich bin ich Hausfrau und Mutter.

Schon in meiner Kindheit war ich ein kleiner Kreativkopf. In meiner Familie gibt es davon einige: Oma, Tanten, Cousinen und Geschwister. Wir alle sind in irgendeiner Weise kreativ. Häkeln und Stricken waren jedoch mehr Teil der älteren Generation. Ich lernte die Grundtechniken des Häkelns bereits in der Kindheit, habe es aber jahrelang verdrängt. Bis ich 2014, im Internet, zum ersten Mal Amigurumis entdeckte. Klasse, dachte ich mir, so etwas will ich auch können. Und so habe ich einen Großteil meiner Zeit damit verbracht, mir autodidaktisch das Häkeln der Figuren beizubringen.

Seither vergeht kaum ein Tag ohne dieses wundervolle Hobby. Nach ungefähr drei Jahren startete ich unter dem Namen „Wolltastisch handmade“ mit dem Verkauf meiner eigenen Anleitungen. Und so wurde mein Hobby auch zu meinem Beruf.

Bei Instagram und Facebook findest du mich unter @wolltastisch_handmade. Dort bekommst du alle Neuigkeiten über mich und meine Häkelwelt. Ich nehme meine Follower gern mit, wenn meine Anleitungen entstehen. Ich würde mich freuen, wenn du auch bald dazugehörst.

Unter dem Hashtag #wolltastischhandmade bekommst du nach meinen Anleitungen entstandene Werke von meinen Followern zu sehen. Manchmal teile ich diese dann auf meiner Seite. Vielleicht ist deine Puppe ja auch bald dabei?

Liebe Grüße und viel Spaß beim Häkeln
Alexandra

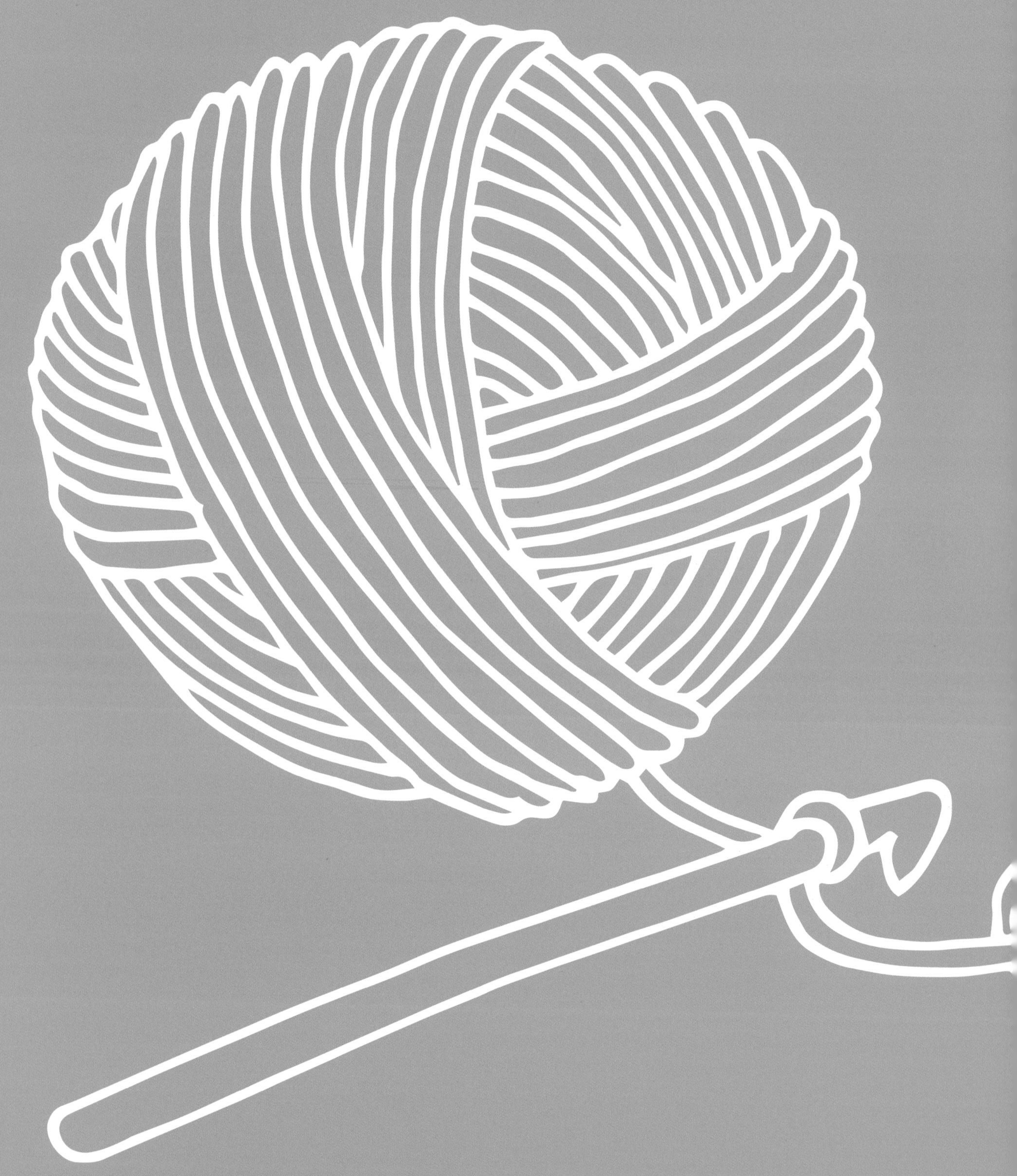

GRUNDLAGEN

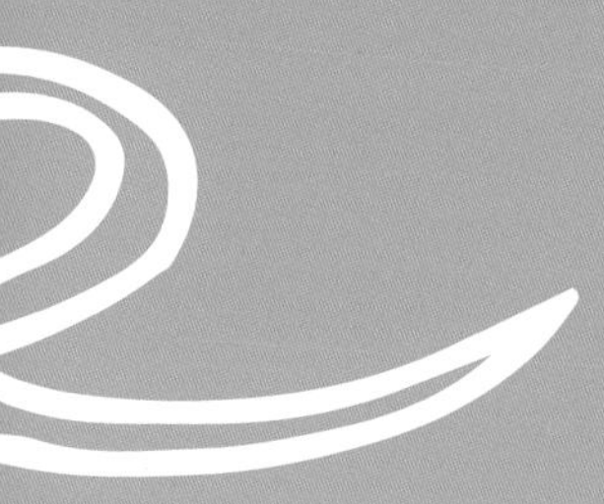

HÄKELTECHNIKEN

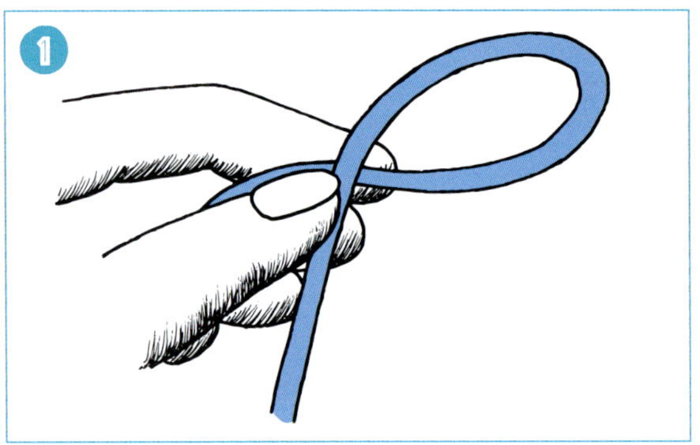

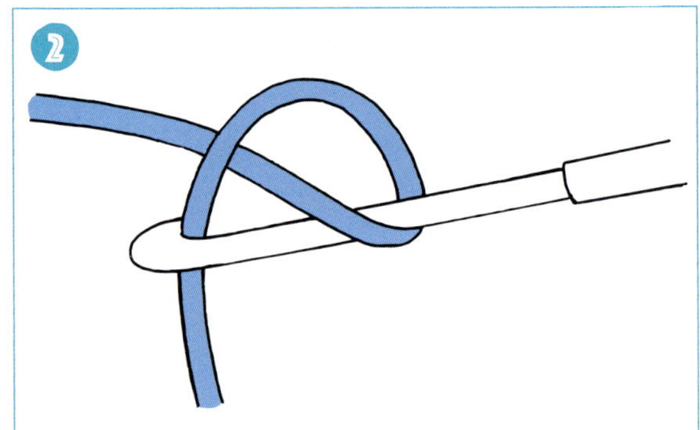

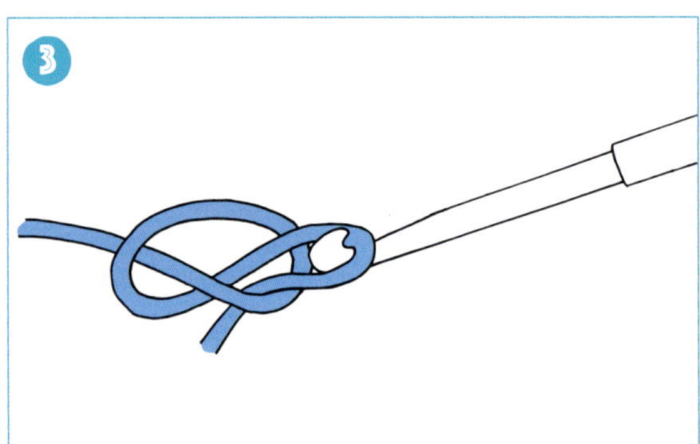

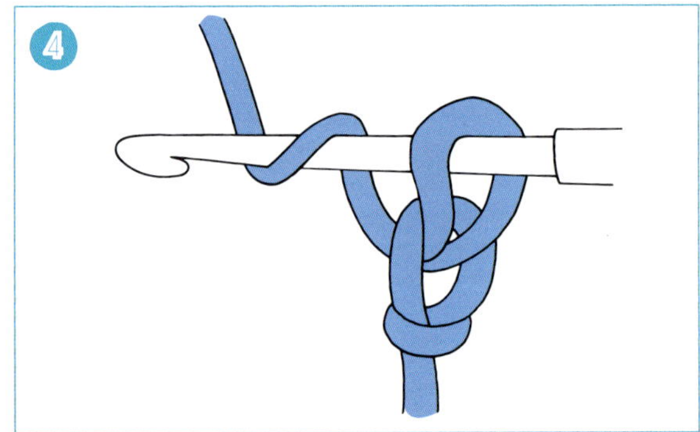

LUFTMASCHEN ANSCHLAGEN

Lege den Faden zu einer Schlinge und fixiere ihn mithilfe deines Daumens und Zeigefingers. Der Arbeitsfaden befindet sich unten ☛ siehe Bild 1. Stich nun mit der Nadel durch die Schlaufe und hole den Faden durch die Öffnung ☛ siehe Bild 2. Ziehe die so entstandene Schlaufe leicht fest, indem du an beiden Fäden, dem Fadenende und dem Arbeitsfaden, ziehst. So entsteht die Anfangsschlinge, in die du nun weitere Luftmaschen häkeln kannst ☛ siehe Bild 3. Um weitere Luftmaschen anzuschlagen, die Anfangsschlinge gut festhalten, mit der Nadel durch die Schlinge stechen, den Faden holen und wieder durch die Schlinge ziehen ☛ siehe Bild 4. So oft wie nötig wiederholen.

WENDELUFTMASCHE

Am Ende einer Reihe häkelst du eine Luftmasche, eine sogenannte Wendeluftmasche, und wendest die Arbeit.

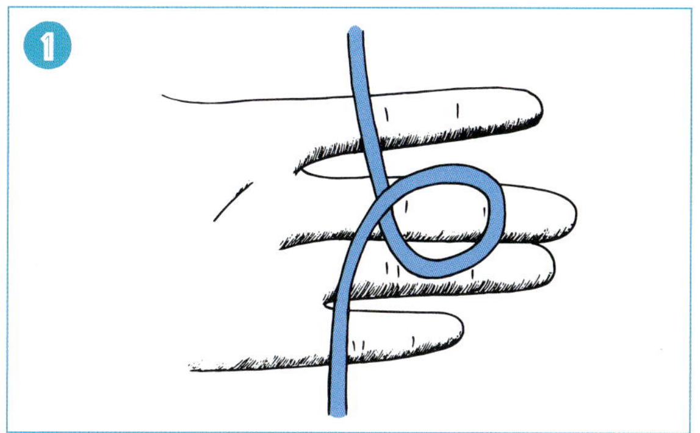

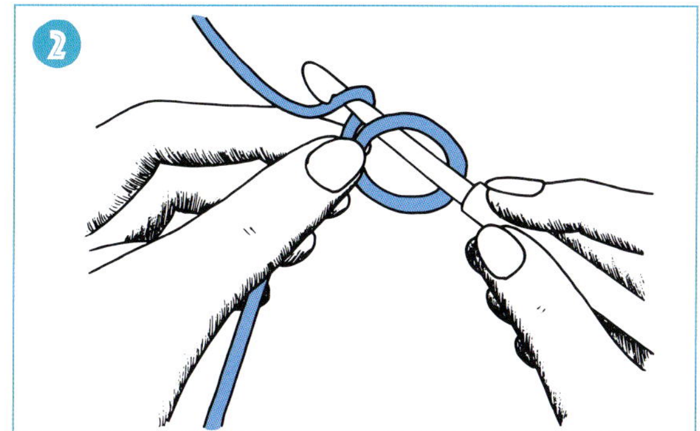

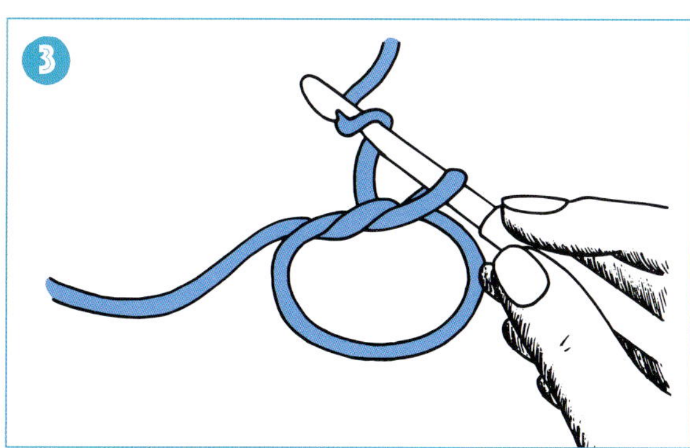

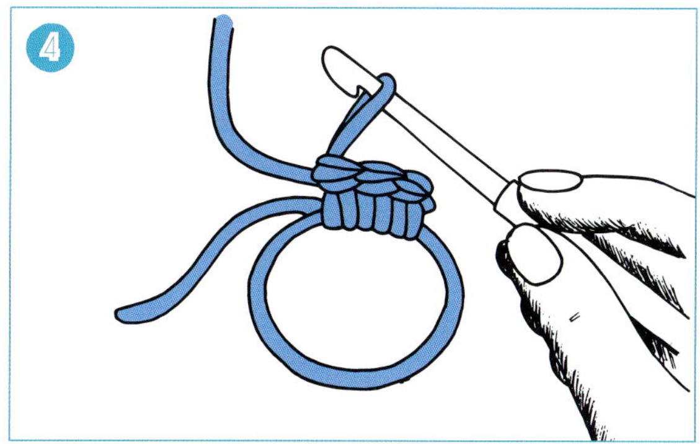

FADENRING

Bilde mit dem Garn eine Schlaufe, wobei das Ende des Fadens nach unten zeigt. Lege den Rest des Garns nach hinten über den Zeigefinger ☛ siehe Bild 1. Halte die Schlaufe mit dem Daumen und dem Zeigefinger fest, führe die Nadel durch die Schlaufe, hole den Faden und ziehe diesen durch die Schlaufe ☛ siehe Bild 2.

Hole den Arbeitsfaden erneut und ziehe ihn durch die Schlinge. So wird der Ring fixiert ☛ siehe Bild 3. Ab jetzt können die Maschen wie gewohnt gehäkelt werden. Stich dabei immer um den Ring herum, nicht in die Schlaufen des Rings hinein. Sind alle Maschen gehäkelt, kann der Ring durch Ziehen am Fadenende zusammengezogen werden ☛ siehe Bild 4.

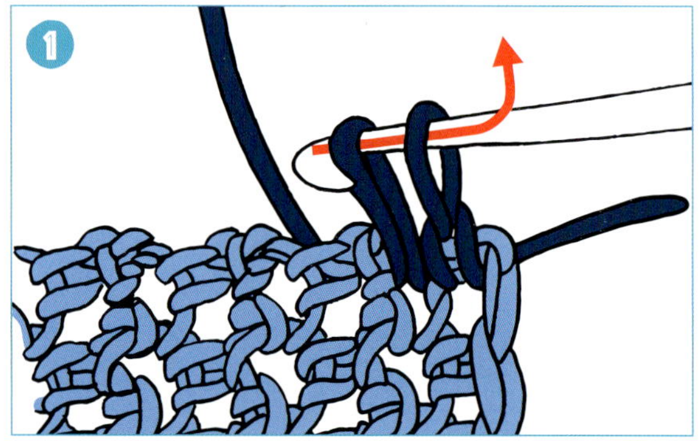

KETTMASCHE

Kettmaschen sind sehr vielfältig. Sie werden nicht nur verwendet, um Kanten zu verzieren, mit ihnen schließt man auch Runden. Um eine Kante zu verzieren, schlinge den Faden an einer Kante des Häkelstücks an. Stich unterhalb der Wendeluftmasche in die folgende Reihe ein, hole den Faden zur Schlinge und ziehe ihn durch die Schlaufe siehe Bild 1. So sieht eine mit Kettmaschen verzierte Abschlusskante aus siehe Bild 2.

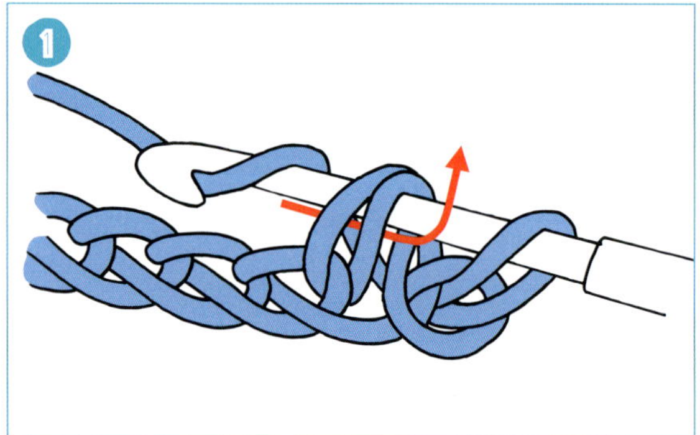

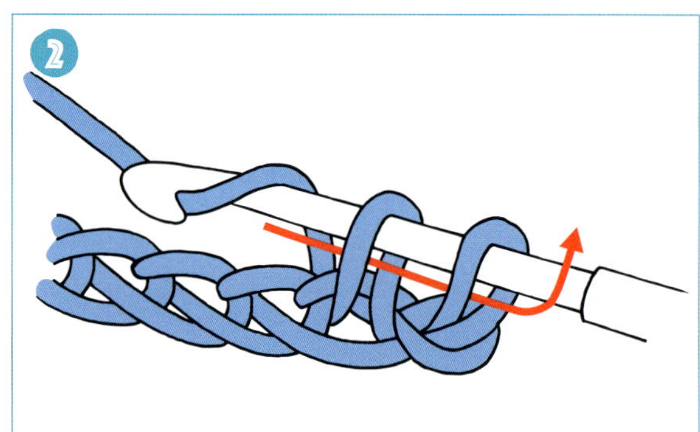

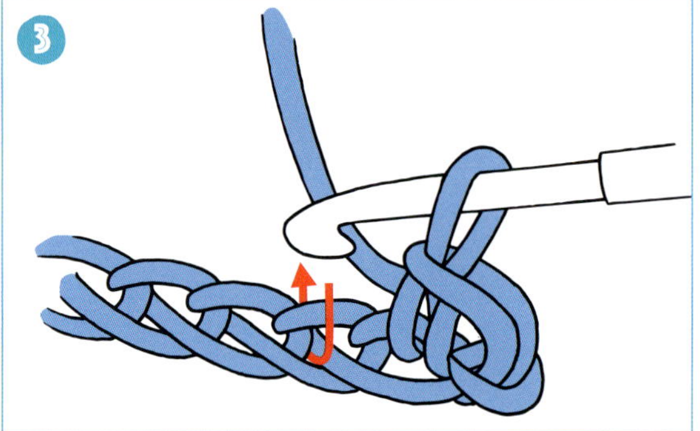

FESTE MASCHE

Stich mit der Nadel durch die folgende Masche und hole den Faden. Es befinden sich nun zwei Schlingen auf der Nadel siehe Bild 1. Hole den Arbeitsfaden erneut und ziehe ihn durch beide Schlingen auf der Nadel. Nun ist die erste feste Masche entstanden siehe Bild 2. In die nächste Einstichstelle stechen und den Vorgang wiederholen siehe Bild 3.

STEHENDE FESTE MASCHE

Lege eine Anfangsschlinge mit einem neuen Faden auf die Häkelnadel. Stich in die gewünschte Masche der letzten Runde des Häkelteils ein und häkle wie gewohnt eine feste Masche. Diese stehende Anfangsmasche ist deine erste feste Masche der neuen Runde. Häkle nun rundherum in die letzte Runde des Häkelteils. Die Runde nicht mit einer Kettmasche schließen, sondern gemäß Anleitung in Spiralrunden weiterhäkeln.

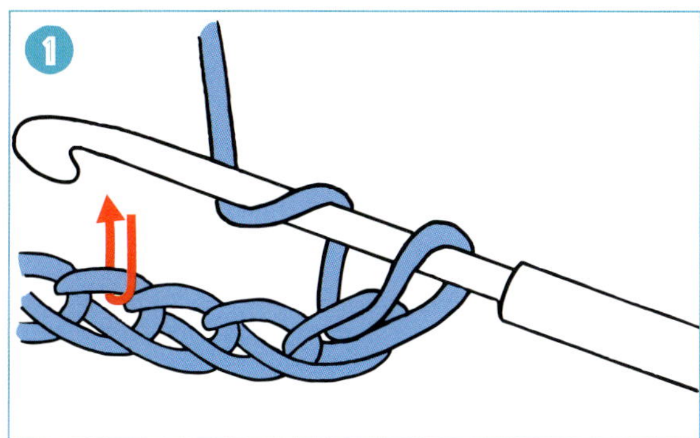

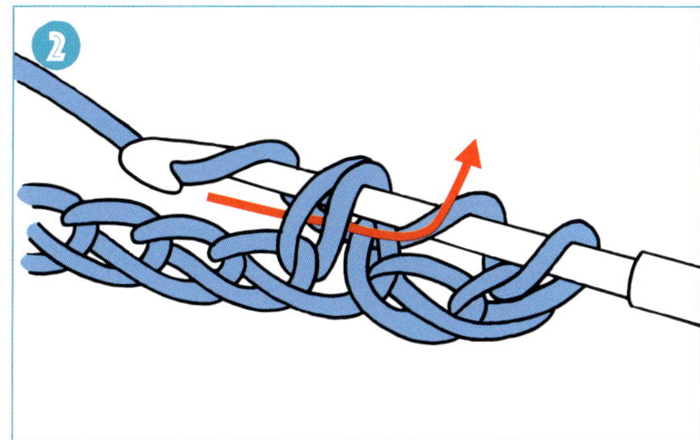

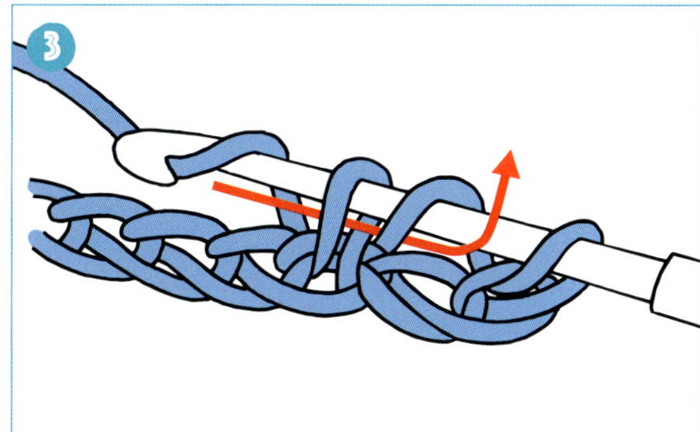

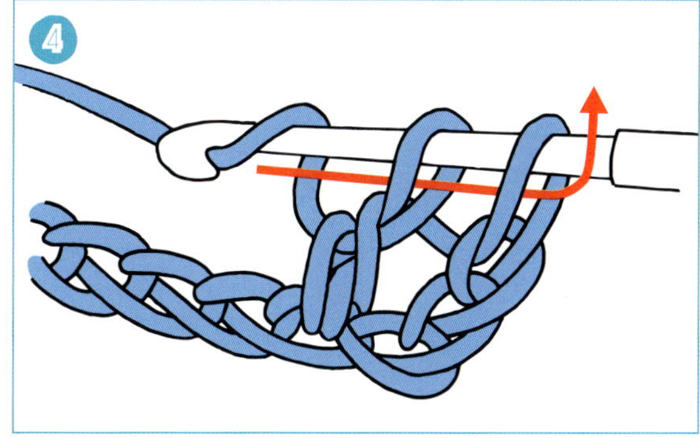

STÄBCHEN

Lege den Faden einmal um die Nadel (Umschlag). Stich dann in die folgende Masche ein ☛ siehe Bild 1 und hole den Faden. Es befinden sich nun drei Schlingen auf der Nadel ☛ siehe Bild 2. Hole den Faden erneut und ziehe ihn durch die ersten beiden Schlingen auf der Nadel.

Es liegen nun noch zwei Schlingen auf der Nadel ☛ siehe Bild 3. Den Faden noch einmal holen und durch die letzten beiden Schlingen ziehen ☛ siehe Bild 4. Nun ist das erste Stäbchen entstanden.

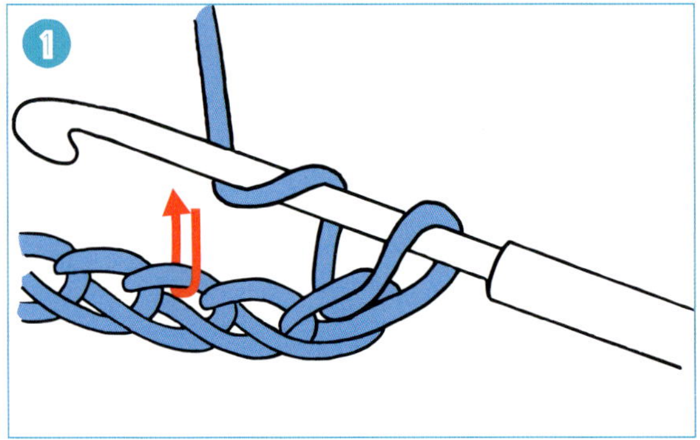

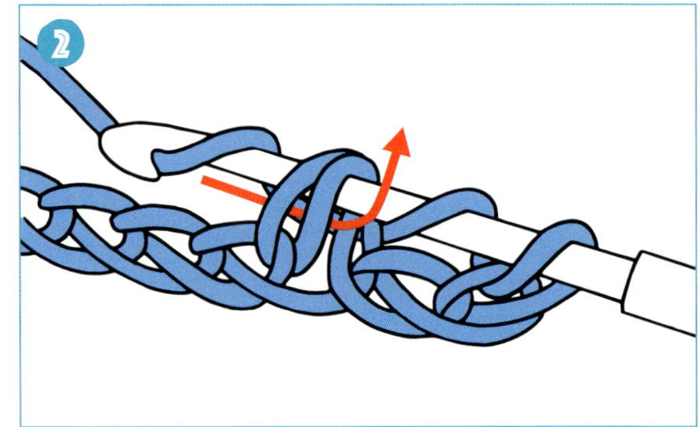

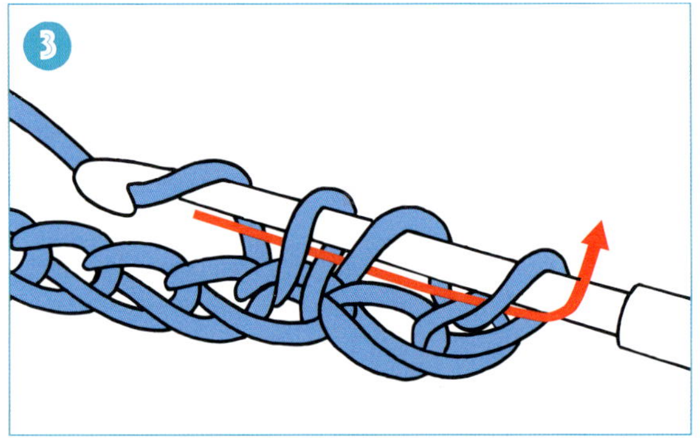

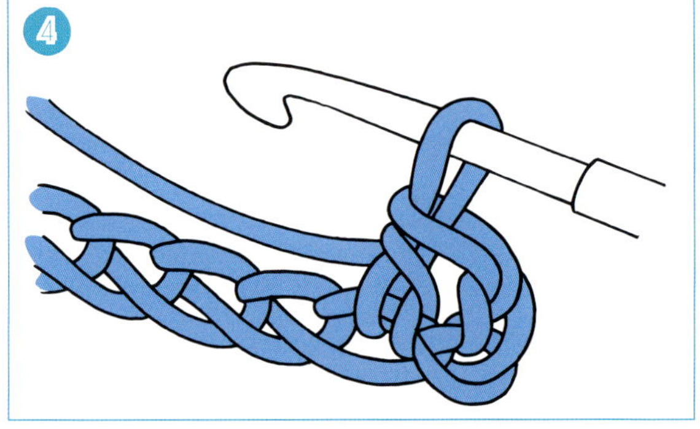

HALBES STÄBCHEN

Lege den Faden einmal um die Nadel (Umschlag). Stich dann in die folgende Masche ein ☛ siehe Bild 1 und hole den Faden. Es befinden sich dann drei Schlingen auf der Nadel ☛ siehe Bild 2.

Hole den Faden erneut und ziehe ihn durch alle drei auf der Nadel befindlichen Schlingen ☛ siehe Bild 3. So sieht das fertige halbe Stäbchen aus ☛ siehe Bild 4.

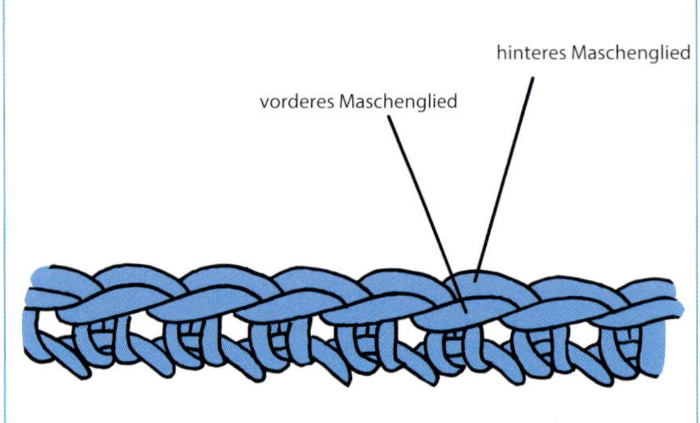

MASCHENGLIEDER

Bei manchen Anleitungen wird angegeben, dass man nur in ein Maschenglied häkeln soll. Diese Illustration verdeutlicht, wo sich das vordere bzw. das hintere Maschenglied befindet. Außerdem kannst du auch ins rückwärtige Maschenglied arbeiten. Das befindet sich bei Luftmaschen auf der Rückseite der Luftmaschenkette. Bei festen Maschen liegt es, von oben betrachtet, hinter dem hinteren Maschenglied.

IN REIHEN HÄKELN

Beim Häkeln in Reihen wird das Häkelstück am Reihenende gewendet. Vor dem Wenden häkelst du noch eine entsprechende Anzahl an Luftmaschen. Bei festen Maschen ist dies eine Wendeluftmasche; bei halben Stäbchen sind es zwei Luftmaschen und bei ganzen Stäbchen drei Luftmaschen, um auf die entsprechende Höhe zu kommen.

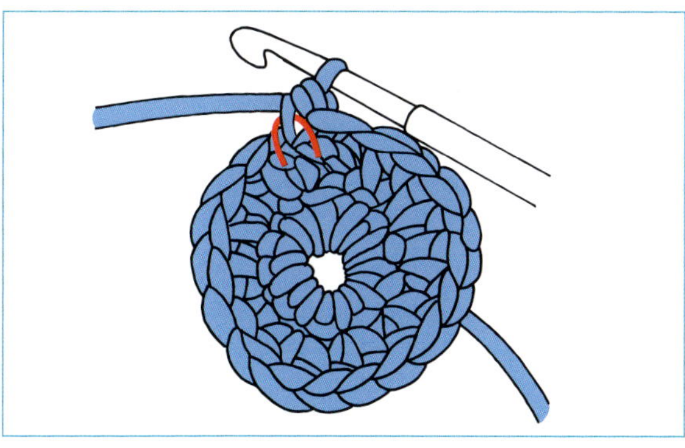

IN SPIRALRUNDEN HÄKELN

Wird in Spiralrunden gehäkelt, so wird am Ende der Runde keine Kettmasche und am Anfang der Runde keine Luftmasche gehäkelt. Die Runde läuft also einfach schneckenförmig weiter. Du kannst dir den Anfang der Runde mit einem Faden, einem Maschenmarkierer oder einer Sicherheitsnadel markieren. Das erleichtert das Zählen der Maschen.

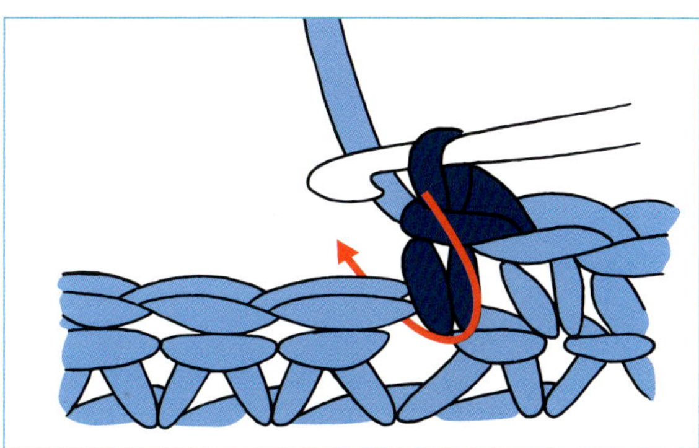

MASCHEN ZUNEHMEN/VERDOPPELN

Um Maschen jeglicher Art zuzunehmen, wird einfach in eine Einstichstelle zweimal eingestochen. Die Masche dann wie gewohnt häkeln.

Eine Masche zunehmen (Abk.: 1 M zun) = eine Masche verdoppeln, also zwei Maschen in dieselbe Einstichstelle häkeln.

FESTE MASCHEN ZUSAMMEN ABMASCHEN

Um Maschen abzunehmen, werden diese zus abgemascht. Bei festen Maschen wie folgt vorgehen: Die Nadel wie beim Häkeln einer festen Masche durch die folgende Masche ziehen und den Faden holen, diese feste Masche jedoch nicht beenden. Nun in die folgende Masche einstechen und erneut den Faden holen. Es liegen drei Schlingen auf der Nadel. Den Faden erneut holen und durch alle drei Schlingen ziehen. Die Maschenzahl hat sich somit um eine feste Masche verringert.

Eine Masche abnehmen (Abk.: 1 M abn) = zwei Maschen zusammen abmaschen, also zwei Maschen zusammenhäkeln, sodass nur ein Abmaschglied bleibt.

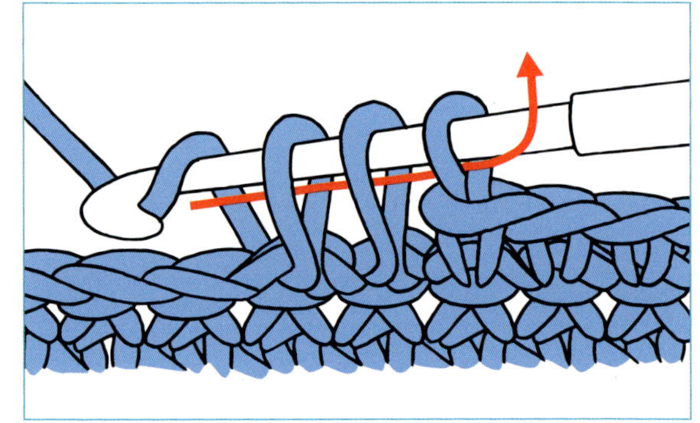

UNSICHTBARE ABNAHME

Diese Abnahmetechnik empfiehlt sich nur beim Arbeiten in (Spiral-)Runden. Mit der Nadel nur in das vordere Maschenglied der folgenden Masche einstechen. Anschließend direkt in das nächste vordere Maschenglied einstechen. Du hast nun drei Schlingen auf der Nadel. Den Faden holen und durch die ersten beiden Schlingen (= die vorderen Maschenglieder) auf der Nadel ziehen. Abschließend den Faden erneut holen und durch die letzten zwei Schlingen auf der Nadel ziehen.

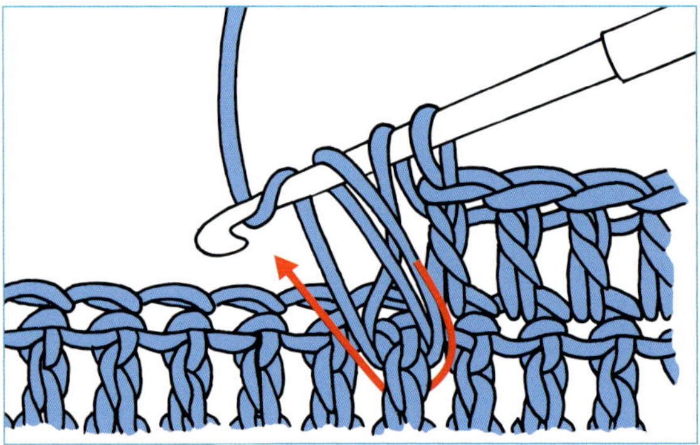

RELIEFMASCHE VON VORN EINGESTOCHEN

Hier wird ein Reliefstäbchen von vorne gezeigt. Arbeite die Umschläge wie gewohnt für ein Stäbchen und stich dann statt in beide Maschenglieder von vorn nach hinten um den Maschenkörper der Vorreihe herum. Hol den Faden und masche das Stäbchen wie gewohnt ab. Für Reliefmaschen aus festen Maschen von vorn eingestochen einfach wie beim von vorn eingestochenen Reliefstäbchen vorgehen, aber eine feste Masche arbeiten.

NOPPE

a) Häkle ein Stäbchen bis vor das Abmaschen: Ein Umschlag, in die nächste Masche der Vorreihe/Vorrunde einstechen, den Faden holen, den Faden erneut holen und durch die ersten beiden Schlingen auf der Nadel ziehen. Nun liegen noch zwei Schlingen auf der Nadel.
b) In dieselbe Masche der Vorreihe/Vorrunde 3 weitere Stäbchen bis vors Abmaschen häkeln.
c) Dann holst du den Faden erneut und ziehst ihn durch alle Schlingen auf der Nadel (alle Stäbchen gemeinsam abmaschen).

BÜSCHELMASCHE

a) Lege den Faden einmal um die Nadel (Umschlag). Stich dann in die folgende Masche ein und hole den Faden. Den Faden lang ziehen, bis er auf derselben Höhe wie die übrigen Maschen der Reihe/Runde ist.
b) Lege den Faden noch einmal um die Nadel (Umschlag) und stich in dieselbe Masche wie zuvor ein. Den Faden holen und lang ziehen.
c) Diesen Vorgang wiederholst du noch 2x (oder so oft, wie in der Anleitung angegeben wird; es gibt Büschelmaschen aus zwei, drei, vier oder fünf Schlingen).
d) Dann holst du den Faden über der Arbeit und ziehst ihn durch alle Schlingen auf der Nadel.
e) Schließe die Büschelmasche mit einer Luftmasche ab.

POPCORNMASCHE

Hier werden mehrere Stäbchen in eine Einstichstelle gehäkelt und jeweils komplett abgemascht.

a) Häkle die gewünschte Zahl an Stäbchen in dieselbe Einstichstelle, dabei jedes Stäbchen vollständig abmaschen.
b) Ziehe nun die Arbeitsschlinge auf der Nadel ein wenig größer und nimm die Häkelnadel aus der Schlinge.
c) Stich nun in das erste der gehäkelten Stäbchen ein, nimm die Arbeitsschlinge wieder auf die Nadel, ziehe sie fest und hole nun den Faden durch alle Schlingen auf der Häkelnadel.

SCHLINGMASCHE

Schlingmaschen werden ähnlich wie feste Maschen gehäkelt. Für die Schlingmasche stichst du mit der Nadel durch die folgende Masche, legst den Arbeitsfaden zu einer Schlaufe und holst den Faden durch. Der Arbeitsfaden liegt also als lockere Schlaufe an der Rückseite des Häkelstückes. Es befinden sich nun zwei Schlingen auf der Nadel. Hole den Arbeitsfaden erneut wie bei einer festen Masche und ziehe ihn durch beide Schlingen gleichzeitig. Somit ist die Schlingmasche fixiert.

RUNDE UNSICHTBAR VERSCHLIESSEN

Ist die letzte Runde gehäkelt, den Faden mit langem Ende abschneiden, durch die letzte Schlinge ziehen und mit einer Wollnadel und dem Restfaden in die vorderen Maschenglieder der letzten Runde weben. Den Faden fest anziehen und so die Öffnung schließen. Das Fadenende vernähen.

KLEINES PICOT

Zwei Luftmaschen häkeln, dann in die erste Luftmasche der Kette eine feste Masche häkeln.

FARBWECHSEL

Soll eine Runde mit einer anderen Farbe oder einem neuen Faden gehäkelt werden, wird bereits beim Häkeln der letzten Masche der aktuellen Runde der neue Faden beim letzten Fadenholen verwendet. So erscheint der Farbwechsel sauber und stufenlos.

SCHWIERIGKEITSGRAD

Die Schwierigkeitsgrade geben an, wie schwer oder aufwendig ein Projekt ist. Vor allem für Häkelanfänger sehr hilfreich.

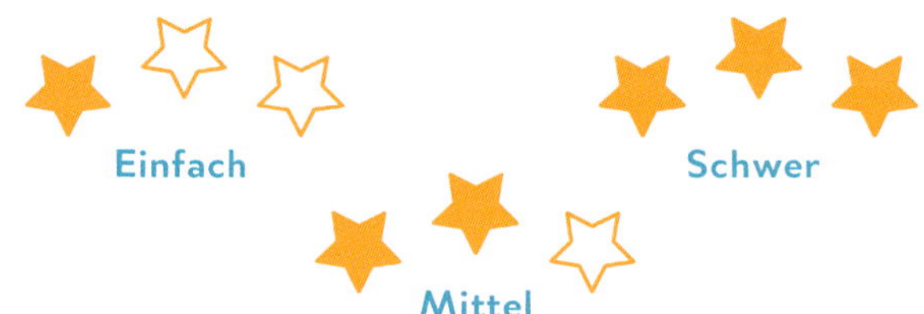

STICKSTICHE

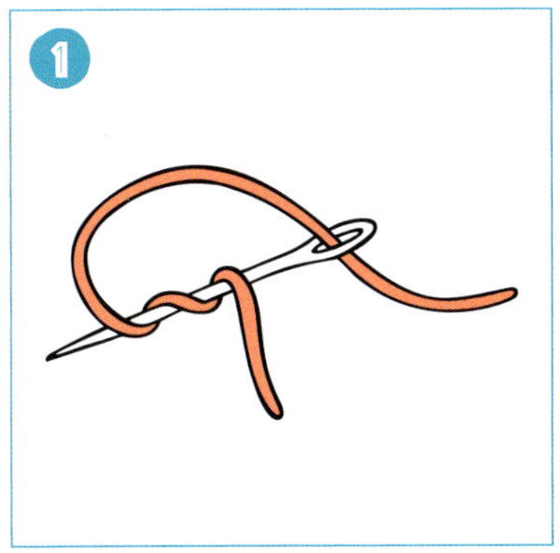

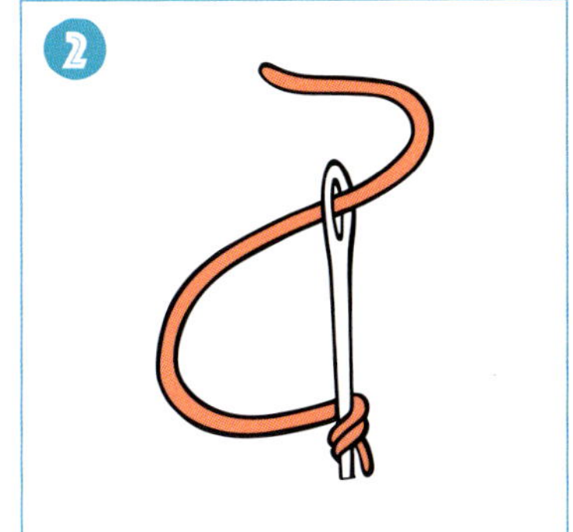

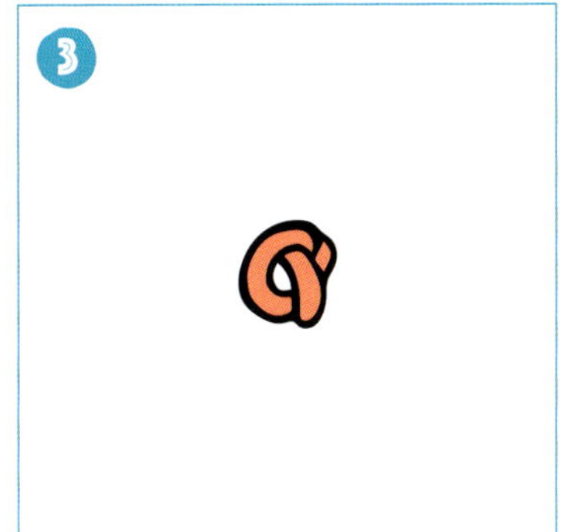

KNÖTCHENSTICH

Den Faden mehrmals um die Nadel wickeln ☛ siehe Bild 1. Dann in die Einstichstelle einstechen und den Faden fixieren ☛ siehe Bild 2. So sieht der fertige Knötchenstich aus ☛ siehe Bild 3.

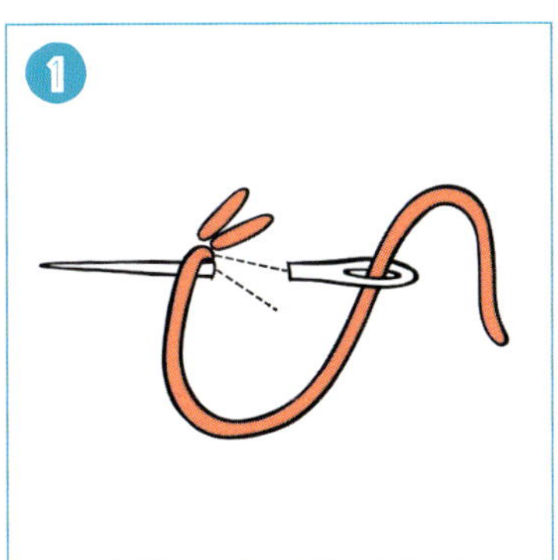

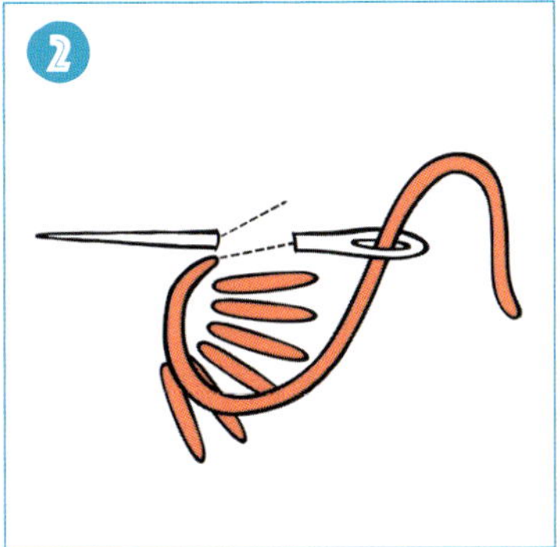

SPANNSTICH

Von unten nach oben einstechen und in der gewünschten Stichlänge wieder ausstechen.

Den Stich in einigem Abstand wiederholen.
Darauf achten, dass die Stiche nicht zu lang werden.

ABKÜRZUNGEN

abn = abnehmen
anschl = anschlagen
Büschel-M = Büschelmasche
DStb = Doppelstäbchen
Fb = Farbe
fM = feste Masche(n)
hStb = halbe(s) Stäbchen
ihM = ins hintere Maschenglied
ivM = ins vordere Maschenglied
Km = Kettmasche(n)
Lm = Luftmasche(n)
LL = Lauflänge
M = Masche(n)
MM = Maschenmarkierer
N = Noppe(n)
R = Reihe(n)
Rd = Runde(n)
RStbv = Reliefstäbchen vorn
Stb = Stäbchen
U = Umschlag
überspr = überspringen
wdh = wiederholen
zun = zunehmen
zus = zusammen

GRUNDANLEITUNGEN

In diesem Teil findest du die Grundanleitungen für Beine, Arme, Kopf und männliche sowie weibliche Körper. So hast du ausreichend Platz für deine ganz eigenen Kreationen. Sofern nicht anders angegeben, wird mit Nadelstärke 2,0 mm gehäkelt. Fülle immer schon während des Häkelns deine Teile mit Füllwatte. Ebenso solltest du darauf achten, möglichst fest zu häkeln, damit die Füllwatte später nicht durch die Maschen scheint. Das richtige Stopfen ist das A und O bei Amigurumis! Achte darauf, die Füllwatte nicht wahllos hineinzustopfen, sondern forme mit der Füllwatte den entsprechenden Körperteil. Bei kleineren Teilen kannst du eine Pinzette zu Hilfe nehmen.

FIGUREN

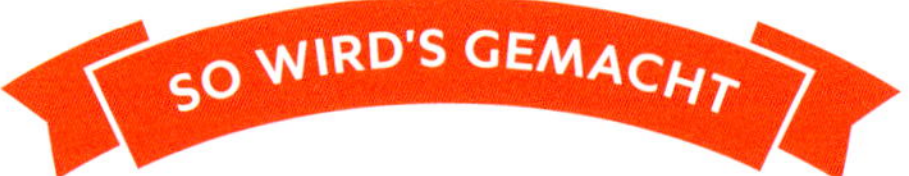

Die Beine, die Verbindung, die Arme und der Kopf werden bei beiden Geschlechtern identisch gehäkelt. Lediglich der Körper unterscheidet sich.

BEINE (2X)

1. Rd: Schlage 4 Lm an. Beginne in der 2. Lm ab der Nadel, 2 fM, 3 fM in die nächste Lm, weiter auf der anderen Seite der Lm-Kette, 2 fM, 3 fM in die letzte Lm. [10]
Setze hier deinen MM.
2. Rd: *2 fM, 3 x 1 M zun*, von * bis * noch 1 x wdh. [16]
3. Rd: 16 fM ihM. [16]
4. Rd: 16 fM häkeln. [16]
5. Rd: 3 fM, 3x 1 M abn, 7 fM. [13]
6. Rd: 2 fM, 1 M abn, 1 fM, 1 M abn, 6 fM. [11]
7. Rd: 11 fM häkeln. [11]
8. Rd: 3 fM, 1 M abn, 6 fM. [10]
9.–22. Rd: 10 fM häkeln. [10]
Den Faden abschneiden und vernähen.

Häkle ein 2. Bein, schneide den Faden aber nicht ab, sondern häkle weitere 5 fM. Es geht weiter mit der Verbindung.

VERBINDUNG

2 Lm, 10 fM um das 1. Bein, 1 fM in jede Lm, 10 fM um das 2. Bein, 1 fM in jede Lm, MM setzen.
Tipp: Die Füße zeigen von dir weg und gerade nach vorn.

MÄNNLICHER KÖRPER

1. Rd: 1 M zun, 3 fM, 1 M zun, 4 fM, 1 M zun, 2 fM, 1 M zun, 4 fM, 1 M zun, 3 fM, 1 M zun, 2 fM. [30]
2.–5. Rd: 30 fM häkeln. [30]
6. Rd: 7 fM, 1 M abn, 13 fM, 1 M abn, 6 fM. [28]
7.–15. Rd: 28 fM häkeln. [28]
16. Rd: *7 fM, 1 M abn, 2 fM, 1 M abn*, von * bis * noch 1x wdh, 2 fM. [24]
17. Rd: *2 fM, 1 M abn*, von * bis * noch 5x wdh. [18]
18. Rd: *1 fM, 1 M abn*, von * bis * noch 5x wdh. [12]
19.–20. Rd: 12 fM häkeln. [12]

Schneide den Faden lang ab.

WEIBLICHER KÖRPER

1. Rd: 1 M zun, 3 fM, 1 M zun, 4 fM, 1 M zun, 2 fM, 1 M zun, 4 fM, 1 M zun, 3 fM, 1 M zun, 2 fM. [30]
2.–5. Rd: 30 fM häkeln. [30]
6. Rd: 7 fM, 1 M abn, 13 fM, 1 M abn, 6 fM. [28]
7. Rd: 6 fM, 2x 1 M abn, 10 fM, 2x 1 M abn, 4 fM. [24]
8.–13. Rd: 24 fM häkeln. [24]
14. Rd: 6 fM, 1 M zun, 1 fM, 1 M zun, 9 fM, 1 M zun, 1 fM, 1 M zun, 3 fM. [28]
15.–16. Rd: 28 fM häkeln. [28]
17. Rd: *7 fM, 1 M abn, 2 fM, 1 M abn*, von * bis * noch 1x wdh, 2 fM. [24]
18. Rd: *1 M abn, 2 fM*, von * bis * noch 5x wdh. [18]
19. Rd: *1 M abn, 1 fM*, von * bis * noch 5x wdh. [12]
20.–21. Rd: 12 fM häkeln. [12]

Den Faden mit langem Ende abschneiden.

ARME (2X)

1. Rd: 6 fM in einen Fadenring arbeiten. [6]
2. Rd: *1 fM, 1 M zun*, von * bis * noch 2x wdh. [9]
3. Rd: 9 fM häkeln. [9]
4. Rd: 1 N, 8 fM. [9]
Tipp: Drücke die N nach außen, um den Daumen zu formen.
5. Rd: 1 M abn, 7 fM. [8]
6.–20. Rd: 8 fM häkeln. [8]

Fülle die Arme bis zur Hälfte mit Watte.
Häkle 2 weitere fM, falte die Öffnung und häkle die gegenüberliegenden M mit 4 fM zus.
Den Faden mit langem Ende abschneiden.

KOPF

1. Rd: 6 fM in einen Fadenring arbeiten. [6]
2. Rd: 6x 1 M zun. [12]
3. Rd: *1 fM, 1 M zun*, von * bis * noch 5x wdh. [18]
4. Rd: *2 fM, 1 M zun*, von * bis * noch 5x wdh. [24]
5. Rd: *3 fM, 1 M zun*, von * bis * noch 5x wdh. [30]
6. Rd: *4 fM, 1 M zun*, von * bis * noch 5x wdh. [36]
7. Rd: *5 fM, 1 M zun*, von * bis * noch 5x wdh. [42]
8. Rd: *6 fM, 1 M zun*, von * bis * noch 5x wdh. [48]
9.–14. Rd: 48 fM häkeln. [48]
15. Rd: *1 M abn, 6 fM*, von * bis * noch 5x wdh. [42]
16. Rd: *1 M abn, 5 fM*, von * bis * noch 5x wdh. [36]
Befestige die Augen zwischen der 11. und 12. Rd mit einem Abstand von 10 M.
Fülle den Kopf mit ausreichend Watte.
17. Rd: *1 M abn, 4 fM*, von * bis * noch 5x wdh. [30]
18. Rd: *1 M abn, 3 fM*, von * bis * noch 5x wdh. [24]
19. Rd: *1 M abn, 2 fM*, von * bis * noch 5x wdh. [18]
20. Rd: *1 M abn, 1 fM*, von * bis * noch 5x wdh. [12]
21. Rd: 6x 1 M abn. [6]
Den Faden abschneiden und vernähen. Die Öffnung wird später auf den Hals genäht.
Die Beschreibung der verschiedenen Frisuren findest du bei den jeweiligen Anleitungen.

GESICHTER

In diesem Teil findest du verschiedene Möglichkeiten, deiner Figur ein Gesicht zu geben. Das Gesicht ist eines der wichtigsten Dinge an einem Amigurumi. Deshalb solltest du dir dafür genügend Zeit nehmen. Auch die Symmetrie spielt eine sehr große Rolle. Denn ein ungleichmäßiges Gesicht kann deiner Figur einen falschen Ausdruck verleihen. Mit diesen Anleitungen und dem Grundkörper hast du unendliche Möglichkeiten für deine eigene Kreativität. Gestalte deinen persönlichen Lieblings-Promi-Helden, wenn er nicht schon in diesem Buch ist, oder vielleicht sogar dich selbst, deine Freunde oder deine Familie!

NASE

Um die Nase zu formen, schneide ein langes Stück Faden ab und sticke es etwa 3–4 x mithilfe einer Sticknadel um 2 M der 13. Rd des Kopfs.

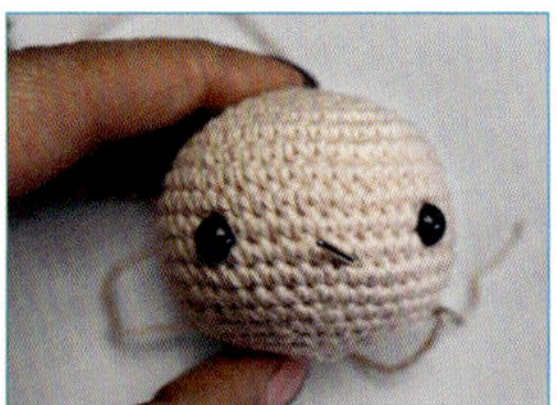
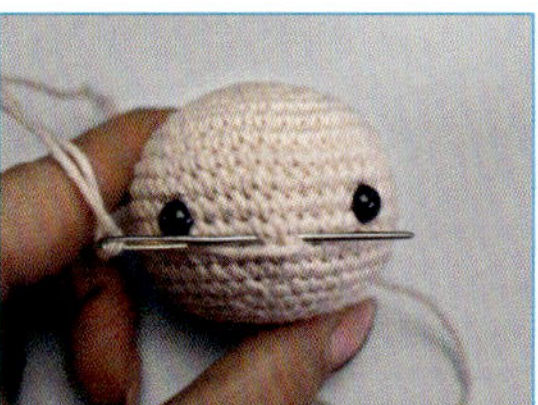
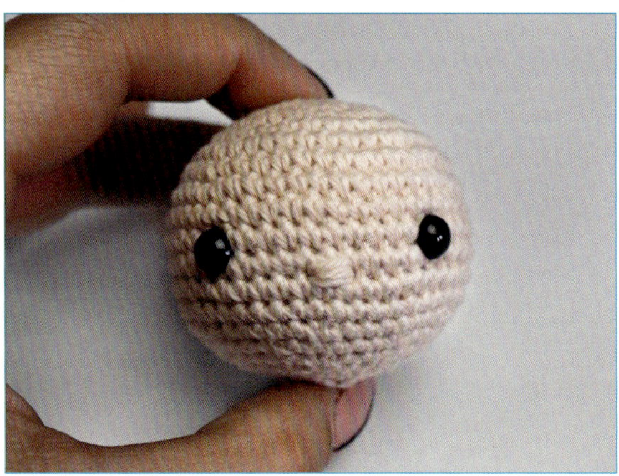

AUGENBRAUEN

Für Augenbrauen spalte ich meist das Garn, um sie dezenter zu machen. Bei einigen Figuren sind dickere Brauen hingegen ein wichtiges Merkmal.

Die Augenbrauen können gerade, schräg oder gebogen aufgestickt werden. Schneide ein langes Stück Faden ab und sticke es etwa 2 M breit und mit 1 M Abstand über ein Auge. Wiederhole den Schritt beim zweiten Auge.
Bei Mr. Bean, Bud Spencer und beim Terminator werden die Brauen mit doppeltem Faden gestickt.

Tipp: Die Technik für gebogene Brauen ist dieselbe wie bei den einfachen Mündern.

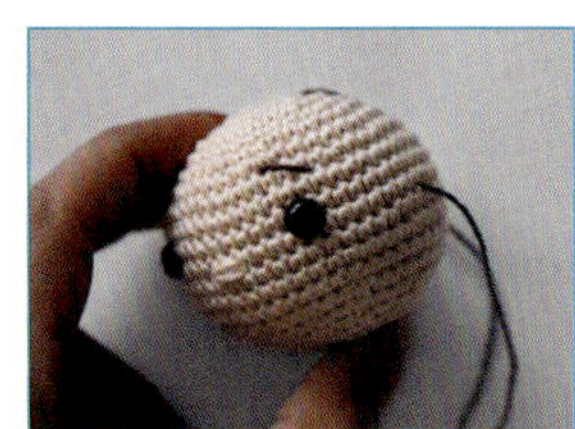
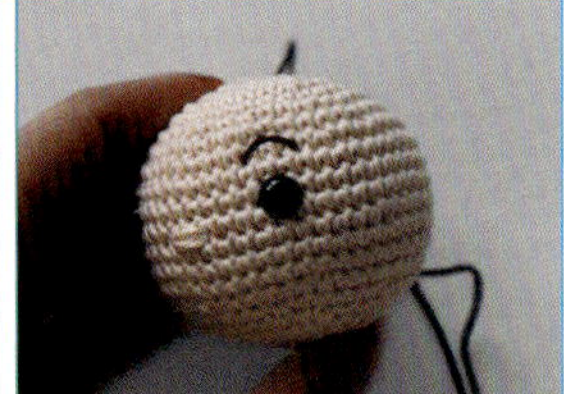
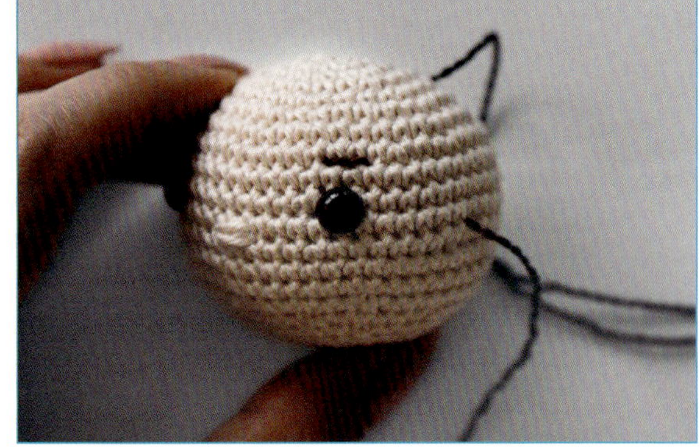

WIMPERN

Um die Wimpern zu sticken, führst du die Nadel aus 1 M ganz nah am Auge heraus.

Lege den Faden oberhalb des Auges entlang und stich in die M ein.
Wiederhole diesen Schritt mit der darüberliegenden M. Ziehe den Faden nur leicht an, lass beide Fadenenden aus derselben M austreten und verknote beide Enden miteinander. Vernähe die Fäden im Inneren.

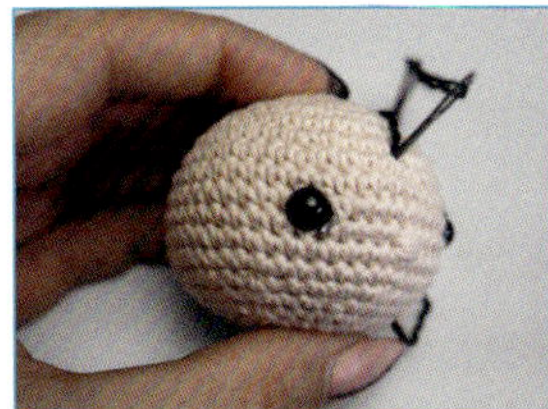
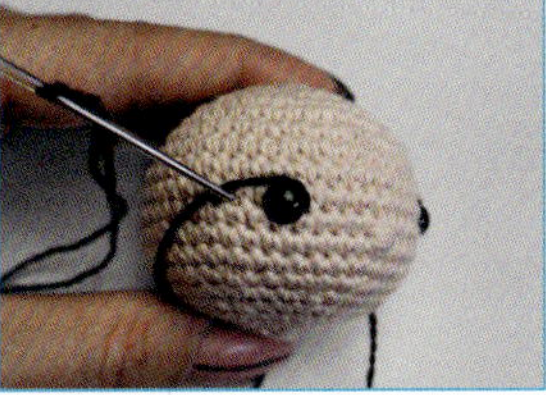
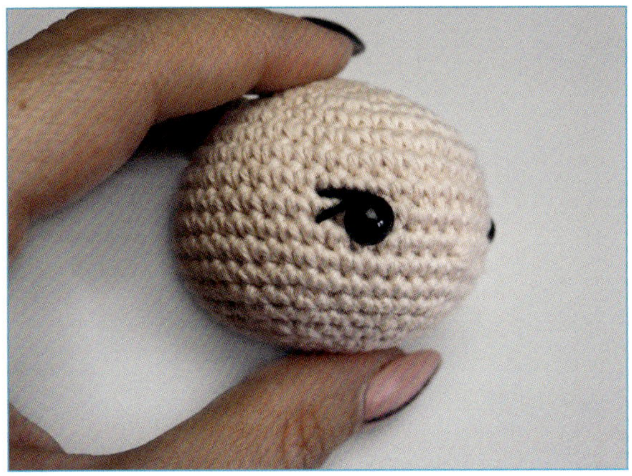

MUND UND LIPPEN

Einfache Münder

Diese stickst du, indem du seitlich in die M einstichst und ein paar M weiter links ausstichst. Führe die Nadel mit dem Faden mittig, 1 Rd unter den Querfaden, der den Mund formt.

Jetzt wird die Nadel über den Querfaden in dieselbe M geführt, aus der du soeben herausgekommen bist. Vernähe die Fäden im Inneren des Kopfs.

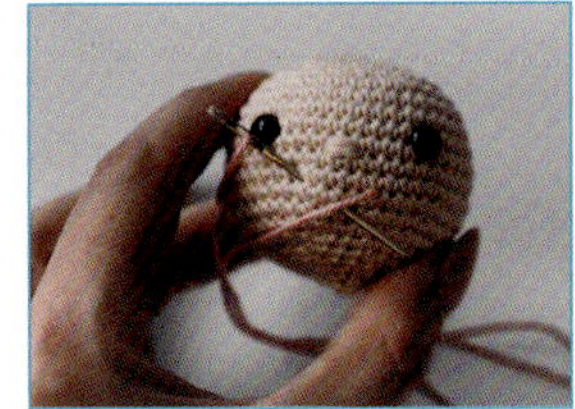
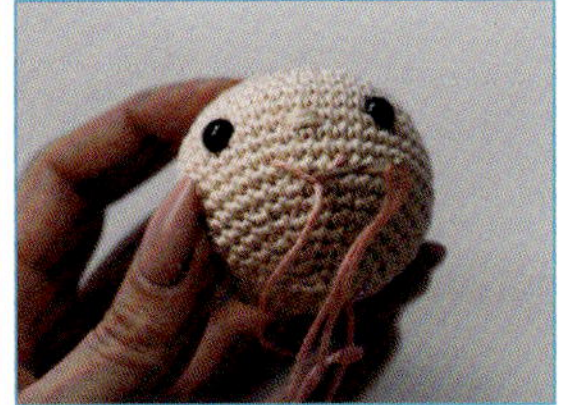
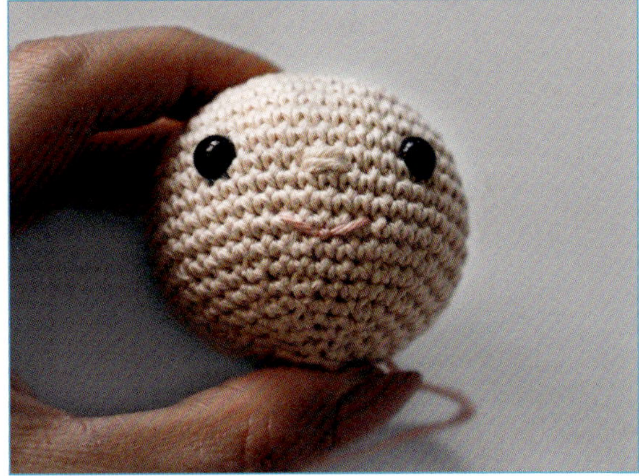

Lippen

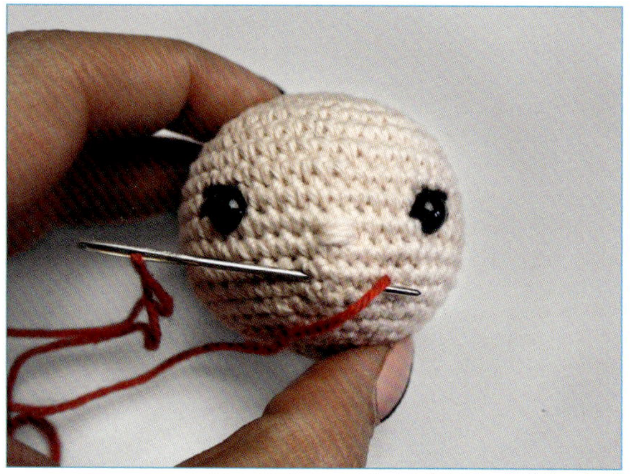

Stich den Faden mit der Nadel von einer Seite zur anderen. Je nachdem, wie breit du den Mund haben möchtest.

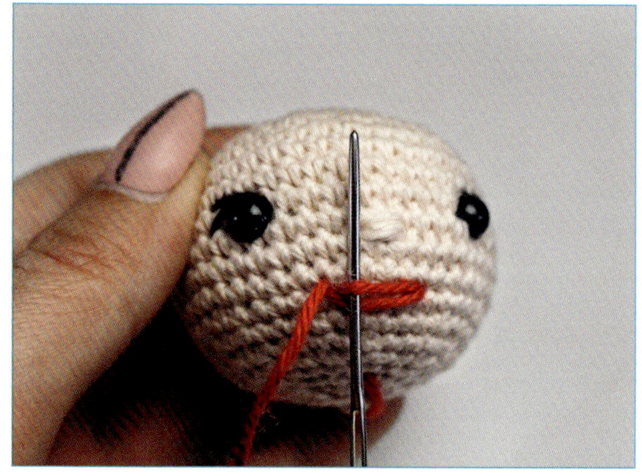

Dasselbe machst du auch, um die Unterlippe zu formen. Vernähe die Fäden im Inneren des Kopfs.

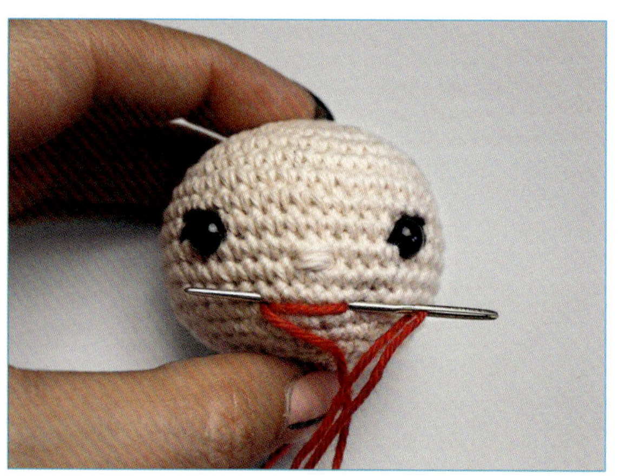

In meinem Fall sind es 4 M in der Breite. Diesen Schritt wiederholst du. Der Faden läuft immer durch dieselben M.
Jetzt wird der Faden um den oberen Querfaden gewickelt. Führe den Faden immer wieder von unten nach oben um den Querfaden, bis du am Ende der Oberlippe angekommen bist.

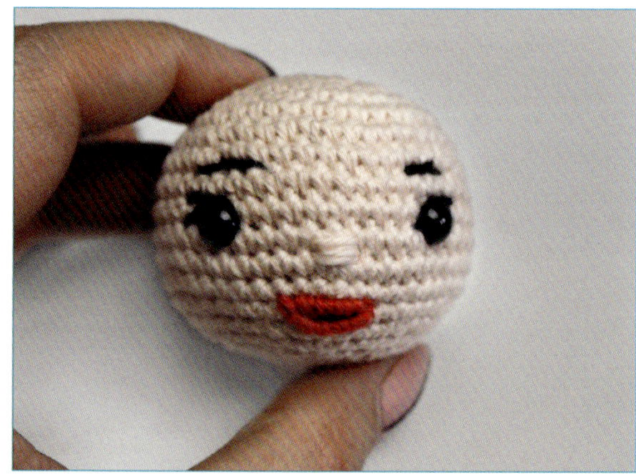

Fertig sind die hübschen Lippen!

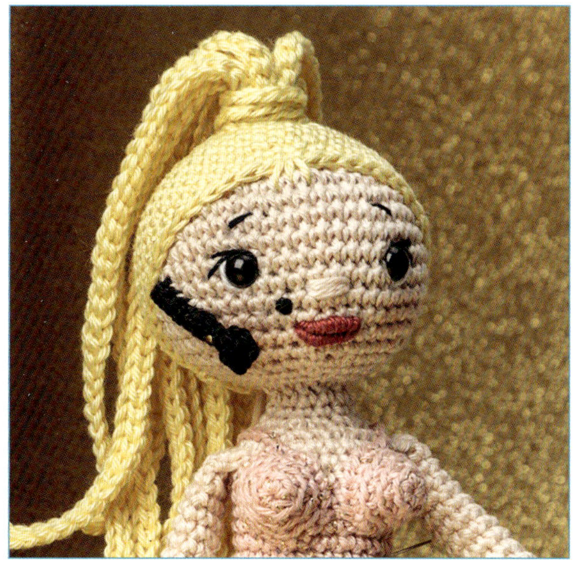

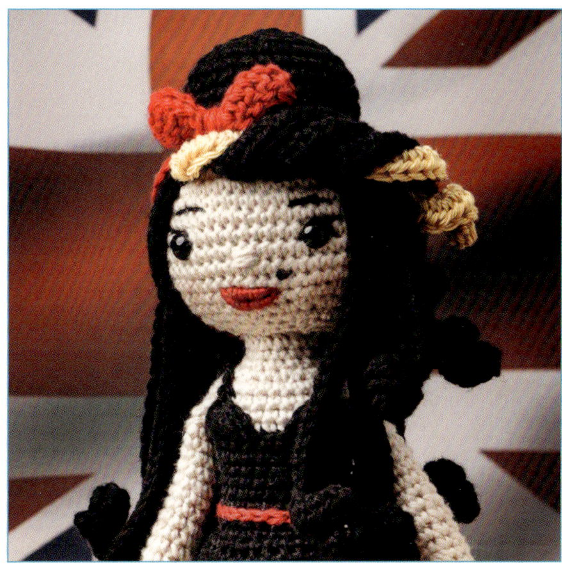

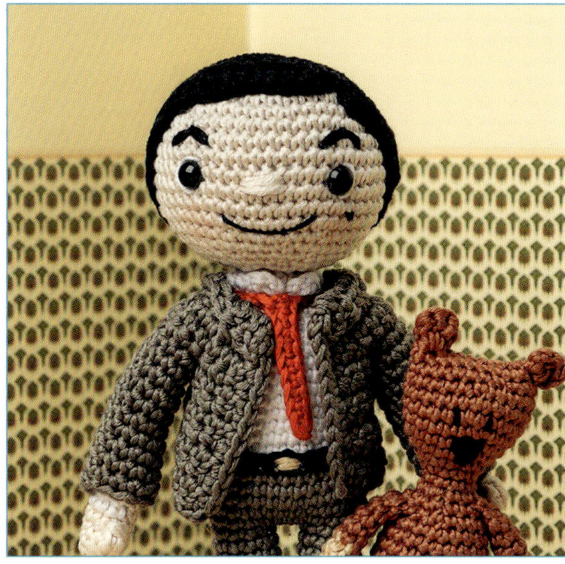

SCHÖNHEITSFLECK

Die Schönheitsflecken (Madonna, Mr. Bean und Amy Winehouse) stickst du in Schwarz mit einem Knötchenstich (siehe Seite 19).

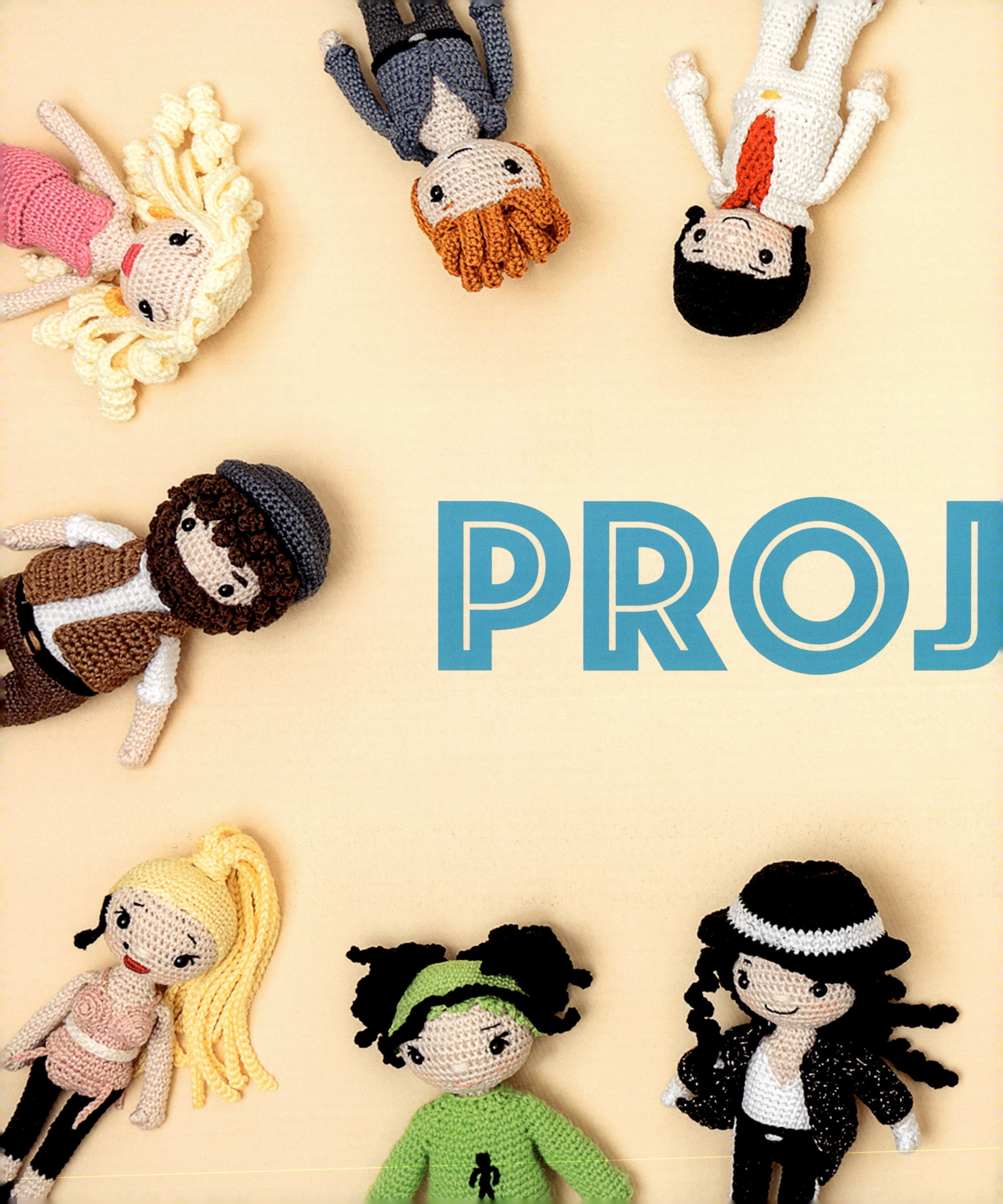

PROJ

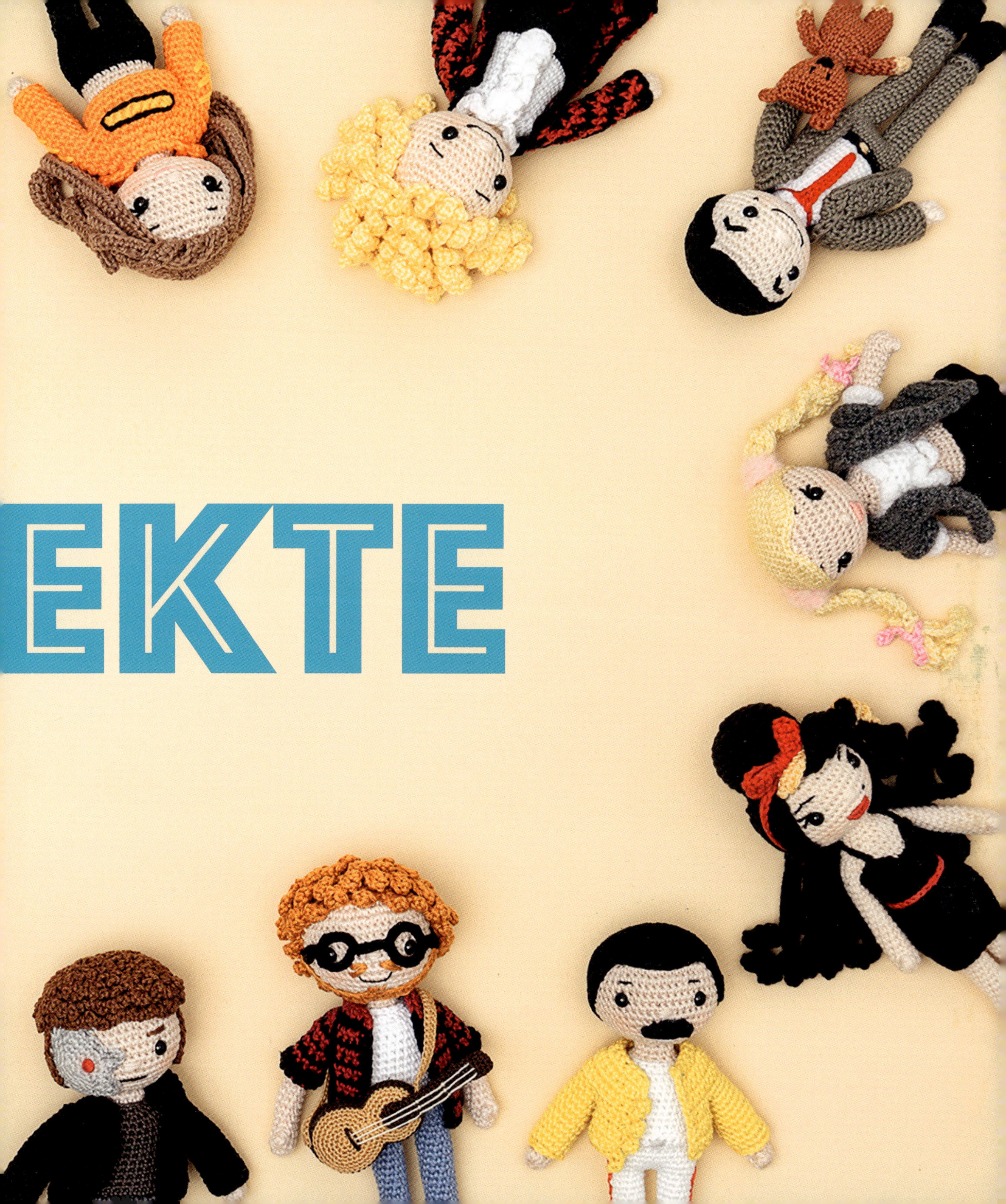
EKTE

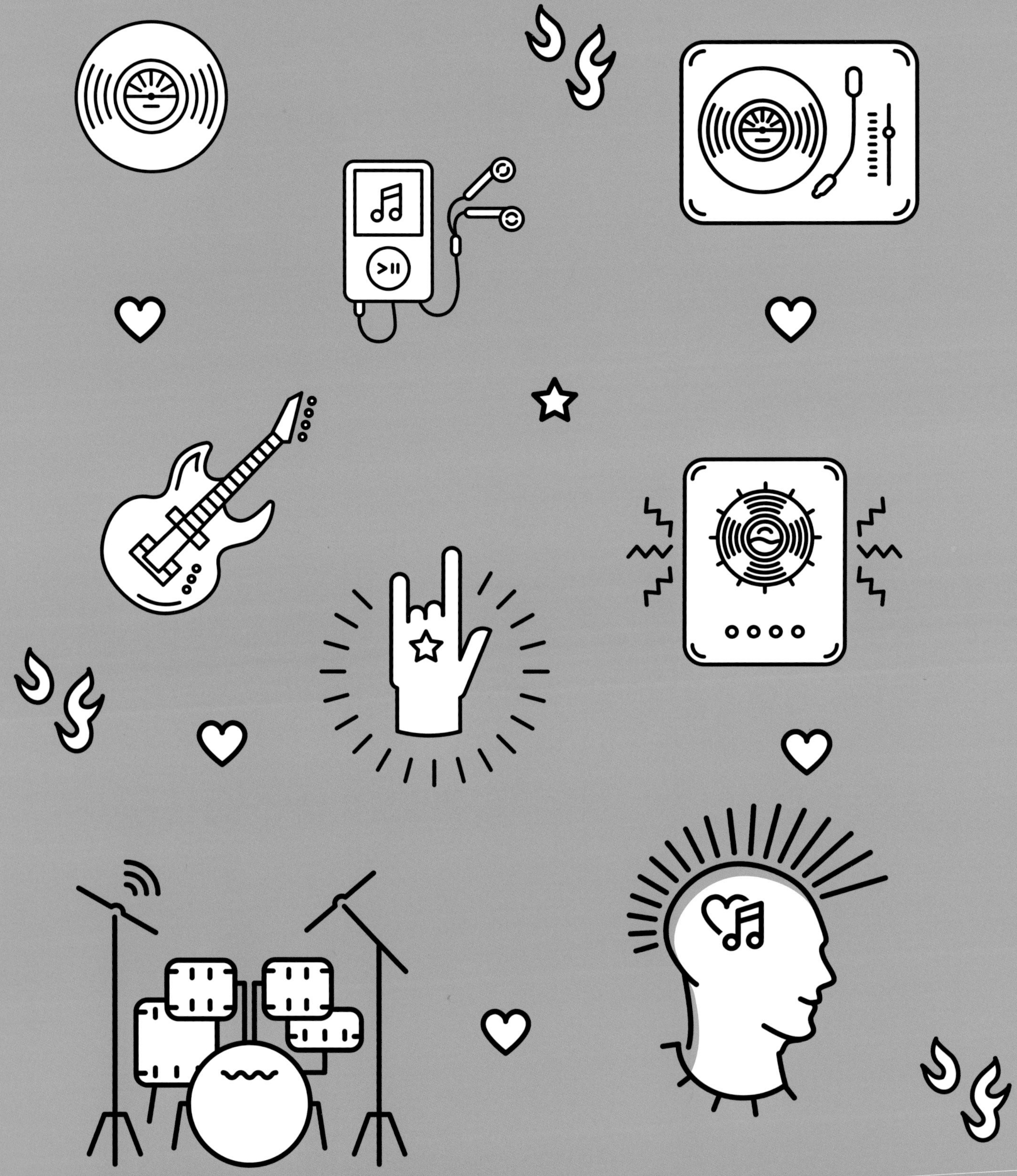

MUSIKGRÖSSEN

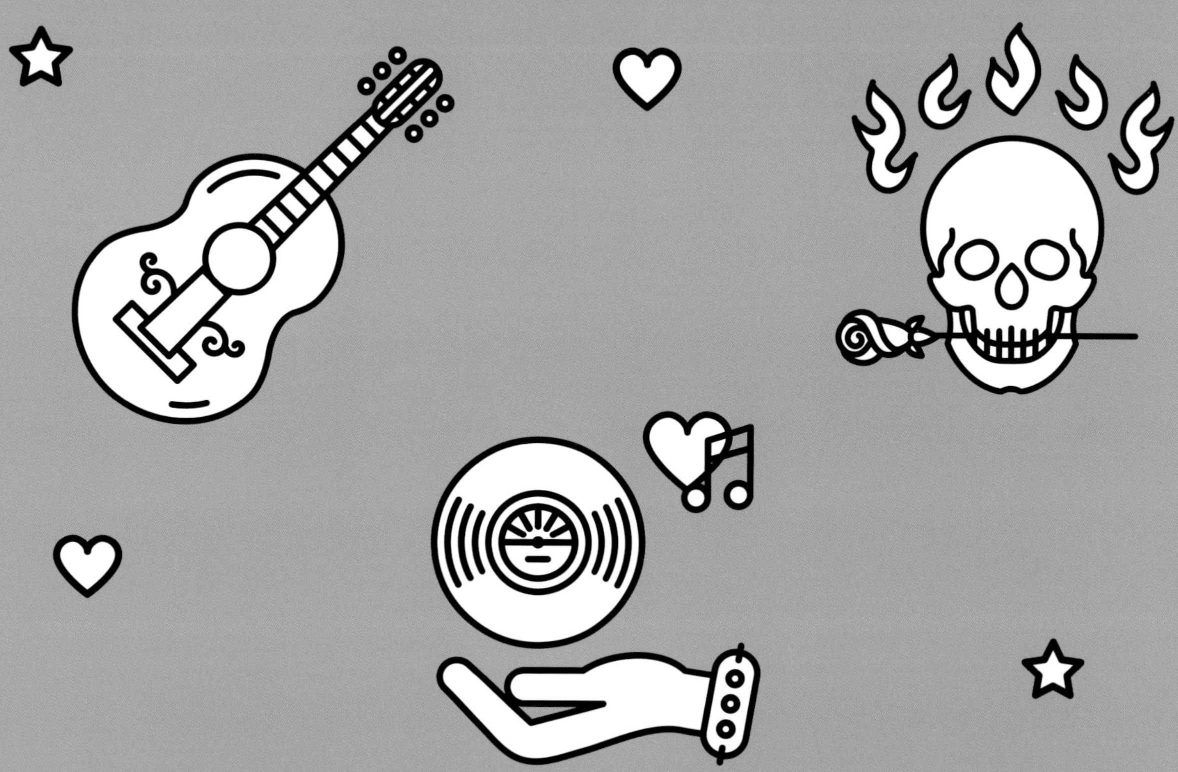

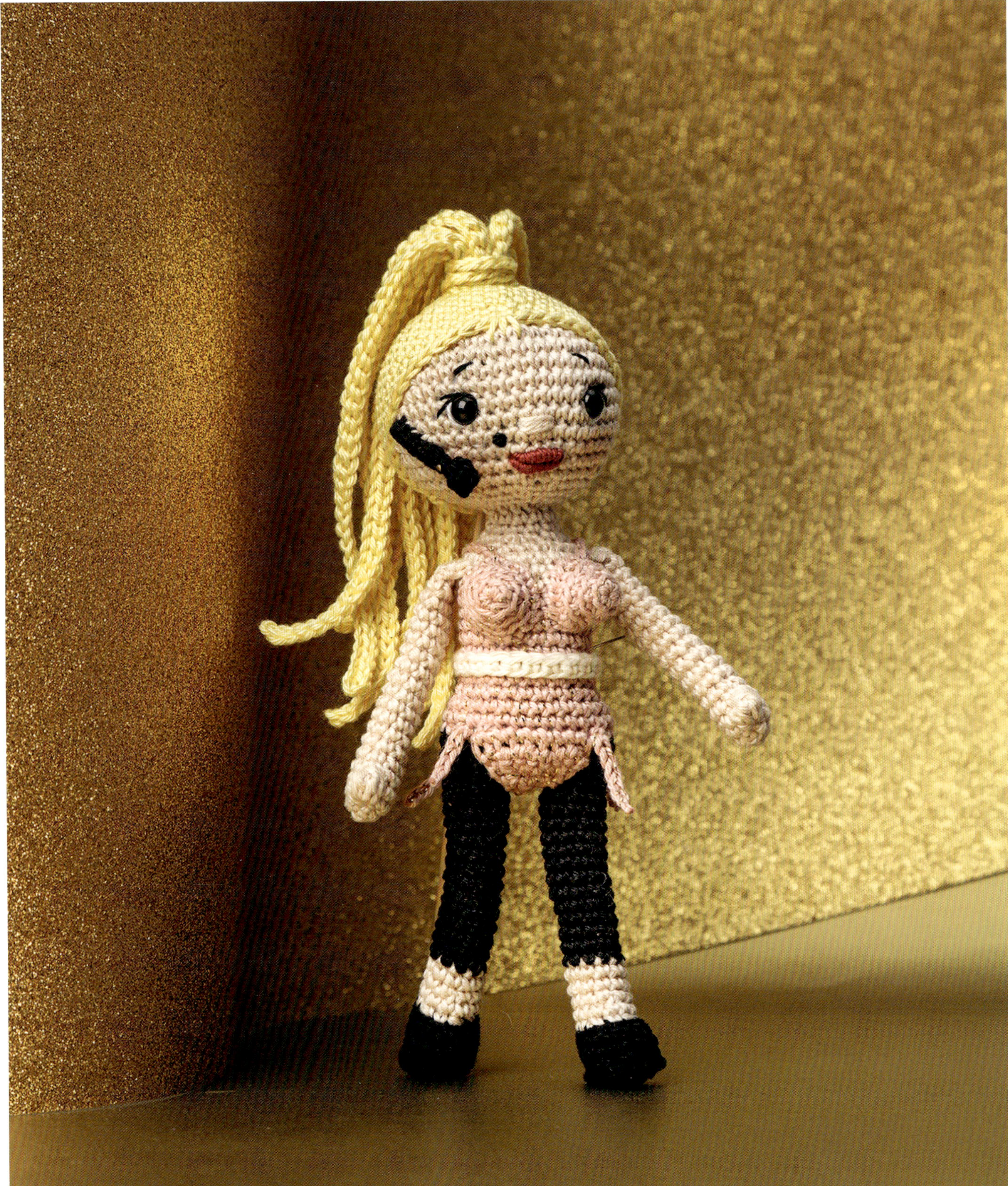

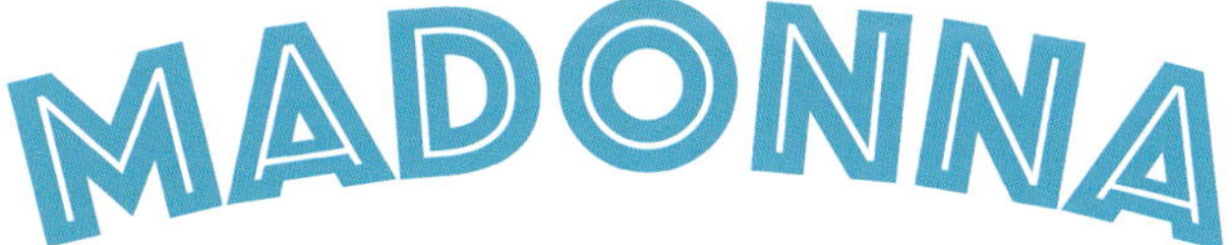

MADONNA

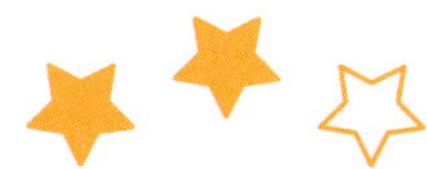

MATERIAL

Schachenmayr Catania (100 % Baumwolle, LL 125 m/50 g) in

- **Weiß (Fb 106), Rest**
- **Schwarz (Fb 110), 20 g**
- **Vintage (Fb 408), 20 g**
- **Soft Apricot (Fb 263), 25 g**
- **Vanille (Fb 403), 25 g**
- **Woolly Hugs Glitzer-Beilaufgarn in Gold**
- **Häkelnadel 2,0 mm**
- **Häkelnadel 3,0 mm**
- **Füllwatte**
- **Wollnadel**
- **Sicherheitsaugen Ø 7 mm**
- **Maschenmarkierer**

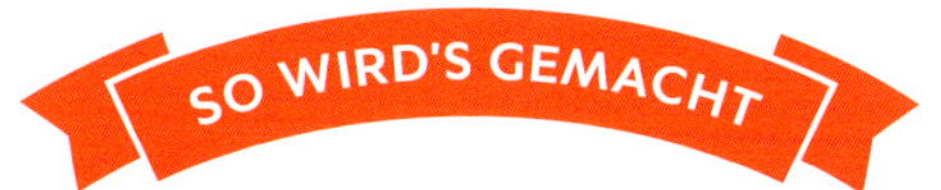

SO WIRD'S GEMACHT

Es wird, wenn nicht anders angegeben, in Spiral-Rd gehäkelt. Denke schon während des Häkelns daran, die Teile nach und nach mit Watte zu füllen.

BEINE

(2x, in Schwarz und Soft Apricot)

Beginne mit Fb Schwarz.

1. Rd: Schlage 4 Lm an. Beginne in der 2. Lm ab der Nadel, 2 fM, 3 fM in die nächste Lm, weiter auf der anderen Seite der Lm-Kette, 2 fM, 3 fM in die letzte Lm. [10]
Setze hier deinen MM.
2. Rd: *2 fM, 3x 1 M zun*, von * bis * noch 1x wdh. [16]
3. Rd: 16 fM ihM. [16]
4. Rd: 16 fM häkeln. [16]
5. Rd: 3 fM, 3x 1 M abn, 7 fM. [13]
6. Rd: Fb-Wechsel zu Soft Apricot, 2 fM ihM, 1 M abn, 1 fM, 1 M abn, 6 fM. [11]
7. Rd: 11 fM häkeln. [11]
8. Rd: 3 fM, 1 M abn, 6 fM. [10]
9.–10. Rd: 10 fM häkeln. [10]
11. Rd: Fb-Wechsel zu Schwarz, 10 fM häkeln. [10]
12.–22. Rd: 10 fM häkeln. [10]
Den Faden abschneiden und vernähen.

Schuhsohle

Den Faden in Schwarz im vorderen M-Glied der 3. Rd wieder aufnehmen. Von oben einstechen und rundherum Km ivM häkeln. Den Faden abschneiden und vernähen.

Häkle ein 2. Bein, schneide den Faden aber nicht ab, sondern häkle weitere 5 fM. Es geht weiter mit der Verbindung.

VERBINDUNG

Häkle die Verbindung in Schwarz, wie in der Grundanleitung auf Seite 20 beschrieben.

KÖRPER

(in Schwarz, Soft Apricot, Vintage & Gold)

Weiter mit Fb Schwarz.

1. Rd: 1 M zun, 3 fM, 1 M zun, 4 fM, 1 M zun, 2 fM, 1 M zun, 4 fM, 1 M zun, 3 fM, 1 M zun, 2 fM. [30]
2.–3. Rd: 30 fM häkeln. [30]
4. Rd: Fb-Wechsel zu Vintage mit goldenem Beilaufgarn, 30 fM häkeln. [30]
5. Rd: 5 fM ihM, 6 fM, 9 fM ihM, 6 fM, 4 fM ihM. [30]
6. Rd: 7 fM, 1 M abn, 13 fM, 1 M abn, 6 fM. [28]
7. Rd: 6 fM, 2x 1 M abn, 10 fM, 2x 1 M abn, 4 fM. [24]
8.–13. Rd: 24 fM häkeln. [24]
14. Rd: 6 fM, 1 M zun, 1 fM, 1 M zun, 9 fM, 1 M zun, 1 fM, 1 M zun, 3 fM. [28]
15. Rd: Fb-Wechsel zu Soft Apricot, 28 fM häkeln. [28]
16. Rd: 28 fM häkeln. [28]
17. Rd: *7 fM, 1 M abn, 2 fM, 1 M abn*, von * bis * noch 1x wdh, 2 fM. [24]
18. Rd: *1 M abn, 2 fM*, von * bis * noch 5x wdh. [18]
19. Rd: *1 M abn, 1 fM*, von * bis * noch 5x wdh. [12]
20.–21. Rd: 12 fM häkeln. [12]

VORDERER SCHRITT

(in Vintage & Gold)

1. R: Die Fäden in Vintage und Gold vorn im rechten vorderen M-Glied der 5. Rd wieder aufnehmen, 9 fM ivM, 1 Lm, wenden. [9]
2. R: 1 M abn, 5 fM, 1 M abn, 1 Lm, wenden. [7]
3. R: 1 M abn, 3 fM, 1 M abn, 1 Lm, wenden. [5]
4. R: 1 M abn, 1 fM, 1 M abn, 1 Lm, wenden. [3]
5. R: 1 M abn, 1 fM. [2]
Den Faden mit langem Ende abschneiden. Den Anfangsfaden vernähen.

Der hintere Schritt wird genauso gehäkelt. Nähe beide Teile im Schritt zus und vernähe die Fäden. Für die Strumpfbänder nimmst du vorn und hinten, jeweils an der 1. und letzten M des Schritts, den Faden wieder auf. Häkle 8 Lm und schneide den Faden ab. Den Faden fest anziehen, um die Lm zu sichern. Kürze den Endfaden und vernähe den Anfangsfaden im Inneren.

BUSTIER

(2x, in Vintage & Gold)

1. Rd: In Vintage und Gold 6 fM in einen Fadenring arbeiten. [6]
2. Rd: *1 fM ihM, 1 M ihM zun*, von * bis * noch 2x wdh. [9]
3. Rd: *2 fM ihM, 1 M ihM zun*, von * bis * noch 2x wdh. [12]
4. Rd: *3 fM ihM, 1 M ihM zun*, von * bis * noch 2x wdh. [15]
Den Faden mit langem Ende abschneiden. Ein 2. Teil auf dieselbe Weise häkeln. Nähe beide Teile vorn in Brusthöhe an und fülle währendessen ein wenig Watte hinein.

Für die Träger nimmst du vorn am Bustier den Faden in Vintage wieder auf und häkelst 8 Lm. Befestige den Träger hinten am Rücken. Vernähe die Fäden.

ARME

(2x, in Soft Apricot)

Häkle die Arme, wie in der Grundanleitung auf Seite 21 beschrieben.
Die Arme werden seitlich zwischen der 16. und 17. Rd des Körpers angenäht. Die Daumen zeigen nach vorn.

KOPF

(in Soft Apricot)

Häkle den Kopf, wie in der Grundanleitung auf Seite 21 beschrieben. Nähe ihn auf den Körper. Sticke das Gesicht, wie in der Grundanleitung „Gesichter" auf Seite 22 beschrieben.

HAARE

(in Vanille und mit Nadelstärke 3,0 mm)

Strähnen

Es werden zuerst mit einer 3,0-mm-Häkelnadel die Strähnen für den Zopf gehäkelt.
1. R: *Schlage 36 Lm an, beginne in der 2. Lm ab der Nadel , 35 Km*, von * bis * noch 11x wdh.

Es sind nun insgesamt 12 Strähnen.
Schließe die Rd mit 1 fM in die 1. Strähne. In jede weitere Strähne 1 fM häkeln. [12]
1 Lm, Öffnung falten und die gegenüberliegenden M mit 6 fM zushäkeln.
1 Lm, nochmals falten und die gegenüberliegenden M mit 3 fM zushäkeln.
Den Faden mit langem Ende abschneiden.

Haube

Um die Haube zu häkeln, nimm wieder die 2,0-mm-Häkelnadel zur Hand.
1. Rd: 6 fM in einen Fadenring arbeiten. [6]
2. Rd: 6x 1 M zun. [12]
3. Rd: *1 fM, 1 M zun*, von * bis * noch 5x wdh. [18]
4. Rd: *2 fM, 1 M zun*, von * bis * noch 5x wdh. [24]
5. Rd: *3 fM, 1 M zun*, von * bis * noch 5x wdh. [30]
6. Rd: *4 fM, 1 M zun*, von * bis * noch 5x wdh. [36]
7. Rd: *5 fM, 1 M zun*, von * bis * noch 5x wdh. [42]
8. Rd: *6 fM, 1 M zun*, von * bis * noch 5x wdh. [48]
9.–12. Rd: 48 fM häkeln. [48]
13. Rd: *1 M abn, 6 fM* von * bis * noch 5x wdh. [42]
Tipp: Sollte dir die Haube zu groß oder zu klein erscheinen, häkle zwischen der 9. und 13. Rd, 1–2 Rd weniger bzw. mehr.

14. Rd: 42 fM häkeln.
Den Faden mit langem Ende abschneiden.
Nähe die Haube rundherum am Kopf fest. Sticke mit 2–3 Stichen den Haaransatz mittig zwischen den Augenbrauen.

Nähe den Zopf zwischen der 7. und 8. Rd der Haube an.

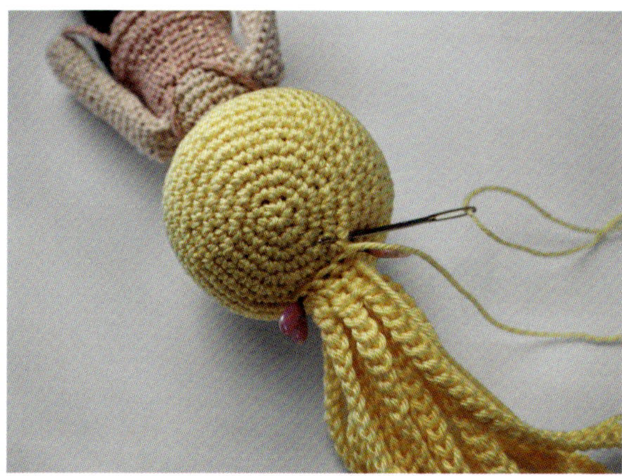

Zum Kaschieren des Zopfansatzes häkle eine Lm-Kette aus 50 Lm. Wickle die Lm-Kette mehrmals um den Zopfansatz und nähe sie fest.

MIKROFON

(in Schwarz)

10 Lm anschlagen.
Beginne in der 2. Lm ab der Nadel, 1 N, 8 Km.
Den Faden abschneiden und das Mikrofon schräg, an das Gesicht nähen. Die N zeigt Richtung Mund.

GÜRTEL

(in Weiß)

23 Lm anschlagen.
Beginne in der 2. Lm ab der Nadel, 22 fM.
Den Faden mit langem Ende abschneiden, den Gürtel um die Taille legen und zusnähen. Der Gürtel sollte sehr eng sitzen.

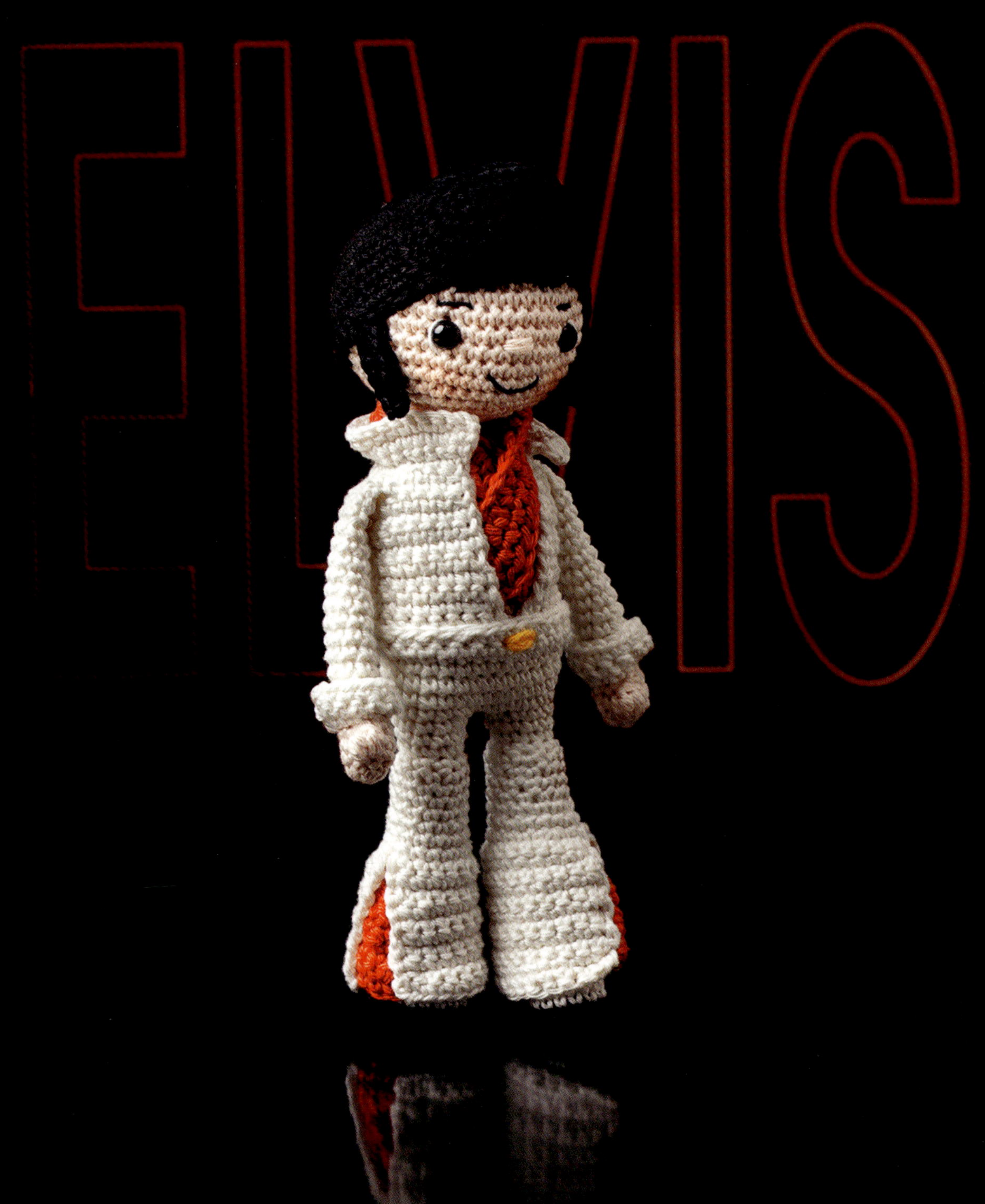
ELVIS

ELVIS
PRESLEY

MATERIAL

Sheepjes Catona (100 % Baumwolle, LL 125 m/50 g) in

- **Bridal White (Fb 105), 45 g**
- **Schwarz (Fb 110), 25 g**
- **Hot Red (Fb 115), 15 g**
- **Petal Peach (Fb 263), 25 g**
- **Yellow Gold (Fb 208), Rest**
- **Häkelnadel 2,0 mm**
- **Füllwatte**
- **Wollnadel**
- **Sicherheitsaugen Ø 7 mm**
- **Maschenmarkierer**

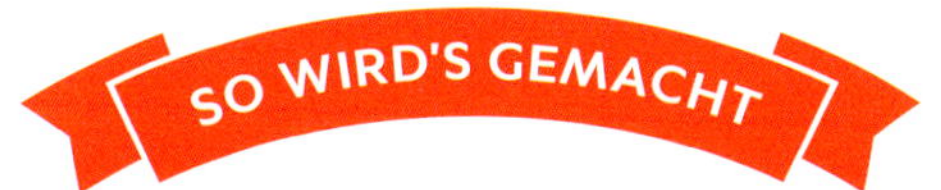

Es wird, wenn nicht anders angegeben, in Spiral-Rd gehäkelt. Denke schon während des Häkelns daran, die Teile nach und nach mit Watte zu füllen.

BEINE

(2x, in Schwarz & Weiß)

Beginne mit Fb Schwarz.

1. Rd: Schlage 4 Lm an. Beginne in der 2. Lm ab der Nadel, 2 fM, 3 fM in die nächste Lm, weiter auf der anderen Seite der Lm-Kette, 2 fM, 3 fM in die letzte Lm. [10]
Setze hier deinen MM.
2. Rd: *2 fM, 3x 1 M zun*, von * bis * noch 1x wdh. [16]
3. Rd: Fb-Wechsel zu Weiß, 16 fM ihM. [16]
4. Rd: 16 fM häkeln. [16]
5. Rd: 3 fM, 3x 1 M abn, 7 fM. [13]
6. Rd: 2 fM, 1 M abn, 1 fM, 1 M abn, 6 fM. [11]
7. Rd: 11 fM ihM. [11]
8. Rd: 3 fM, 1 M abn, 6 fM. [10]
9.–20. Rd: 10 fM häkeln. [10]
21. Rd: 10 fM ihM. [10]
22. Rd: 10 fM häkeln. [10]
Den Faden abschneiden und vernähen.

Schuhsohle

Den schwarzen Faden im vorderen M-Glied der 3. Rd der Beine wieder aufnehmen. Von oben einstechen und rundherum Km ivM häkeln. Den Faden abschneiden und vernähen.
Dasselbe machst du mit dem weißen Garn ivM der 7. Rd der Beine.

Häkle ein 2. Bein, schneide den Faden aber nicht ab, sondern häkle weitere 5 fM. Es geht weiter mit der Verbindung.

Tipp: Wenn du die Schlaghose vor der Verbindung häkelst, ist es etwas leichter.

VERBINDUNG

Häkle die Verbindung in Weiß, wie in der Grundanleitung auf Seite 20 beschrieben.

KÖRPER

(in Weiß und Petal Peach)

Weiter mit Fb Weiß.

1. Rd: 1 M zun, 3 fM, 1 M zun, 4 fM, 1 M zun, 2 fM, 1 M zun, 4 fM, 1 M zun, 3 fM, 1 M zun, 2 fM. [30]
2.–4. Rd: 30 fM häkeln. [30]
5. Rd: 30 fM ihM. [30]
6. Rd: Fb-Wechsel zu Petal Peach, 7 fM ihM, 1 M ihM abn, 13 fM ihM, 1 M ihM abn, 6 fM ihM. [28]
7.–15. Rd: 28 fM häkeln. [28]
16. Rd: *7 fM, 1 M abn, 2 fM, 1 M abn*, von * bis * noch 1x wdh, 2 fM. [24]
17. Rd: *2 fM, 1 M abn*, von * bis * noch 5x wdh. [18]
18. Rd: *1 fM, 1 M abn*, von * bis * noch 5x wdh. [12]
19.–20. Rd: 12 fM häkeln. [12]

SCHLAGHOSE (1. BEIN)

Nimm den weißen Faden im vorderen M-Glied der 21. Rd des Beins wieder auf. Stich von oben in die Schlaufe und häkle rundherum fM ivM. [10]
Setze hier deinen MM.

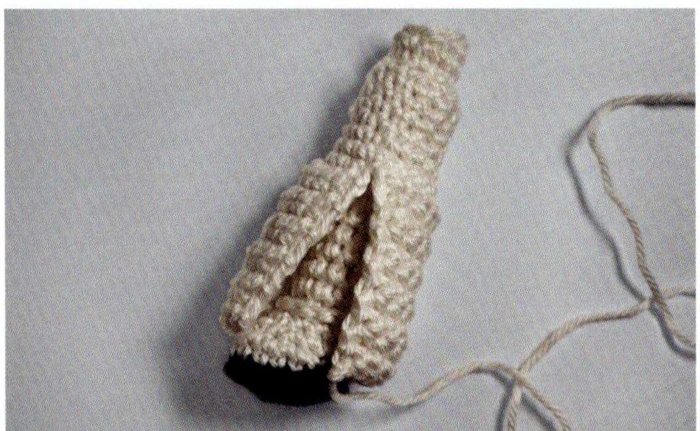

2. Rd: *1 M zun, 4 fM*, von * bis * noch 1x wdh. [12]
3.–5. Rd: 12 M häkeln. [12]
6. Rd: *1 M zun, 3 fM*, von * bis * noch 2x wdh. [15]
7. Rd: 15 fM häkeln. [15]
8. Rd: *1 M zun, 4 fM*, von * bis * noch 2x wdh. [18]
Es wird in R weitergearbeitet und nach jeder R gewendet. Das formt den Schlitz der Schlaghose.
9. R: Häkle so viele fM, bis du auf der linken Seite des Beins angekommen bist, 1 Lm, wenden.
Tipp: Der Schlitz sollte später links außen am Bein sitzen.
10.–19. R: 18 fM, 1 Lm, wenden. [18]
20. R: 18 fM häkeln. [18]

Den Faden mit langem Ende abschneiden.

Schlaghoseneinsatz

1.–5. R: Schlage in Rot 6 Lm an. Beginne in der 2. Lm ab der Nadel, 5 fM, 1 Lm, wenden. [5]
6. R: 1 M abn, 3 fM, 1 Lm, wenden. [4]
7. R: 1 M abn, 2 fM, 1 Lm, wenden. [3]
8. R: 1 M abn, 1 fM, 1 Lm, wenden. [2]
9. R: 1 M abn, 1 Lm. [1]

Den Faden abschneiden und vernähen.
Häkle ein 2. Dreieck auf dieselbe Weise. Nähe es jeweils innen hinter den Schlitz der Schlaghose.

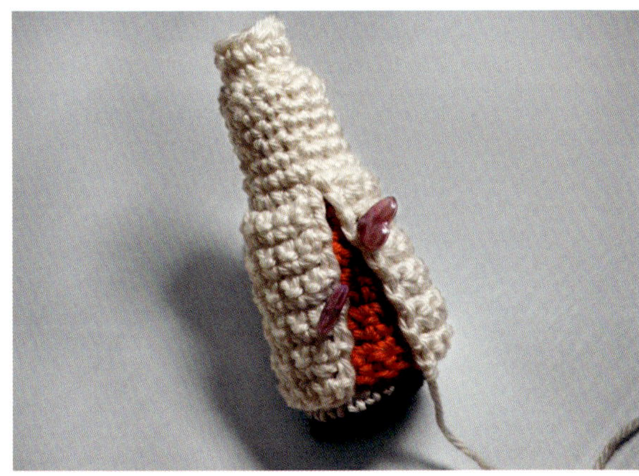

SCHLAGHOSE (2. BEIN)

1.–8. Rd: Siehe Schlaghose 1. Bein.
9. R: Häkle so viele fM, bis du auf der rechten Seite des Beins angekommen bist, 1 Lm, wenden.
Tipp: Der Schlitz sollte später rechts außen am Bein sitzen.
10.–19. R: 18 fM, 1 Lm, wenden. [18]
20. R: 18 fM häkeln. [18]

Den Faden mit langem Ende abschneiden.

HEMD

(in Weiß)

Nimm vorn in der Mitte, im vorderen M-Glied der 6. Rd des Körpers, den weißen Faden wieder auf. Stich von unten in die Schlaufe ein.

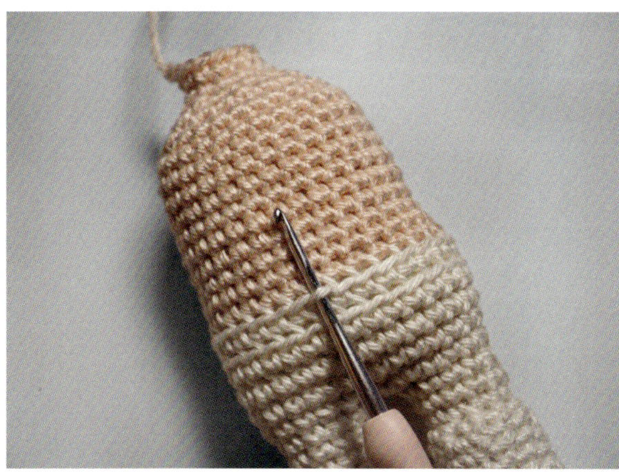

1. R: 30 fM ivM, 1 Lm, wenden. [30]
2.–10. R: 30 fM, 1 Lm, wenden. [30]
11. R: 5 fM, 2x 1 M abn, 12 fM, 2x 1 M abn, 5 fM, 1 Lm, wenden. [26]
12. R: 5 fM, 1 M abn, 12 fM, 1 M abn, 5 fM, 1 Lm, wenden. [24]
13. R: 4 fM, 2x 1 M abn, 8 fM, 2x 1 M abn, 4 fM, 1 Lm, wenden. [20]
14. R: *1 fM ihM, 1 M ihM zun*, von * bis * noch 9x wdh, 1 Lm, wenden. [30]
15. R: 30 fM, 1 Lm, wenden. [30]
16. R: 30 fM häkeln. [30]
Den Faden mit langem Ende abschneiden.
Fixiere den Kragen mit ein paar Stichen.
Tipp: Fädle den Faden durch die vorderen M-Glieder der 14. Rd.

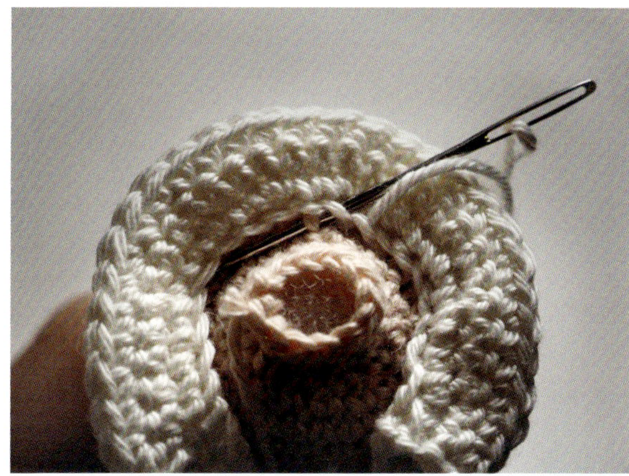

GÜRTEL

(in Weiß)

Den Faden im vorderen M-Glied der 5. Rd des Körpers wieder aufnehmen. Stich von unten in die Schlaufe ein.

1. R: 30 fM ivM, 1 Km in die 1. M, 1 Lm, wenden [30]
2. R: 30 fM, 1 Km in die 1. M, 1 Lm, wenden. [30]
3. R: 30 fM, 1 Km in die 1. M. [30]
Den Faden mit langem Ende abschneiden.

Stülpe den Gürtel nach oben und fixiere ihn rundherum mit ein paar Stichen. Sticke die Gürtelschnalle in Yellow Gold vorn auf den Gürtel.

ARME

(2x, in Petal Peach und Weiß)

Beginne in Fb Petal Peach.
1. Rd: 6 fM in einen Fadenring arbeiten. [6]

2. Rd: *1 fM, 1 M zun*, von * bis * noch 2x wdh. [9]
3. Rd: 9 fM häkeln. [9]
4. Rd: 1 N, 8 fM . [9]
Tipp: Drücke die N nach außen, um den Daumen zu formen.
5. Rd: 1 M abn, 7 fM. [8]
6. Rd: Fb-Wechsel zu Weiß, 8 fM ihM. [8]
7.–20. Rd: 8 fM häkeln. [8]

Fülle die Arme bis zur Hälfte mit Watte.
Häkle 2 weitere fM, falte die Öffnung und häkle die gegenüberliegenden M mit 4 fM zus.

Den Faden mit langem Ende abschneiden.
Für die Manschetten nimmst du den weißen Faden, beim 1. Arm im 7. vorderen M-Glied der 6. Rd, beim 2. Arm im 4. vorderen M-Glied der 6. Rd wieder auf. Stich von unten in die Schlaufe.

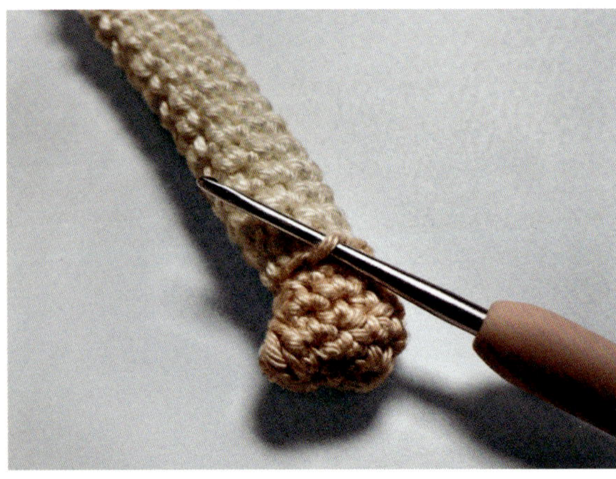

1. R: *1 fM, 1 M zun*, von * bis * noch 3x wdh, 1 Lm, wenden. [12]
2. R: 12 fM, 1 Lm, wenden. [12]
3. R: 12 fM häkeln. [12]
Den Faden abschneiden und vernähen.

Nähe die Arme seitlich, 2 R unterhalb des Kragens an das Hemd. Die Daumen zeigen nach vorn.

KOPF

(in Petal Peach)

Häkle den Kopf, wie in der Grundanleitung auf Seite 21 beschrieben.
Sticke das Gesicht, wie in der Grundanleitung „Gesichter“ auf Seite 22 beschrieben.

HAARE

(in Schwarz)

Haube

1. Rd: 6 fM in einen Fadenring arbeiten. [6]
2. Rd: 6x 1 M zun. [12]
3. Rd: *1 fM, 1 M zun*, von * bis * noch 5x wdh. [18]
4. Rd: *2 fM, 1 M zun*, von * bis * noch 5x wdh. [24]
5. Rd: *3 fM, 1 M zun*, von * bis * noch 5x wdh. [30]
6. Rd: *4 fM, 1 M zun*, von * bis * noch 5x wdh. [36]
7. Rd: *5 fM, 1 M zun*, von * bis * noch 5x wdh. [42]
8. Rd: *6 fM, 1 M zun*, von * bis * noch 5x wdh. [48]
9.–13. Rd: 48 fM häkeln. [48]
Tipp: Sollte dir die Haube zu groß oder zu klein erscheinen, häkle zwischen der 9. und 13. Rd, 1–2 Rd weniger bzw. mehr.
14. Rd: *1 M abn, 6 fM*, von * bis * noch 5x wdh. [42]
15. Rd: 12 fM, 7 Lm, 6 hStb in die eben gehäkelten Lm zurück, 1 fM in dieselbe M der Haube, 19 fM, 7 Lm, 6 hStb in die eben gehäkelten Lm zurück, 1 fM in dieselbe M der Haube, 11 fM.

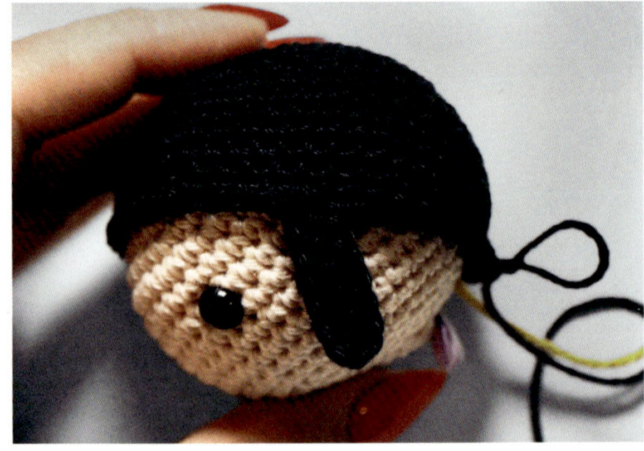

Den Faden mit langem Ende abschneiden.

Haartolle

1. Rd: Schlage 9 Lm an. Beginne in der 2. Lm ab der Nadel, 7 fM, 3 fM in die nächste Lm, weiter auf der anderen Seite der Lm-Kette-Kette, 7 fM, 3 fM in die letzte Lm. [20]
Setze hier deinen MM.
2. Rd: *7 fM, 3x 1 M zun*, von * bis * noch 1x wdh. [26]
3. Rd: 7 fM, *1 M zun, 1 fM*, von * bis * noch 2x wdh, 7 fM, *1 M zun, 1 fM*, von * bis * noch 2x wdh. [32]
4.–5. Rd: 32 fM häkeln.
Den Faden mit langem Ende abschneiden.

Nähe zuerst die Haube an. Die letzte Rd der Haube sollte 3–4 Rd über den Augen sitzen. Achte darauf, dass beide Koteletten den gleichen Abstand zu den Augen haben. Fixiere sie mit Stecknadeln. Die letzten 2 M der Koteletten werden nicht angenäht.

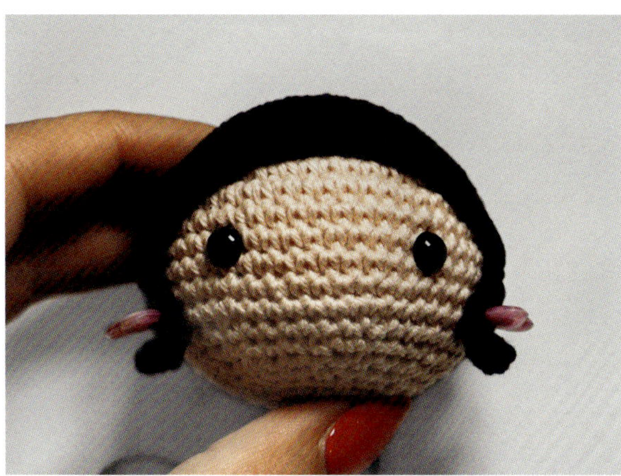

Setze die Tolle so auf die Haube, dass sie den Haaransatz kaschiert.

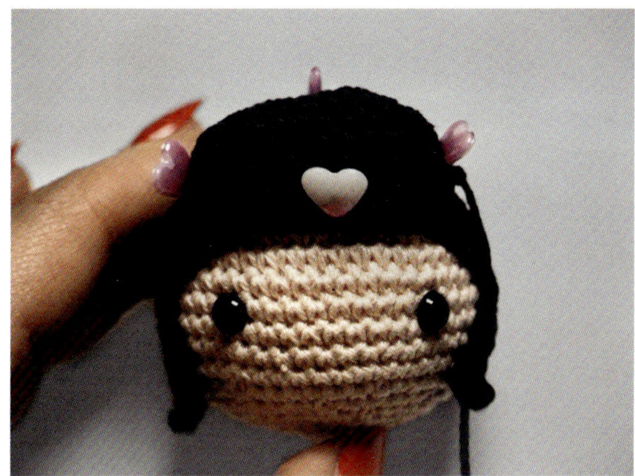

Nähe die Tolle rundherum fest. Fülle etwas Watte hinein, bevor du die letzten Stiche machst.

Nähe Kopf und Körper zus. Achte darauf, dass der Kopf gerade ist.

SCHAL

(in Rot)

1. R: Schlage 35 Lm an. Beginne in der 2. Lm ab der Nadel, 34 hStb, 1 Lm, wenden.
2. R: 34 hStb. [34]
Den Faden abschneiden und vernähen.

Lege den Schal über Kreuz um den Hals.
Stecke die Enden ins Hemd.

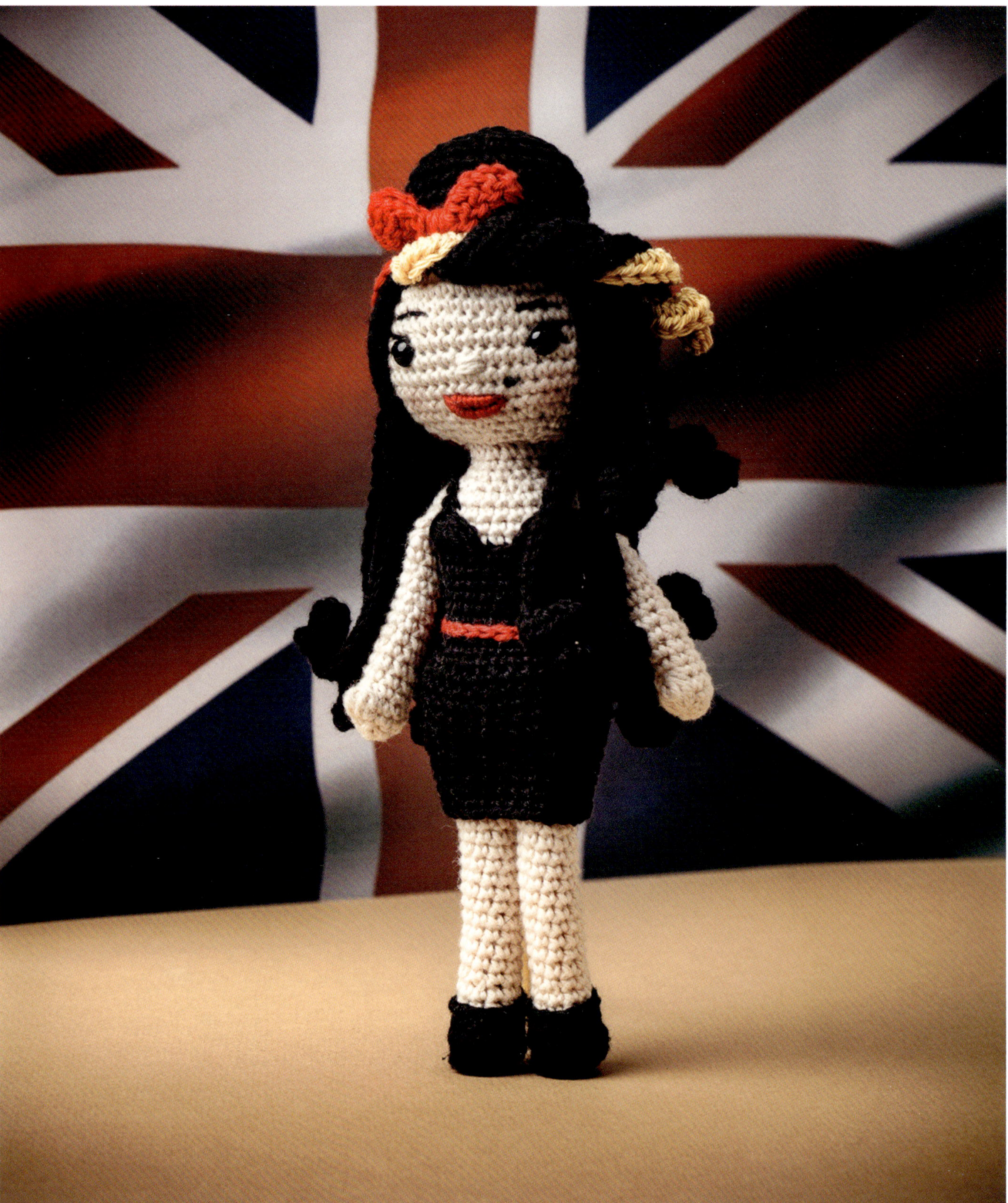

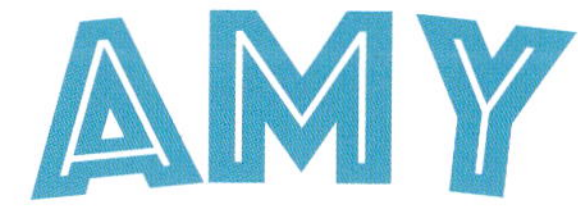

WINEHOUSE

MATERIAL

Hobbii Rainbow 8/4 (100 % Baumwolle, LL 170 m/50 g) in

- **Schwarz (Fb 09), 30 g**
- **Almond (Fb 89), 20 g**
- **Dark Red (Fb 59), Rest**
- **Gelb (Fb 55), Rest**
- **Häkelnadel 2,0 mm**
- **Füllwatte**
- **Wollnadel**
- **Sicherheitsaugen Ø 7 mm**
- **Maschenmarkierer**

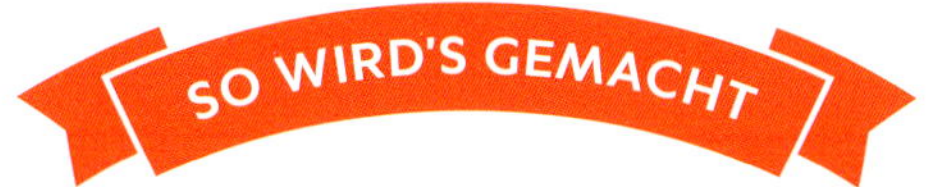

Es wird, wenn nicht anders angegeben, in Spiral-Rd gehäkelt. Denke schon während des Häkelns daran, die Teile nach und nach mit Watte zu füllen.

BEINE

(2x, in Schwarz und Almond)

Beginne mit Fb Schwarz.

1. Rd: Schlage 4 Lm an. Beginne in der 2. Lm ab der Nadel, 2 fM, 3 fM in die nächste Lm, weiter auf der anderen Seite der Lm-Kette, 2 fM, 3 fM in die letzte Lm. [10]
Setze hier deinen MM.
2. Rd: *2 fM, 3x 1 M zun*, von * bis * noch 1x wdh. [16]
3. Rd: 16 fm ihM. [16]
4. Rd: 16 fM häkeln. [16]
5. Rd: 3 fM, 3x 1 M abn, 7 fM. [13]
6. Rd: 2 fM, 1 M abn, 1 fM, 1 M abn, 6 fM. [11]
7. Rd: Fb-Wechsel zu Almond, 2 fM ihM, 1 M ihM abn, 1 fM ihM, 1 M ihM abn, 6 fM ihM. [11]
8. Rd: 11 fM häkeln. [11]
9. Rd: 3 fM, 1 M abn, 6 fM. [10]
10.–23. Rd: 10 fM häkeln.
Den Faden abschneiden und vernähen.

Schuhdetails

Den schwarzen Faden im vorderen M-Glied der 3. Rd der Beine wieder aufnehmen. Von oben einstechen und rundherum Km ivM häkeln. Den Faden abschneiden und vernähen.
Ebenso verfährst du in den vorderen M-Gliedern der 6. Rd.

Häkle ein 2. Bein, schneide den Faden aber nicht ab, sondern häkle weitere 5 fM. Wechsle in der letzten M zu Fb Schwarz. Es geht weiter mit der Verbindung.

VERBINDUNG

Häkle die Verbindung in Schwarz, wie in der Grundanleitung auf Seite 20 beschrieben.

KÖRPER

(in Schwarz und Almond)

Beginne mit Fb Schwarz.

1. Rd: 1 M zun, 3 fM, 1 M zun, 4 fM, 1 M zun, 2 fM, 1 M zun, 4 fM, 1 M zun, 3 fM, 1 M zun, 2 fM. [30]
2.–5. Rd: 30 fM häkeln.
6. Rd: 7 fM, 1 M abn, 13 fM, 1 M abn, 6 fM. [28]
7. Rd: 6 fM, 2x 1 M abn, 10 fM, 2x 1 M abn, 4 fM. [24]
8. Rd: 24 fm ihM.
9.–15. Rd: 24 fM häkeln.
16. Rd: Fb-Wechsel zu Almond, 8 fM ihM, 1 M ihM zun, 12 fM ihM, 1 M ihM zun, 2 fM ihM. [26]
17. Rd: 9 fM, 1 M zun, 12 fM, 1 M zun, 3 fM. [28]
18. Rd: 28 fM häkeln.
19. Rd: 7 fM, 1 M abn, 2 fM, 1 M abn, 8 fM, 1 M abn, 2 fM, 1 M abn, 1 fM. [24]
20. Rd: *1 M abn, 2 fM*, von * bis * noch 5x wdh. [18]
21. Rd: *1 M abn, 1 fM*, von * bis * noch 5x wdh. [12]
22.–23. Rd: 12 fM häkeln. [12]
Den Faden mit langem Ende abschneiden.

ROCK

(in Schwarz)

Am Rücken den Faden in einem vorderen M-Glied der 8. Rd des Körpers wieder aufnehmen. Stich von oben ein.
1. Rd: *3 fM, 1 M zun*, von * bis * noch 5x wdh. [30]
2.–6. Rd: 30 fM häkeln.
7. Rd: *8 fM, 1 M abn*, von * bis * noch 2x wdh. [27]
8. Rd: 27 fM häkeln.
9. Rd: *7 fM, 1 M abn*, von * bis * noch 2x wdh. [24]
10.–12. Rd: 24 fM häkeln. [24]
Den Faden abschneiden und beide Enden vernähen.

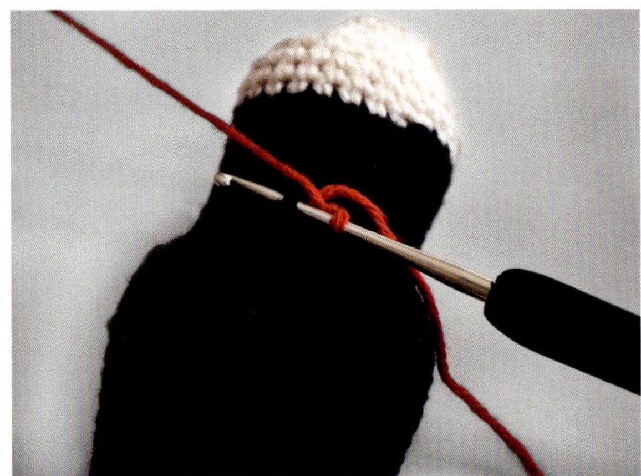

GÜRTEL

(in Rot)

Den Faden durch seitliches Einstechen zwischen der 9. und 10. Rd am Rücken aufnehmen. Häkle um die Taille herum Km, bis du wieder bei der 1. Km angekommen bist.

TRÄGER UND BUSTIER

(in Schwarz)

Den Faden an der Brustmitte im vorderen M-Glied der 16. Rd aufnehmen.

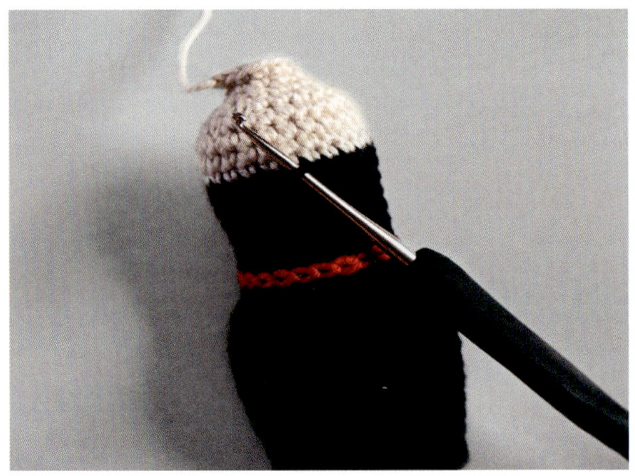

2 Lm, 3 Stb, 2 hStb, 13 fM, 2 hStb, 3 Stb, 2 Lm, 1 Km. Das letzte vordere M-Glied bleibt unbehäkelt. Den Faden abschneiden und vernähen.
Nimm den Faden am rechten Bustier wieder auf, häkle 15 Lm, lege die Lm-Kette um den Nacken. 1 Km in den linken Bustier.
Den Faden abschneiden und vernähen.

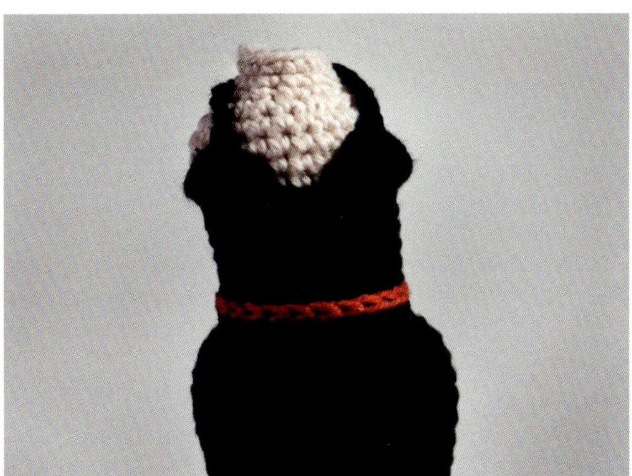

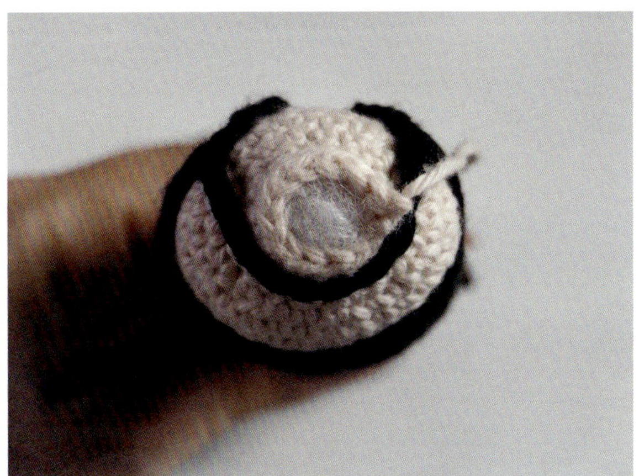

ARME

(2x, in Almond)

Häkle die Arme, wie in der Grundanleitung auf Seite 21 beschrieben.
Nähe die Arme seitlich zwischen der 16. und 17. Rd am Körper an. Die Daumen zeigen nach vorn.

KOPF

(in Almond)

Häkle den Kopf, wie in der Grundanleitung auf Seite 21 beschrieben.

HAARBAND

(in Rot)

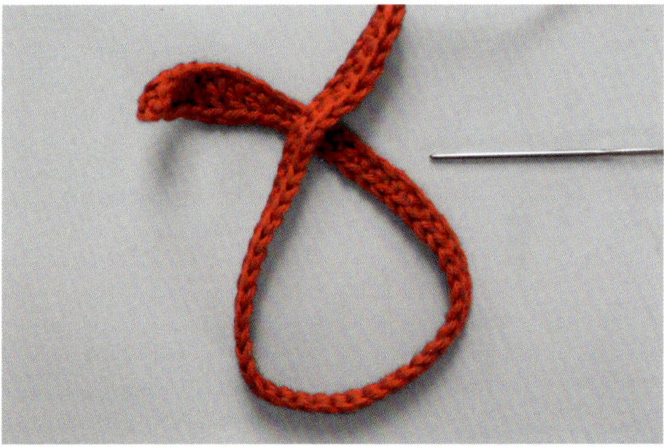

61 Lm anschlagen. Beginne in der 2. Lm ab der Nadel, 1 fM, 1 hStb, 5 Stb, 1 hStb, 44 fM, 1hStb, 5 Stb, 1 hStb, 1 fM. [60]

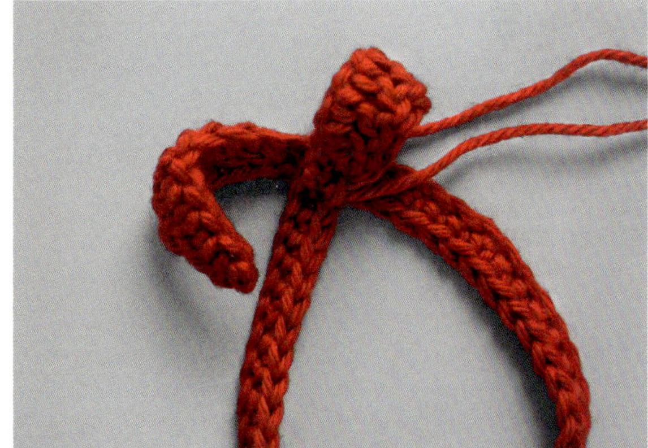

Schneide den Faden mit einem etwa 15 cm langen Ende ab. Lege das Haarband über Kreuz, die Spitzen legst du beide auf die Überkreuzung und fixierst sie mit 1–2 Stichen. Wickle den Faden nun mehrmals um die Mitte, verknote beide Enden und vernähe die Fäden.

HAARE

(in Schwarz und Gelb)

Strähnen

Zuerst werden die Strähnen gehäkelt. Diese werden dann zum Kreis geschlossen, bevor es mit der Oberseite weitergeht.

Schlage in Fb Schwarz 31 Lm an. Beginne in der 2. Lm ab der Nadel, *10x hStb zun, 20 hStb*, von * bis * noch 14x wdh, bis du 15 Strähnen gehäkelt hast. Wechsle in der letzten M der 15. Strähne zu Fb Gelb und häkle eine weitere Strähne auf dieselbe Weise.

In der letzten M der letzten Strähne wird wieder zu Fb Schwarz gewechselt.
Häkle 1 Lm und in jede Strähne 2 fM. Du solltest jetzt 32 M haben.
1 fM in die 1. fM, um zur Rd zu schließen.
Setze hier deinen MM, denn die Haube wird weiter in Spiral-Rd gehäkelt.

Haube mit Dutt

1. Rd: *1 M abn, 6 fM*, von * bis * noch 3x wdh. [28]
2. Rd: *1 M abn, 5 fM*, von * bis * noch 3x wdh. [24]
3. Rd: *3 fM ivM, 1 M ivM zun*, von * bis * noch 5x wdh. [30]
4.–8. Rd: 30 fM häkeln.
9. Rd: *1 M abn, 3 fM*, von * bis * noch 5x wdh. [24]
10. Rd: *1 M abn, 2 fM*, von * bis * noch 5x wdh. [18]
11. Rd: *1 M abn, 1 fM*, von * bis * noch 5x wdh. [12]
12. Rd: 6x 1 M abn. [6]
Den Faden abschneiden.
Fädle den Faden durch alle vorderen M-Glieder der letzten Rd, ziehe ihn dann an, um das Loch zu schließen. Den Faden vernähen.
Fülle den Dutt mit Watte und nähe die Haare an der 1. Rd der Haube am Kopf fest. Die 1. Rd der Haube sollte etwa 3–4 Rd über den Augen sitzen. Die blonde Strähne liegt über dem linken Auge.

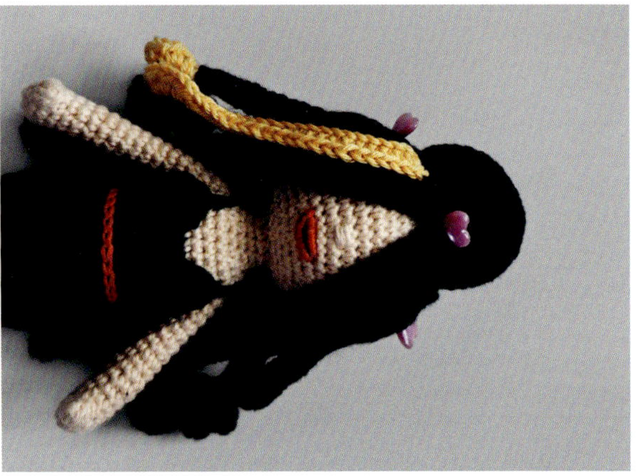

Fixiere alle Strähnen, bis auf die 4 Strähnen vor dem Gesicht, rundherum mit ein paar Stichen.

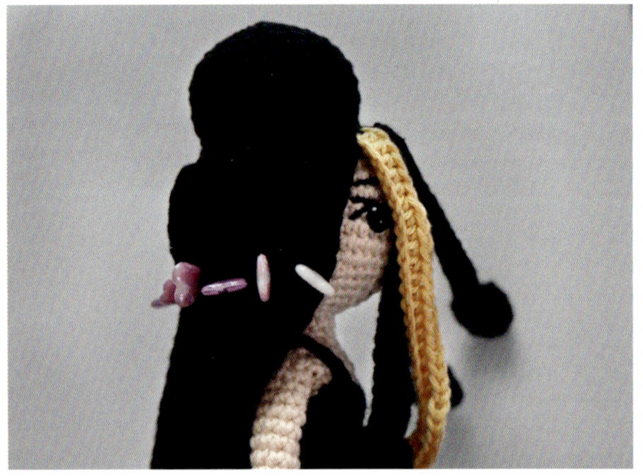

Lege das Haarband um den Kopf.

Die übrigen 4 Strähnen leicht miteinander verdrehen und seitlich mit ein paar Stichen fixieren. So bleibt die Frisur in Form.

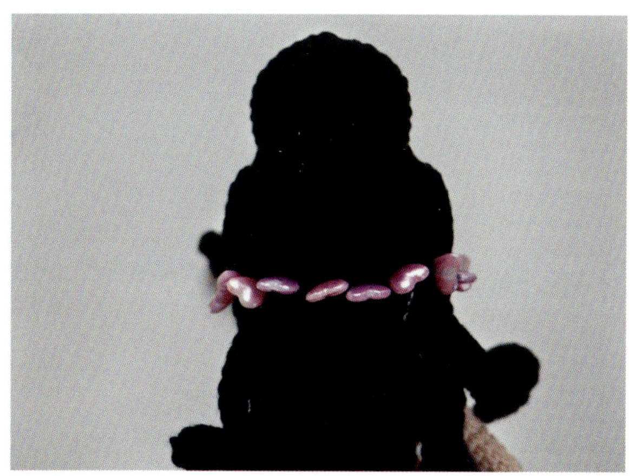

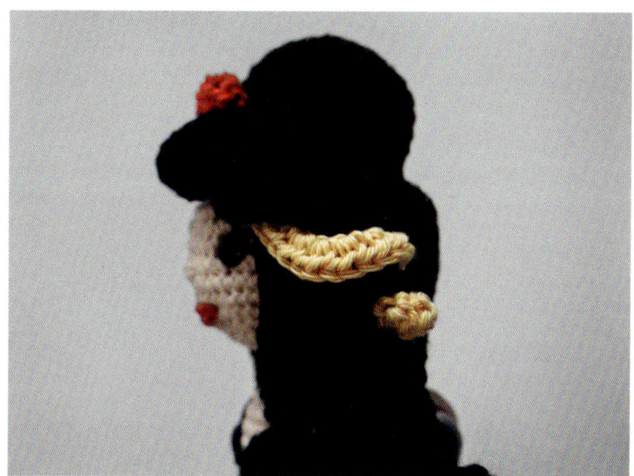

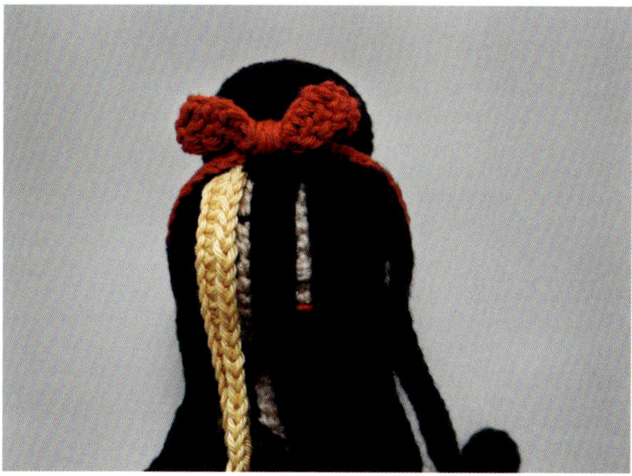

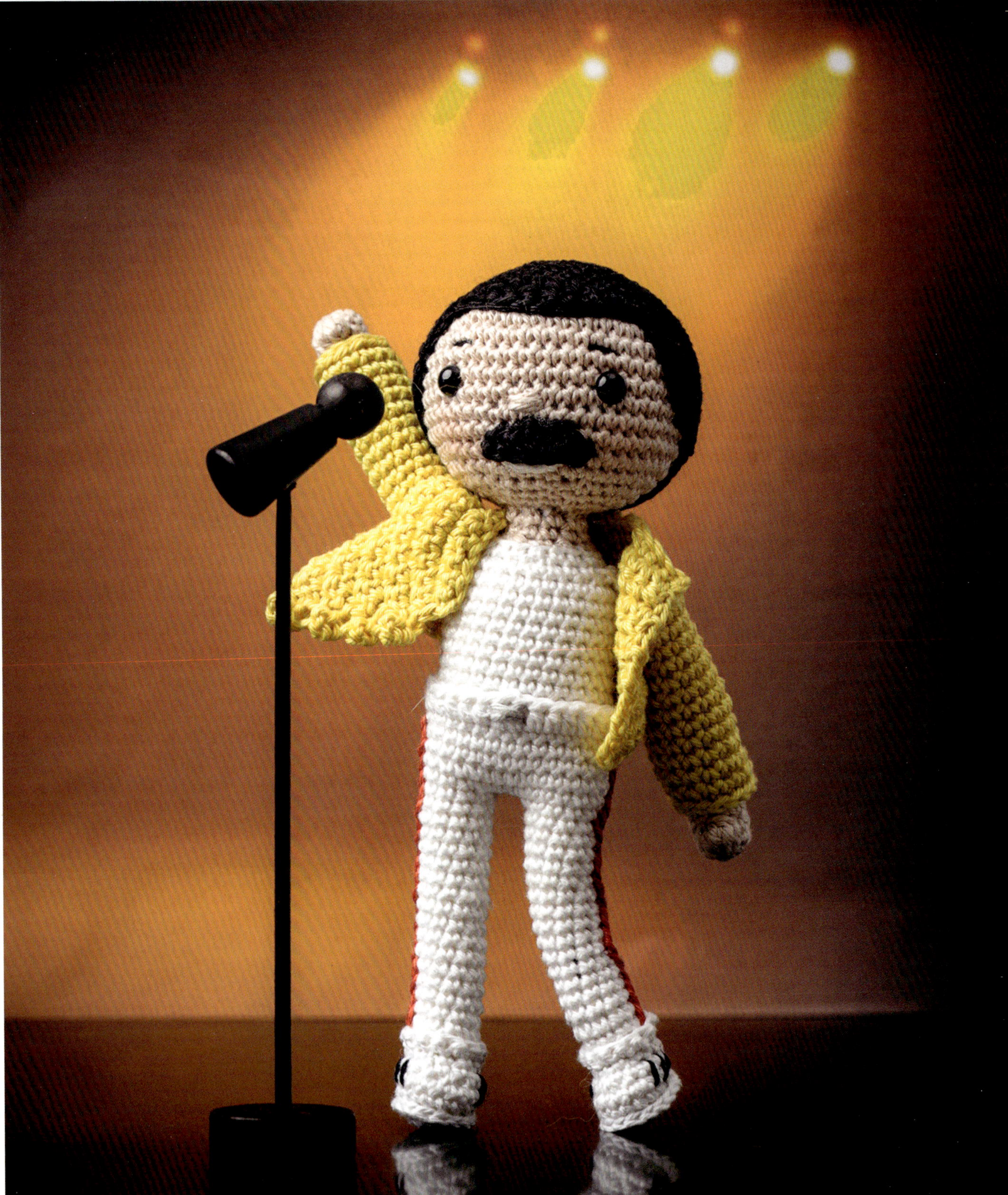

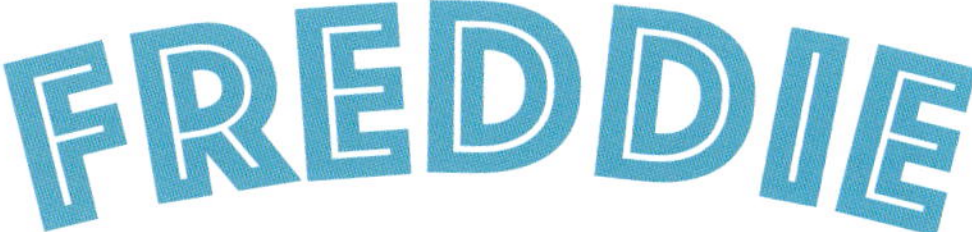

FREDDIE MERCURY

MATERIAL

Woll Butt Camilla (100 % Baumwolle, LL 125 m/50 g) in

- **Schwarz, 20 g**
- **Teint, 20 g**
- **Rot, Rest**
- **Gelb, 20 g**
- **Weiß, 30 g**
- **Hellgrau, Rest**
- **Häkelnadel 2,0 mm**
- **Füllwatte**
- **Wollnadel**
- **Sicherheitsaugen Ø 7 mm**
- **Maschenmarkierer**

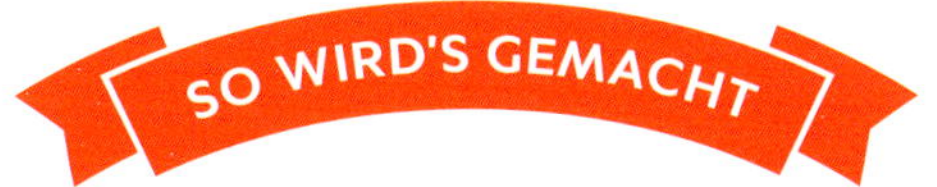

Es wird, wenn nicht anders angegeben, in Spiral-Rd gehäkelt. Denke schon während des Häkelns daran, die Teile nach und nach mit Watte zu füllen.

BEINE

(2x, in Weiß)

1. Rd: Schlage 4 Lm an. Beginne in der 2. Lm ab der Nadel, 2 fM, 3 fM in die nächste Lm, weiter auf der anderen Seite der Lm-Kette, 2 fM, 3 fM in die letzte Lm. [10]
Setze hier deinen MM.
2. Rd: *2 fM, 3x 1 M zun*, von * bis * noch 1x wdh. [16]
3. Rd: 16 fM ihM. [16]
4. Rd: 16 fM häkeln. [16]
5. Rd: 3 fM, 3x 1 M abn, 7 fM. [13]
6. Rd: 2 fM, 1 M abn, 1 fM, 1 M abn, 6 fM. [11]
7. Rd: 11 fm ihM. [11]
8. Rd: 3 fM, 1 M abn, 6 fM. [10]
9.–22. Rd: 10 fM häkeln.
Den Faden abschneiden und vernähen.

Schuhdetails

Den weißen Faden im vorderen M-Glied der 3. Rd der Beine wieder aufnehmen. Von oben einstechen und rundherum Km ivM häkeln. Den Faden abschneiden und vernähen.
In der 7. Rd der Beine häkelst du, ebenfalls in Weiß, in jedes vordere M-Glied 1 fM. Auch hier von oben einstechen.
Vernähe alle Fäden. Stülpe die Rd mit fM nach oben, um daraus ein Bündchen zu formen.
Sticke in Schwarz an beiden Seiten jeweils 3 Streifen auf die Schuhe.

Häkle ein 2. Bein, schneide den Faden aber nicht ab, sondern häkle weitere 5 fM. Es geht weiter mit der Verbindung.

VERBINDUNG

Häkle die Verbindung in Weiß, wie in der Grundanleitung auf Seite 20 beschrieben.

KÖRPER

(in Weiß und Teint)

1. Rd: 1 M zun, 3 fM, 1 M zun, 4 fM, 1 M zun, 2 fM, 1 M zun, 4 fM, 1 M zun, 3 fM, 1 M zun, 2 fM. [30]
2.–5. Rd: 30 fM häkeln. [30]
6. Rd: 7 fM ihM, 1 M ihM abn, 13 fM ihM, 1 M ihM abn, 6 fM ihM. [28]
7.–15. Rd: 28 fM häkeln. [28]
16. Rd: *7 fM, 1 M abn, 2 fM, 1 M abn*, von * bis * noch 1x wdh, 2 fM. [24]
17. Rd: *2 fM, 1 M abn*, von * bis * noch 5x wdh. [18]
18. Rd: Fb-Wechsel zu Teint, *1 fM ihM, 1 M ihM abn*, von * bis * noch 5x wdh. [12]
19.–20. Rd: 12 fM häkeln. [12]

ARME

(2x, in Teint und Weiß)

Beginne mit Fb Teint.

1. Rd: 6 fM in einen Fadenring arbeiten. [6]
2. Rd: *1 fM, 1 M zun*, von * bis * noch 2x wdh. [9]
3. Rd: 9 fM häkeln.]9]
4. Rd: 1 N, 8 fM. [9]
Tipp: Drücke die N nach außen, um den Daumen zu formen.
5. Rd: 1 M abn, 7 fM. [8]
6.–16. Rd: 8 fM häkeln. [8]
17. Rd: Fb-Wechsel zu Weiß, 8 fM häkeln. [8]
18.–20. Rd: 8 fM häkeln. [8]

Nähe die Arme seitlich zwischen der 16. und 17. Rd am Körper an. Die Daumen zeigen nach vorn.

GÜRTEL

(in Weiß)

Den Faden in einem vorderen M-Glied der 6. Rd des Körpers wieder aufnehmen. Stich von unten in die Schlaufe ein und häkle in jedes vordere M-Glied 1 hStb.
Den Faden mit langem Ende abschneiden.
Stülpe den Gürtel nach oben und fixiere ihn mit ein paar Stichen.

Sticke die Gürtelschnalle in Hellgrau vorn auf den Gürtel.

HOSENBEINE

(in Rot)

Die äußeren seitlichen Streifen der Hose werden aufgestickt. Starte unten am Hosenbund und sticke mit einem Rückstich bis zum Gürtel hoch.

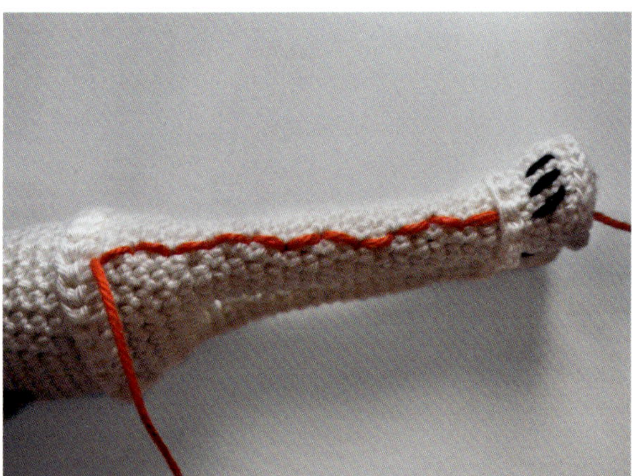

Um die Linie etwas zu begradigen, fädle den restlichen Faden durch die Stickstiche. Stich dafür von unten in die Schlaufen ein und ziehe den Faden durch. Vernähe dann die Enden im Inneren.

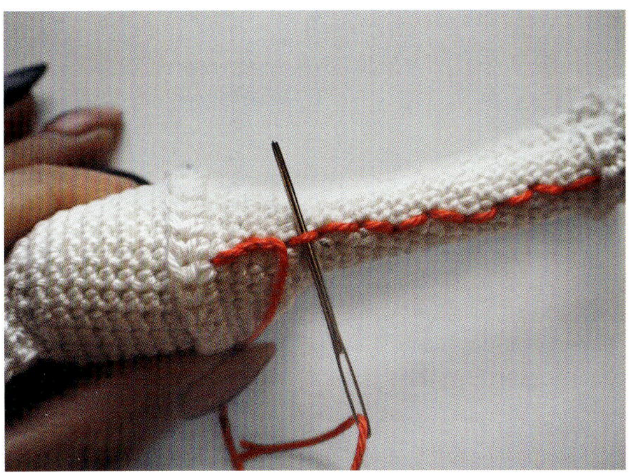

KOPF

(in Teint)

Häkle den Kopf, wie in der Grundanleitung auf Seite 21 beschrieben. Nähe ihn auf den Körper. Sticke das Gesicht, wie in der Grundanleitung „Gesichter“ auf Seite 22 beschrieben.

HAARE

(in Schwarz)

1. Rd: 6 fM in einen Fadenring arbeiten. [6]
2. Rd: 6x 1 M zun. [12]
3. Rd: *1 fM, 1 M zun*, von * bis * noch 5x wdh. [18]
4. Rd: *2 fM, 1 M zun*, von * bis * noch 5x wdh. [24]
5. Rd: *3 fM, 1 M zun*, von * bis * noch 5x wdh. [30]
6. Rd: *4 fM, 1 M zun*, von * bis * noch 5x wdh. [36]
7. Rd: *5 fM, 1 M zun*, von * bis * noch 5x wdh. [42]
8. Rd: *6 fM, 1 M zun*, von * bis * noch 5x wdh. [48]
9.–11. Rd: 48 fM häkeln. [48]
12. Rd: *1 M abn, 6 fM*, von * bis * noch 5x wdh. [42]
13.–15. Rd: 42 fM häkeln. [42]
16. Rd: 1 fM, 1 hStb, 1 Stb, 1 Stb zun, 1 Stb, 1 hStb, 1 fM, 1 Km, 1 fM, 1 hStb, 1 Stb, 1 DStb, 1 DStb zun, 1 DStb, 1 Stb, 1 hStb, 1 fM, 1 Km, 1 fM, 1 hStb, 1 Stb, 1 Stb zun, 1 Stb, 1 hStb, 1 fM, 1 Km.

Den Faden mit langem Ende abschneiden.
Nähe die Haube fest. Die DStb sollten dabei 2–3 Rd mittig über den Augen sitzen.

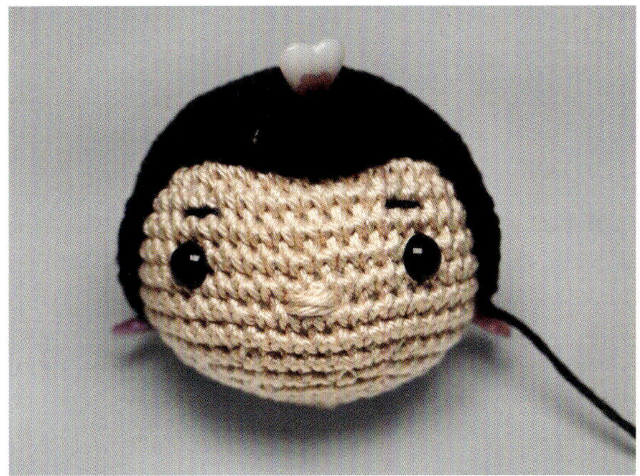

ZÄHNE

(in Weiß)

5 Lm anschlagen. Beginne in der 2. Lm ab der Nadel, 1 fM in jede Lm. [4]
Den Faden abschneiden und 2 Rd unterhalb der Nase annähen.

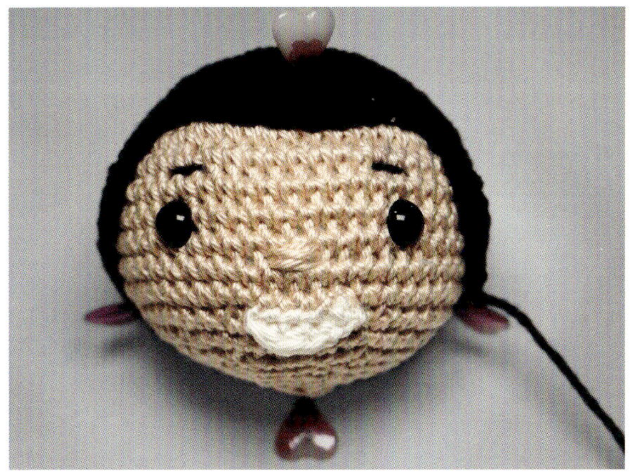

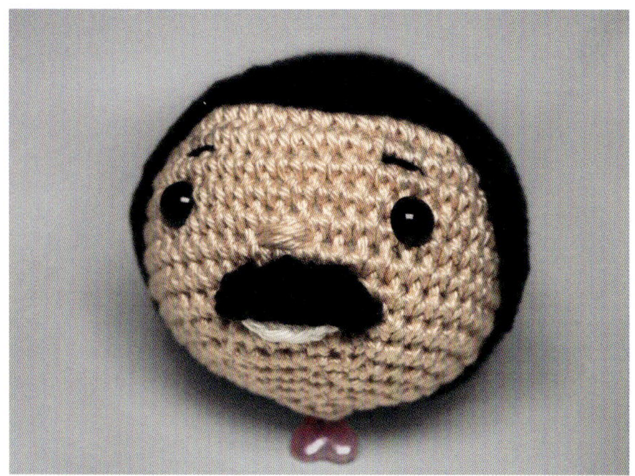

BART

(in Schwarz)

6 Lm anschlagen. Beginne in der 2. Lm ab der Nadel, 1 fM, 1 hStb, 1 Stb zun, 1 hStb, 1 fM.
Den Faden mit langem Ende abschneiden. Beide Fadenenden miteinander verknoten und nur den oberen Teil unter der Nase annähen. Die gebogene Seite des Barts sollte oben sein. Lass die Zähne ein kleines Stück herausschauen.

JACKE

(in Gelb)

Es wird in R gehäkelt.
1. R: 21 Lm anschlagen. Beginne in der 2. Lm ab der Nadel, 1 fM in jede Lm, 1 Lm, wenden. [20]
2. R: *1 fM, 1 M zun*, von * bis * noch 9x wdh, 1 Lm, wenden. [30]
3.–6. R: 30 fM häkeln., 1 Lm, wenden. [30]
7. R: 5 fM, 4 Lm, 6 M überspr, 8 fM, 4 Lm, 6 M überspr, 5 fM, 1 Lm, wenden. [26]
8. R: 5 fM, 1 fM in jede Lm, 8 fM, 1 fM in jede Lm, 5 fM, 1 Lm, wenden. [26]
9.–11. R: 26 fM, 1 Lm, wenden. [26]
12. R: 26 fM häkeln. [26]

Den Faden nicht abschneiden, denn jetzt werden die Schnallen der Jacke gehäkelt.

4 Lm, 3 fM in die eben gehäkelten Lm zurück, 2 Km in die Jacke, von * bis * noch 3x wdh, 1 Km.

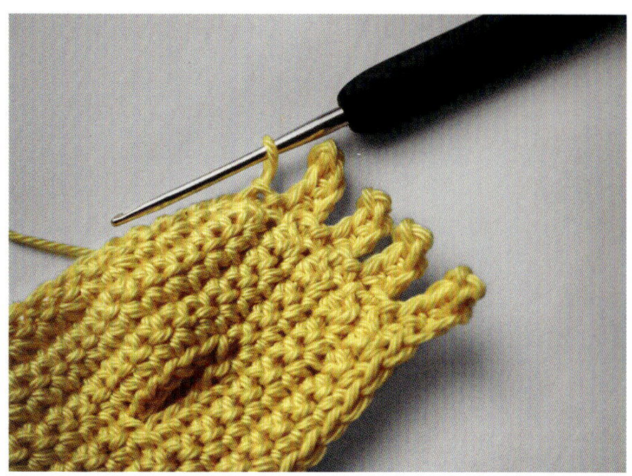

Den Faden abschneiden und vernähen.

ÄRMEL

(in Gelb)

1. Rd: Den Faden an einem Ärmel wieder aufnehmen und rundherum 14 fM häkeln. [14]
Setze hier deinen MM.
2.–11. Rd: 14 fM häkeln. [14]
12. Rd: 14 Km ivM. [14]
Den Faden abschneiden und beide Enden vernähen.

Häkle den 2. Ärmel auf dieselbe Weise.

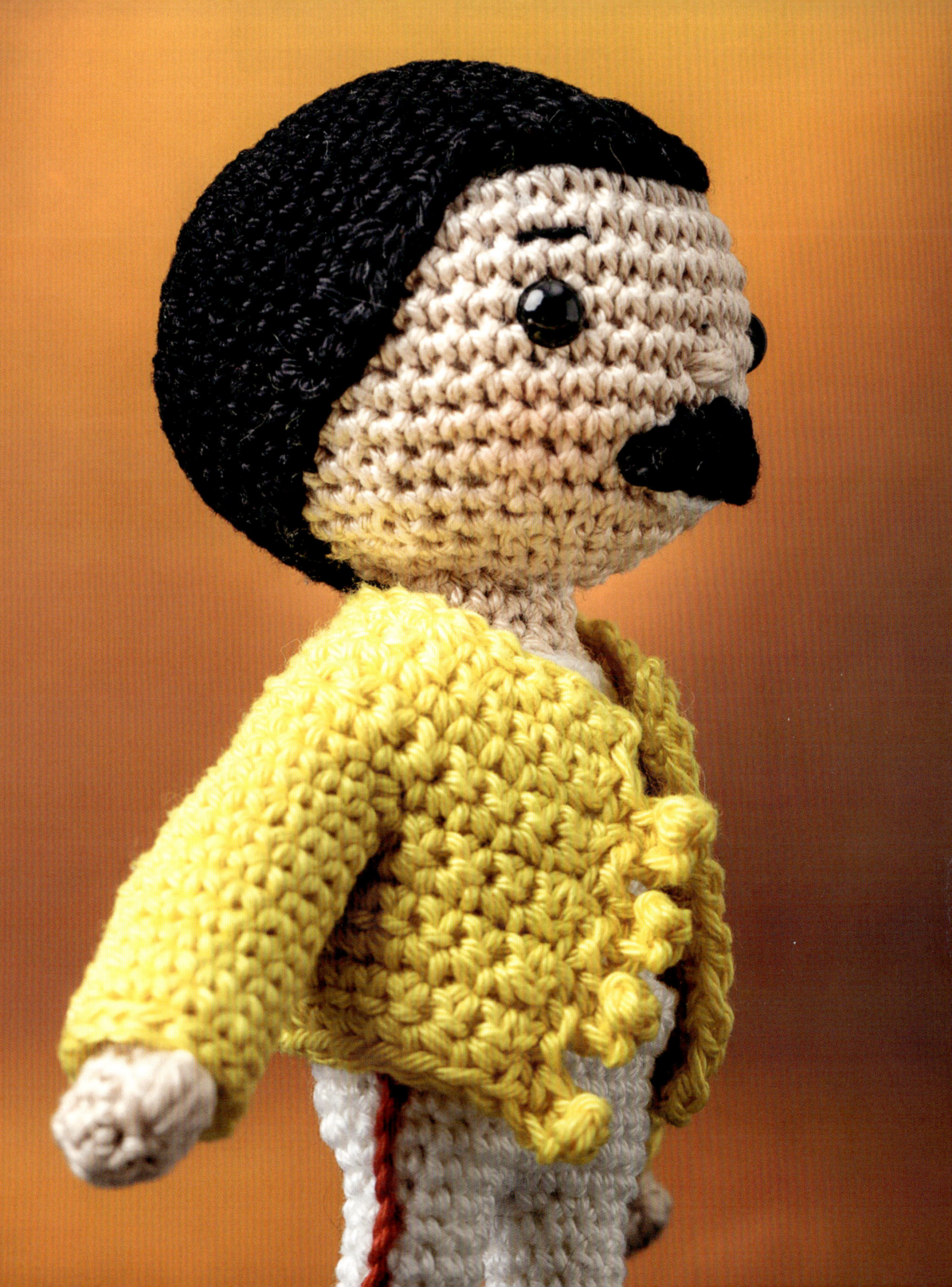

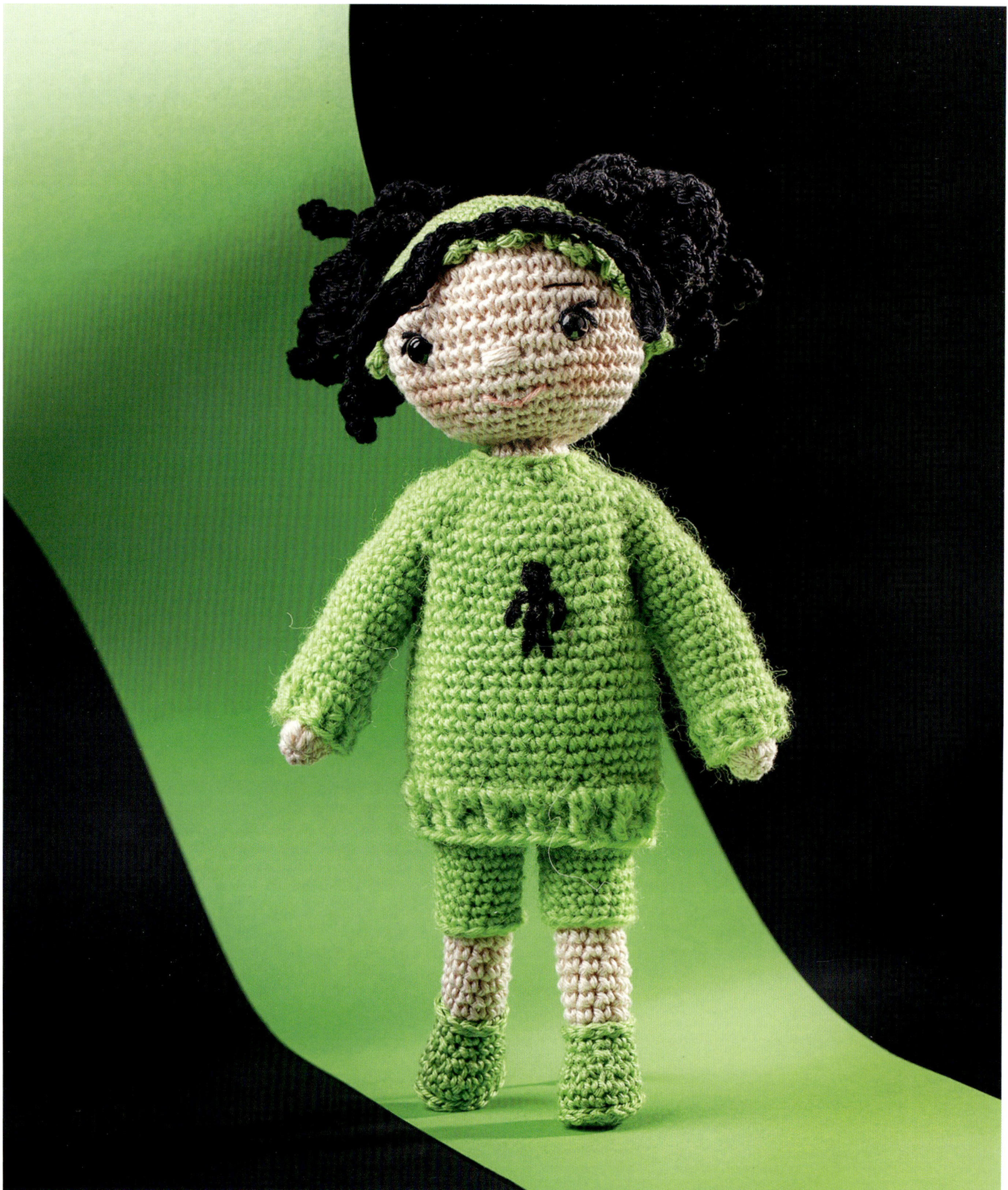

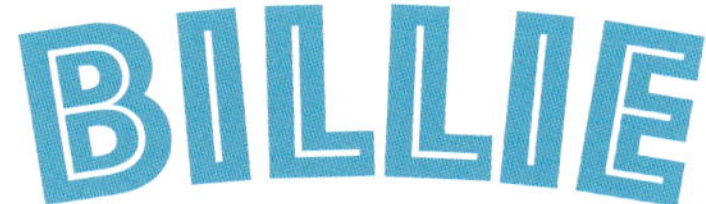

BILLIE

EILISH

MATERIAL

Schachenmayr Catania (100 % Baumwolle, LL 125 m/50 g) in

- Schwarz (Fb 110), 20 g
- Soft Apricot (Fb 263), 35 g
- Greenery (Fb 418), 25 g

Schachenmayr Regia 4-fädig (75 % Schurwolle, 25 % Polyamid, LL 420 m/100 g) in

- Knallfrosch (Fb 6613), 40 g
- Häkelnadel 2,0 mm
- Häkelnadel 3,0 mm
- Füllwatte
- Wollnadel
- Sicherheitsaugen Ø 7 mm
- Maschenmarkierer

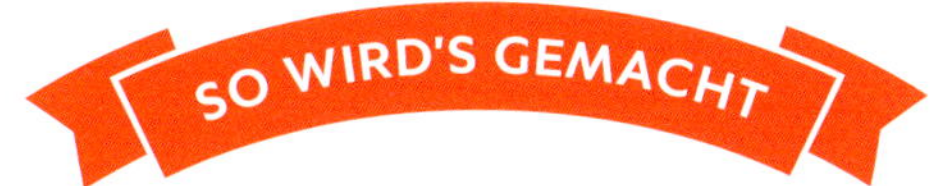

SO WIRD'S GEMACHT

Es wird, wenn nicht anders angegeben, in Spiral-Rd gehäkelt. Denke schon während des Häkelns daran, die Teile nach und nach mit Watte zu füllen.

HOSE

Tipp: Häkle die Hose zuerst. Denn diese wird später am Körper angehäkelt.

(in Knallfrosch und mit Nadelstärke 3,0 mm)

Schlage 24 Lm an, schließe die Lm-Kette mit 1 fM ins rückwärtige M-Glied der 1. Lm zur Rd.

1. Rd: 24 fM in jedes rückwärtige M-Glied. [24]
2. Rd: *1 M zun, 11 fM *, von * bis * noch 1x wdh. [26]
3. Rd: 26 fM häkeln. [26]
4. Rd: *1 M zun, 12 fM *, von * bis * noch 1x wdh. [28]
5. Rd: 28 fM häkeln. [28]
6. Rd: *1 M zun, 13 fM *, von * bis * noch 1x wdh. [30]
7.–10. Rd: 30 fM häkeln. [30]
Jetzt werden die Hosenbeine gehäkelt.
11. Rd: 15 fM, 15 M überspr, 1 fM in die 1. M der Rd, MM setzen. [5]

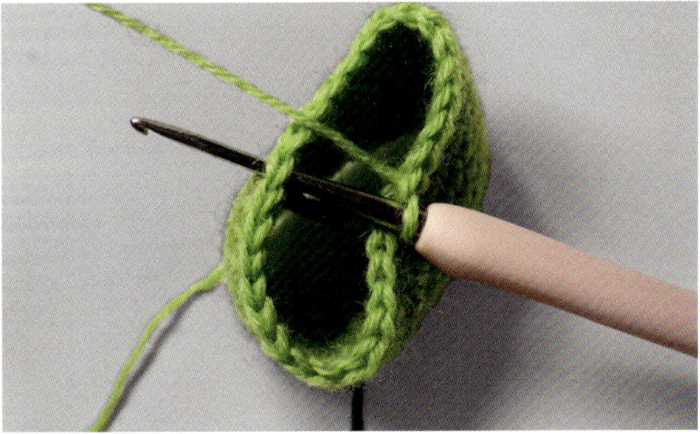

12.–21. Rd: 1 fM häkeln.

Den Faden abschneiden und vernähen.
Für das 2. Hosenbein den Faden in einer der unbehäkelten M der 11. Rd wieder aufnehmen.

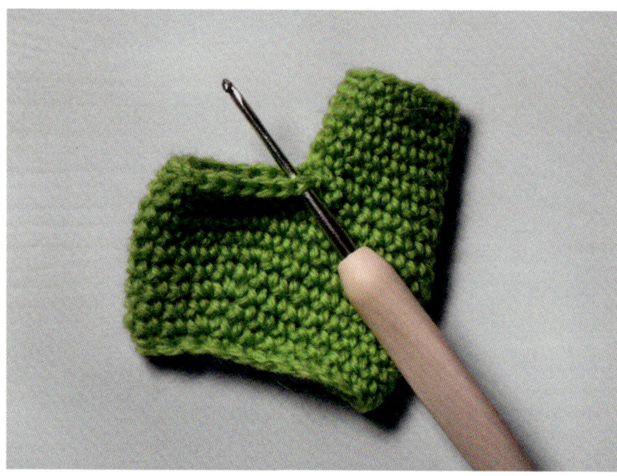

Häkle 15 fM, setze deinen MM. Wdh die 12.–21. Rd für das 2. Hosenbein. Vernähe alle Fäden.

BEINE

(2x, in Soft Apricot)

Beginne mit Fb Greenery.

1. Rd: Schlage 4 Lm an. Beginne in der 2. Lm ab der Nadel, 2 fM, 3 fM in die nächste Lm, weiter auf der anderen Seite der Lm-Kette, 2 fM, 3 fM in die letzte Lm. [10]
Setze hier deinen MM.
2. Rd: *2 fM, 3x 1 M zun*, von * bis * noch 1x wdh. [16]
3. Rd: 16 fM ihM. [16]
4. Rd: 16 fM häkeln. [16]
5. Rd: 3 fM, 3x 1 M abn, 7 fM. [13]
6. Rd: 2 fM, 1 M abn, 1 fM, 1 M abn, 6 fM. [11]
7. Rd: 11 fM häkeln. [11]
8. Rd: Fb-Wechsel zu Soft Apricot, 3 fM ihM, 1 M ihM abn, 6 fM ihM. [10]
9.–22. Rd: 10 fM häkeln. [10]
Den Faden abschneiden und vernähen.

Schuhdetails

Den Faden in Greenery im vorderen M-Glied der 3. Rd der Beine wieder aufnehmen. Von oben einstechen und rundherum Km ivM häkeln.
Den Faden abschneiden und vernähen.

Dasselbe machst du in das vordere M-Glied der 8. Rd der Beine.

Häkle ein 2. Bein, schneide den Faden aber nicht ab, sondern häkle weitere 5 fM. Es geht weiter mit der Verbindung.

VERBINDUNG

Häkle die Verbindung in Soft Apricot, wie in der Grundanleitung auf Seite 20 beschrieben.
Wichtig: Solltest du die Hose noch nicht gehäkelt haben, dann häkle sie jetzt. Du brauchst sie in der 7. Rd des Körpers!

KÖRPER

(in Soft Apricot)

1. Rd: 1 M zun, 3 fM, 1 M zun, 4 fM, 1 M zun, 2 fM, 1 M zun, 4 fM, 1 M zun, 3 fM, 1 M zun, 2 fM. [30]
2.–5. Rd: 30 fM häkeln. [30]
6. Rd: 7 fM, 1 M abn, 13 fM, 1 M abn, 6 fM. [28]
7. Rd: 6 fM, 2x 1 M abn, 10 fM, 2x 1 M abn, 4 fM. [24]
Ziehe die Hose an.

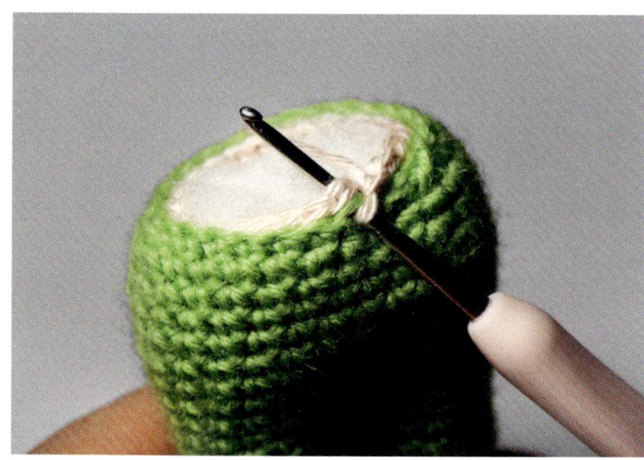

8. Rd: Verbinde Hose und Körper, indem du durchs hintere M-Glied der Hose und durch die M des Körper stichst. Häkle die beiden Teile so rundherum mit fM zus. [24]
9.–15. Rd: 24 fM häkeln. [24]
16. Rd: 6 fM, 1 M zun, 1 fM, 1 M zun, 9 fM, 1 M zun, 1 fM, 1 M zun, 3 fM. [28]
17.–18. Rd: 28 fM häkeln. [28]
19. Rd: *7 fM, 1 M abn, 2 fM, 1 M abn*, von * bis * noch 1x wdh, 2 fM. [24]
20. Rd: *2 fM, 1 M abn*, von * bis * noch 5x wdh. [18]
21. Rd: *1 fM, 1 M abn*, von * bis * noch 5x wdh. [12]
22.–23. Rd: 12 fM häkeln. [12]

ARME

(2x, in Soft Apricot)

Häkle die Arme, wie in der Grundanleitung auf Seite 21 beschrieben.

Nähe die Arme seitlich zwischen der 17. und 18. Rd am Körper an. Die Daumen zeigen nach vorn.

PULLOVER

(in Knallfrosch und mit Nadelstärke 3,0 mm)

1. Rd: 20 Lm anschlagen, mit 1 fM zur Rd schließen, 1 fM in jede Lm. [20]
Setze hier deinen MM.
2. Rd: *1 fM, 1 M zun*, von * bis * noch 9x wdh. [30]
3. Rd: *2 fM, 1 M zun*, von * bis * noch 9x wdh. [40]
4.–5. Rd: 40 fM häkeln. [40]
6. Rd: 7 fM, 4 Lm, 6 M überspr, 14 fM, 4 Lm, 6 M überspr, 7 fM. [36]
7. Rd: 7 fM, 1 fM in jede Lm, 14 fM, 1 fM in jede Lm, 7 fM. [36]
8.–20. Rd: 36 fM häkeln. [36]
21. Rd: *1 M abn, 4 fM*, von * bis * noch 5x wdh. [30]
22. Rd: 2 Lm, 29 Stb, 1 Km in die 2. Lm vom Anfang. [30]
22. Rd: 2 Lm, *1 RStbv, 1 Stb*, von * bis * noch 13x wdh, 1 RStbv, 1 Km in die 2. Lm vom Anfang. [30]
Den Faden abschneiden und vernähen.

Ärmel

Für die Ärmel den Faden in Knallfrosch an 1 M vom Ärmelloch wieder aufnehmen und 14 fM häkeln.

1.–13. Rd: 14 fM häkeln. [14]
14. Rd: 1 Km, 1 Lm, 13 hStb, 1 Km in die Lm vom Anfang. [14]
15. Rd: 1 Lm, *1 RhStbv, 1 hStb*, von * bis * noch 5x wdh, 1 RhStbv. [14]
Den Faden abschneiden und vernähen.

Häkle den 2. Ärmel auf dieselbe Weise.

Kragen

Nimm den Faden in Knallfrosch an 1 M des Kragens wieder auf. Häkle in jede M 1 hStb, 1 Km in die 1. M. Den Faden abschneiden und beide Enden vernähen.

Sticke mit Stickgarn in Schwarz ein Männchen auf die Brust. Nimm dafür den Faden doppelt.

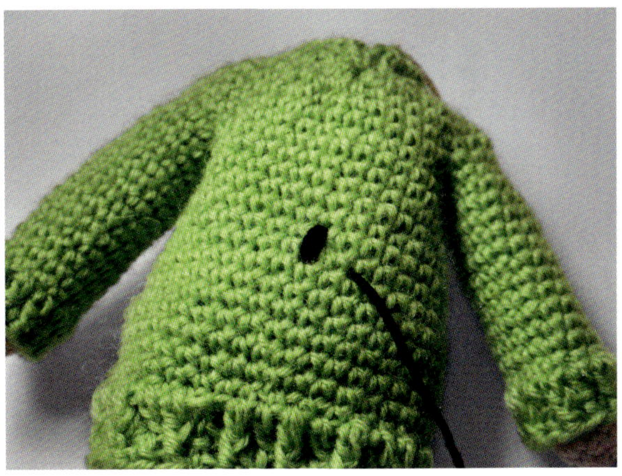

Vernähe beide Enden.

Wichtig: Ziehe den Pullover an, bevor du den Kopf annähst. Er passt später nicht mehr über den Kopf.

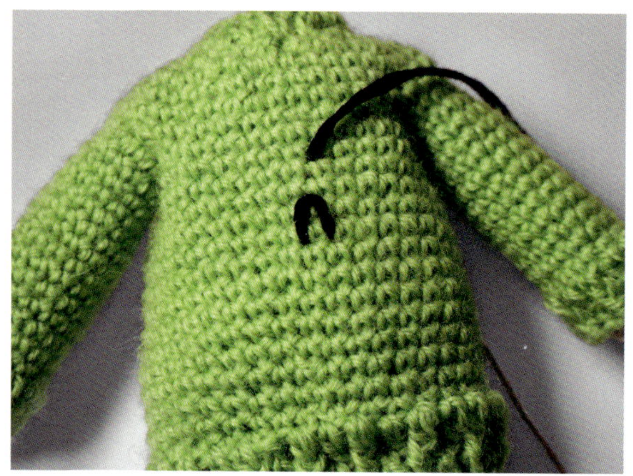

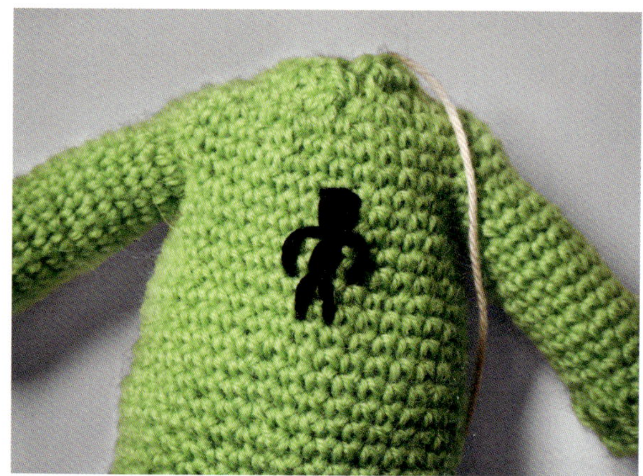

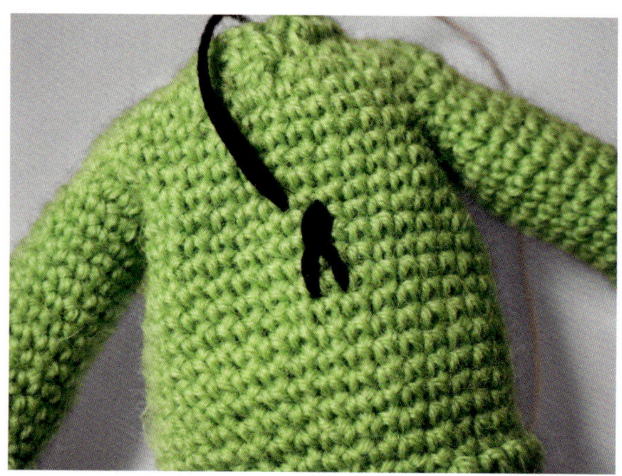

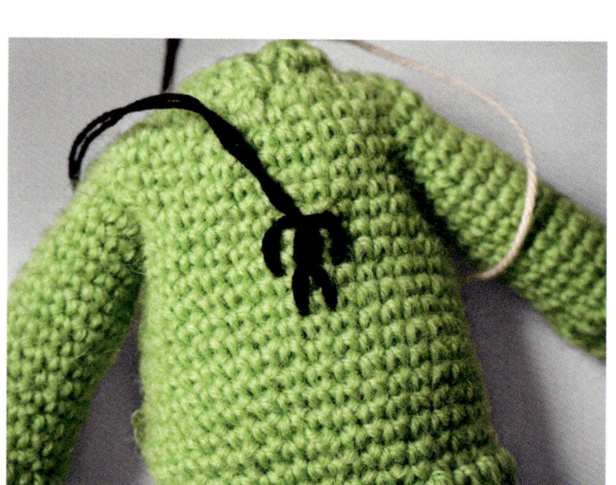

KOPF

(in Soft Apricot)

Häkle den Kopf, wie in der Grundanleitung auf Seite 21 beschrieben. Nähe ihn auf den Körper. Sticke das Gesicht, wie in der Grundanleitung „Gesichter" auf Seite 22 beschrieben.

HAARE

Haube

(in Greenery)

1. Rd: 6 fM in einen Fadenring arbeiten. [6]
2. Rd: 6x 1 M zun. [12]
3. Rd: *1 fM, 1 M zun*, von * bis * noch 5x wdh. [18]
4. Rd: *2 fM, 1 M zun*, von * bis * noch 5x wdh. [24]
5. Rd: *3 fM, 1 M zun*, von * bis * noch 5x wdh. [30]
6. Rd: *4 fM, 1 M zun*, von * bis * noch 5x wdh. [36]
7. Rd: *5 fM, 1 M zun*, von * bis * noch 5x wdh. [42]
8. Rd: *6 fM, 1 M zun*, von * bis * noch 5x wdh. [48]
9.–13. Rd: 48 fM häkeln. [48]
Tipp: Sollte dir die Haube zu groß oder zu klein erscheinen, häkle zwischen der 9. und 13. Rd, 1–2 Rd weniger bzw. mehr.
14. Rd: *1 M abn, 6 fM*, von * bis * noch 5x wdh. [42]

15. Rd: 42 fM häkeln. [42]
16. Rd: *1 fM, 1 Picot aus 3 Lm, 2 fM, 1 Picot aus 1 Lm*, von * bis * noch 7x wdh, 1 Km.
Den Faden mit langem Ende abschneiden.

Setze die Haube so auf, dass die Picots die vordere Hälfte des Kopfs zieren. Der Ansatz sollte in etwas 4–5 Rd über den Augen sitzen. Nähe die Haube rundherum fest.

Pony

Für den Pony den Faden in Schwarz mittig über den Picots aufnehmen und 15 Lm anschlagen. Beginne in der 2. Lm ab der Nadel, 14 fM, 1 Km in die Haube, 1 fM in die Haube, 15 Lm, 14 fM in die eben gehäkelten Lm zurück.
Den Faden abschneiden und beide Enden vernähen. Alternativ kannst du die Strähnen auch einzeln häkeln und dann annähen.

Dutt

Zuerst werden die Strähnen gehäkelt. Diese werden dann zum Kreis geschlossen, bevor es mit der Oberseite weitergeht.

Strähnen

Schlage in Schwarz 21 Lm an. Beginne in der 2. Lm ab der Nadel, 1 fM in jede Lm. Wdh diese Strähne, bis du insgesamt 10 Strähnen gehäkelt hast.
1 Lm und in jede Strähne 2 fM häkeln. Du solltest jetzt 20 M haben.
1 fM in die 1. fM, um zur Rd zu schließen. Setze hier deinen MM, denn der Dutt wird weiter in Spiral-Rd gehäkelt.
1. Rd: 20 fM häkeln. [20]
2. Rd: *3 fM, 1 M zun*, von * bis * noch 4x wdh. [25]
3.–4. Rd: 25 fM häkeln. [25]
5. Rd: *1 M abn, 3 fM*, von * bis * noch 4x wdh. [20]
6. Rd: *1 M abn, 2 fM*, von * bis * noch 4x wdh. [15]
7. Rd: *1 M abn, 1 fM*, von * bis * noch 5x wdh. [10]
8. Rd: 5x 1 M abn. [5]

Den Faden mit langem Ende abschneiden.
Die Öffnung schließen, indem du den Faden durch alle vorderen M-Glieder der letzten Rd fädelst. Führe den Faden zu einer Strähne. Fülle den Dutt mit Watte. Nähe den Dutt mit der 1. Rd seitlich am Kopf fest.

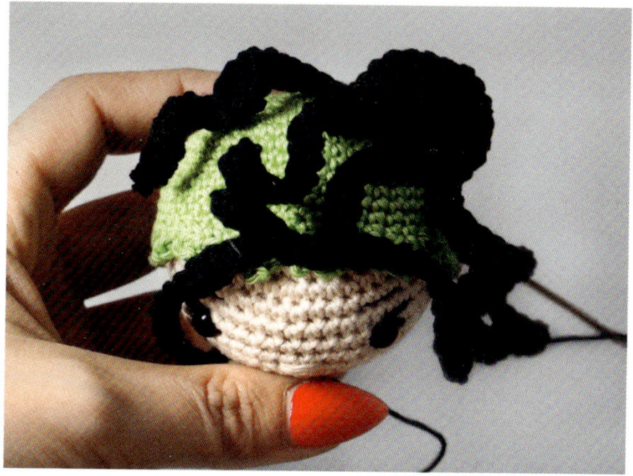

Lege die Strähnen kreuz und quer über den Dutt und fixiere sie mit ein paar Stichen.
Tipp: Es darf ruhig unordentlich aussehen. Es ist ja ein Messy Bun ;-)

Häkle den 2. Dutt auf dieselbe Weise und nähe ihn an der anderen Seite des Kopfs fest.

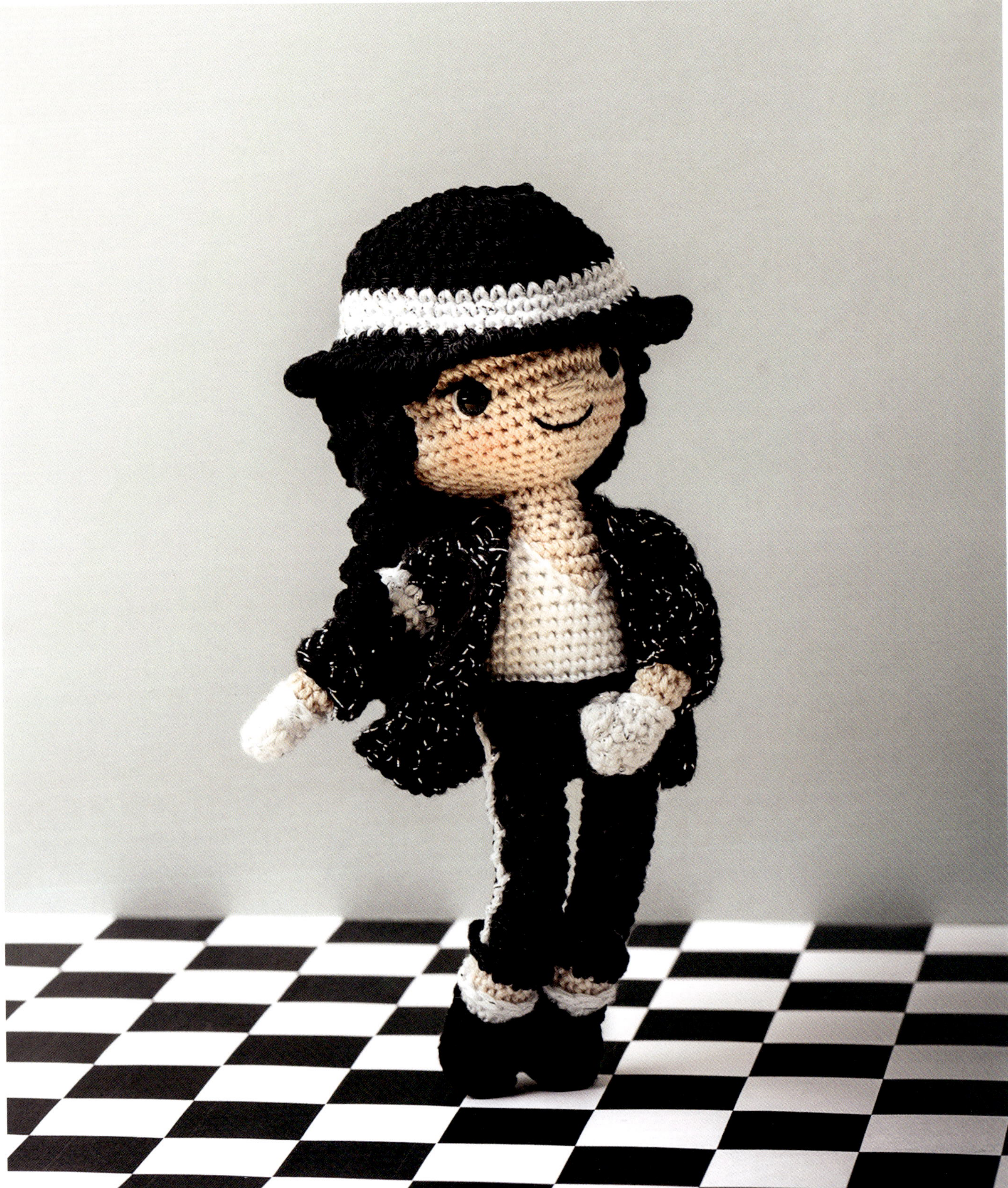

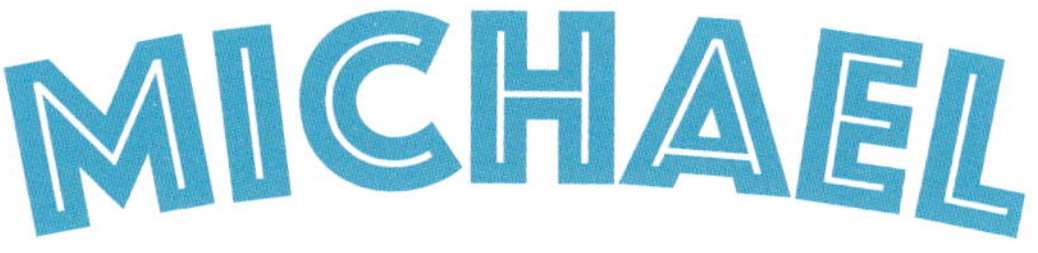

MICHAEL JACKSON

MATERIAL

Schachenmayr Catania (100 % Baumwolle, LL 125 m/50 g) in

- **Weiß (Fb 106), 15 g**
- **Schwarz (Fb 110), 50 g**
- **Soft Apricot (Fb 263), 20 g**

Schachenmayr Catania Glamour (98 % Baumwolle, 2 % Polyester, LL 142 m/50 g) in

- **Schwarz (Fb 199), 25 g**
- **Weiß (Fb 101), 20 g**
- **Häkelnadel 2,0 mm**
- **Häkelnadel 3,0 mm**
- **Füllwatte**
- **Wollnadel**
- **Sicherheitsaugen Ø 7 mm**
- **Maschenmarkierer**

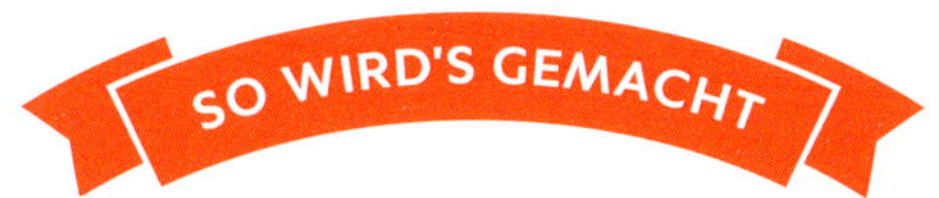

Es wird, wenn nicht anders angegeben, in Spiral-Rd gehäkelt. Denke schon während des Häkelns daran, die Teile nach und nach mit Watte zu füllen.

BEINE

(2x, in Schwarz, Glamour Weiß und Soft Apricot)

Beginne mit Fb Schwarz.

1. Rd: Schlage 4 Lm an. Beginne in der 2. Lm ab der Nadel, 2 fM, 3 fM in die nächste Lm, weiter auf der anderen Seite der Lm-Kette, 2 fM, 3 fM in die letzte Lm. [10]
Setze hier deinen MM.
2. Rd: *2 fM, 3x 1 M zun*, von * bis * noch 1x wdh. [16]
3. Rd: 16 fm ihM. [16]
4. Rd: 16 fM häkeln. [16]
5. Rd: 3 fM, 3x 1 M abn, 7 fM. [13]
6. Rd: 2 fM, 1 M abn, 1 fM, 1 M abn, 6 fM. [11]
7. Rd: Fb-Wechsel zu Glamour Weiß, 11 fM ihM. [11]
8. Rd: 3 fM, 1 M abn, 6 fM. [10]
9. Rd: Fb-Wechsel zu Soft Apricot, 10 fM ihM. [10]
10. Rd: 10 fM häkeln. [10]
11. Rd: Fb-Wechsel zu Schwarz, 10 fM ihM. [10]
12.–22. Rd: 10 fM häkeln. [10]
Den Faden abschneiden und vernähen.

Schuh- und Hosendetails

Den Faden in Schwarz im vorderen M-Glied der 3. Rd der Beine wieder aufnehmen. Von oben einstechen und rundherum Km ivM häkeln.
Den Faden abschneiden und vernähen.
Dasselbe machst du in das vordere M-Glied der 7. Rd der Beine.

Für das Sockenbündchen den Faden in Glamour Weiß im vorderen M-Glied der 9. Rd wieder aufnehmen. Von unten einstechen und 1 fM in jedes vordere M-Glied häkeln. Stülpe das Bündchen nach oben.

Im vorderen M-Glied der 11. Rd den Faden in Schwarz wieder aufnehmen. Von unten einstechen und 1 hStb in jedes vordere M-Glied häkeln. Stülpe das Bündchen nach oben.

Häkle ein 2. Bein, schneide den Faden aber nicht ab, sondern häkle weitere 5 fM.

Verfahre für die äußeren seitlichen Streifen an der Hose, wie bei Freddie Mercury auf Seite 48 beschrieben. Nimm dafür den Faden in Glamour Weiß.

Es geht weiter mit der Verbindung.

VERBINDUNG

Häkle die Verbindung in Schwarz, wie in der Grundanleitung auf Seite 20 beschrieben.

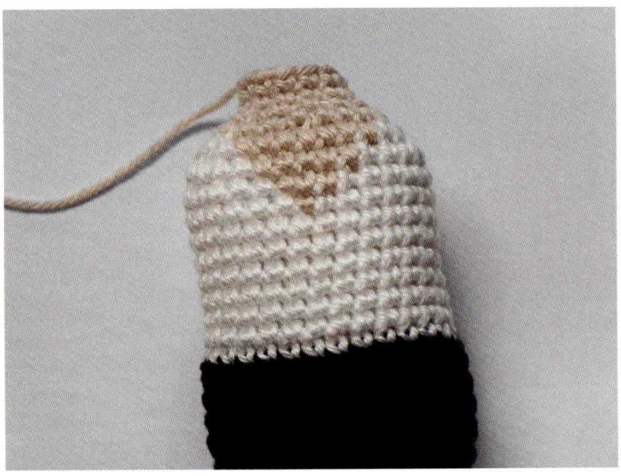

KÖRPER

(in Schwarz, Weiß und Soft Apricot)

Weiter mit Fb Schwarz.

1. Rd: 1 M zun, 3 fM, 1 M zun, 4 fM, 1 M zun, 2 fM, 1 M zun, 4 fM, 1 M zun, 3 fM, 1 M zun, 2 fM. [30]

2.–5. Rd: 30 fM häkeln. [30]
6. Rd: Fb-Wechsel zu Weiß, 7 fM ihM, 1 M ihM abn, 13 fM ihM, 1 M ihM abn, 6 fM ihM. [28]
7.–12. Rd: 28 fM häkeln. [28]
13. Rd: 14 fM, 1 fM in Fb Soft Apricot, 13 fM. [28]
Tipp: Hole die letzte Schlaufe deiner fM vor dem Farbwechsel mit der neuen Farbe.
14. Rd: 13 fM, 3 fM in Soft Apricot, 12 fM. [28]
15. Rd: 12 fM, 5 fM in Soft Apricot, 11 fM. [28]
16. Rd: 5 fM, 1 M abn, 2 fM, 1 M abn, 7 fM in Soft Apricot, 1 M abn, 2 fM, 1 M abn, 4 fM. [24]
17. Rd: Fb-Wechsel zu Soft Apricot, *2 fM, 1 M abn*, von * bis * noch 5x wdh. [18]
18. Rd: *1 fM, 1 M abn*, von * bis * noch 5x wdh. [12]
19.–20. Rd: 12 fM häkeln. [12]
Den Faden mit langem Ende abschneiden.

Umrande mit weißem Garn den Übergang von Weiß und Hautfarbe mit einem Rückstich.

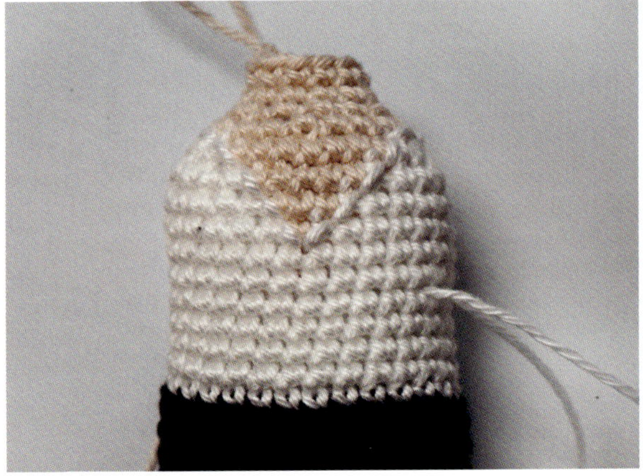

Um diese Umrandung zu begradigen, fädle den Faden von unten durch jeden Rückstich.

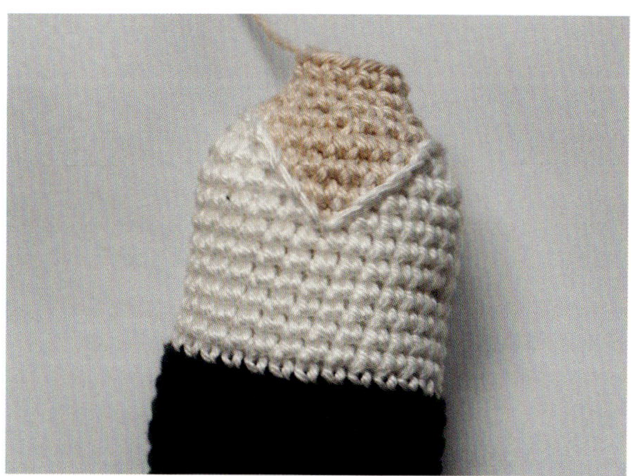

GÜRTEL

(in Schwarz)

Den Faden in einem vorderen M-Glied der 6. Rd des Körpers wieder aufnehmen. Stich von unten in die Schlaufe ein und häkle in jedes vordere M-Glied 1 hStb.
Den Faden abschneiden und vernähen.
Stülpe den Gürtel nach oben und fixiere ihn mit ein paar Stichen.

Sticke die Gürtelschnalle in Glamour Weiß vorn auf den Gürtel.

ARME

(2x, in Glamour Weiß und Soft Apricot)

Beginne mit Fb Glamour Weiß.

1. Rd: 6 fM in einen Fadenring arbeiten. [6]
2. Rd: *1 fM, 1 M zun*, von * bis * noch 2x wdh. [9]
3. Rd: 9 fM häkeln. [9]
4. Rd: 1 N, 8 fM. [9]
Tipp: Drücke die N nach außen, um den Daumen zu formen.
5. Rd: 1 M abn, 7 fM. [8]
6. Rd: Fb-Wechsel zu Soft Apricot, 8 fM ihM. [8]
7.–20. Rd: 8 fM häkeln. [8]
Den Faden mit langem Ende abschneiden.

Nähe die Arme seitlich zwischen der 16. und 17. Rd am Körper an. Die Daumen zeigen nach vorn.

Den Faden in Glamour Weiß im vorderen M-Glied der 6. Rd wieder aufnehmen und in jedes vordere M-Glied 1 Km häkeln.
Stich dabei von oben in die Schlaufe ein.

JACKE

(in Glamour Schwarz und mit Nadelstärke 3,0 mm)

1. R: Schlage 21 Lm an. Beginne in der 2. Lm ab der Nadel, 20 fM, 1 Lm, wenden. [20]
2. R: *1 fM, 1 M zun*, von * bis * noch 9x wdh, 1 Lm, wenden. [30]
3. R: 4 fM, 5 Lm, 7 M überspr, 8 fM, 5 Lm, 7 M überspr, 4 fM, 1 Lm, wenden. [26]
4. R: 4 fM, 1 fM in jede Lm, 8 fM, 1 fM in jede Lm, 4 fM, 1 Lm, wenden. [26]
5.–13. R: 26 fM, 1 Lm, wenden. [26]
14. R: 1 fM häkeln, 1 Lm, nicht wenden – es geht weiter mit der Umrandung.

Umrandung

12 fM entlang der Kante, 2 Lm, 1 Stb in dieselbe M, 1 Stb, 2 hStb, *1 M zun, 1 fM*, von * bis * noch 5x wdh, 2 hStb, 2 Stb, 2 Lm, 1 Km in die gleiche M, 12 fM entlang der Kante.
Den Faden abschneiden und vernähen.

ÄRMEL

Rechter Ärmel

Den Faden in Glamour Schwarz am rechten Ärmelloch wieder aufnehmen und rundherum 12 fM häkeln. Setze hier deinen MM.
1.–10. Rd: 12 fM häkeln. [12]
Den Faden abschneiden und beide Fäden vernähen.

Linker Ärmel

Den Faden in Glamour Schwarz am linken Ärmelloch wieder aufnehmen und rundherum 12 fM häkeln. Setze hier deinen MM.
1.–2. Rd: 12 fM häkeln. [12]
3. Rd: Fb-Wechsel zu Glamour Weiß, 12 fM. [12]
4. Rd: 12 fM häkeln. [12]
5. Rd: Fb-Wechsel zu Glamour Schwarz, 12 fM häkeln. [12]
6.–10. Rd: 12 fM häkeln. [12]
Den Faden abschneiden und beide Fäden vernähen.

KOPF

(in Soft Apricot)

Häkle den Kopf, wie in der Grundanleitung auf Seite 21 beschrieben. Nähe ihn auf den Körper. Sticke das Gesicht, wie in der Grundanleitung „Gesichter" auf Seite 22 beschrieben.

HAARE

Zuerst werden die Strähnen gehäkelt. Diese werden dann zum Kreis geschlossen, bevor es mit der Oberseite weitergeht.

Strähnen

Schlage in Schwarz 31 Lm an. Beginne in der 2. Lm ab der Nadel, 2 fM in jede Lm. Wdh diese Strähne, bis du insgesamt 18 Strähnen gehäkelt hast.

1 Lm und in jede Strähne 2 fM häkeln. Du solltest jetzt 36 M haben.
1 fM in die 1. fM, um zur Rd zu schließen.
Setze hier deinen MM, denn die Haube wird weiter in Spiral-Rd gehäkelt.

Haube

1.–4. Rd: 36 fM häkeln.
5. Rd: *1 M abn, 4 fM*, von * bis * noch 5x wdh. [30]
6. Rd: *1 M abn, 3 fM*, von * bis * noch 5x wdh. [24]
7. Rd: *1 M abn, 2 fM*, von * bis * noch 5x wdh. [18]
8. Rd: *1 M abn, 1 fM*, von * bis * noch 5x wdh. [12]
9. Rd: 6x 1 M abn. [6]
Den Faden abschneiden.
Schließe die Rd, indem du den Faden durch jedes vordere M-Glied der letzten Rd fädelst. Ziehe den Faden fest, um das Loch zu schließen.
Den Faden vernähen.

Nähe die Haube rundherum fest. Der Ansatz sollte in etwa 4–5 Rd über den Augen sitzen.
Binde die Haare im Nacken zus. Lass eine Strähne am Auge draußen.

HUT

(in Schwarz und mit Nadelstärke 3,0 mm)

1. Rd: Schlage 7 Lm an. Beginne in der 2. Lm ab der Nadel, 5 hStb, 3 hStb in die nächste Lm, weiter auf der anderen Seite der Lm-Kette, 5 hStb, 3 hStb in die letzte Lm. [16]
Setze hier deinen MM.
2. Rd: *5 hStb, 3x 1 hStb zun*, von * bis * noch 1x wdh. [22]
3. Rd: 6 hStb, *1 hStb zun, 1 hStb*, von * bis * noch 3x wdh, 6 hStb, 3x 1 hStb zun. [28]
4. Rd: Alle ins rückwärtige M-Glied: *1 hStb zun, 2 hStb*, von * bis * noch 9x wdh, 1 hStb zun, 1 hStb. [40]
5.–6. Rd: 40 hStb. [40]
7. Rd: *1 hStb zun, 3 hStb*, von * bis * noch 8x wdh, 1 hStb zun, 2 hStb. [49]
8. Rd: Fb-Wechsel zu Glamour Weiß, 49 fM häkeln. [49]
9.–10. Rd: 49 fM häkeln. [49]
11. Rd: Fb-Wechsel zu Schwarz, 49 hStb häkeln. [49]
12. Rd: *1 hStb ivM, 1 hStb ivM zun*, von * bis * noch 23x wdh, 1 hStb ivM. [65]
13. Rd: 1 Km, 1 Lm, 1 Krebs-M häkeln.
Den Faden abschneiden und alle Fäden vernähen.

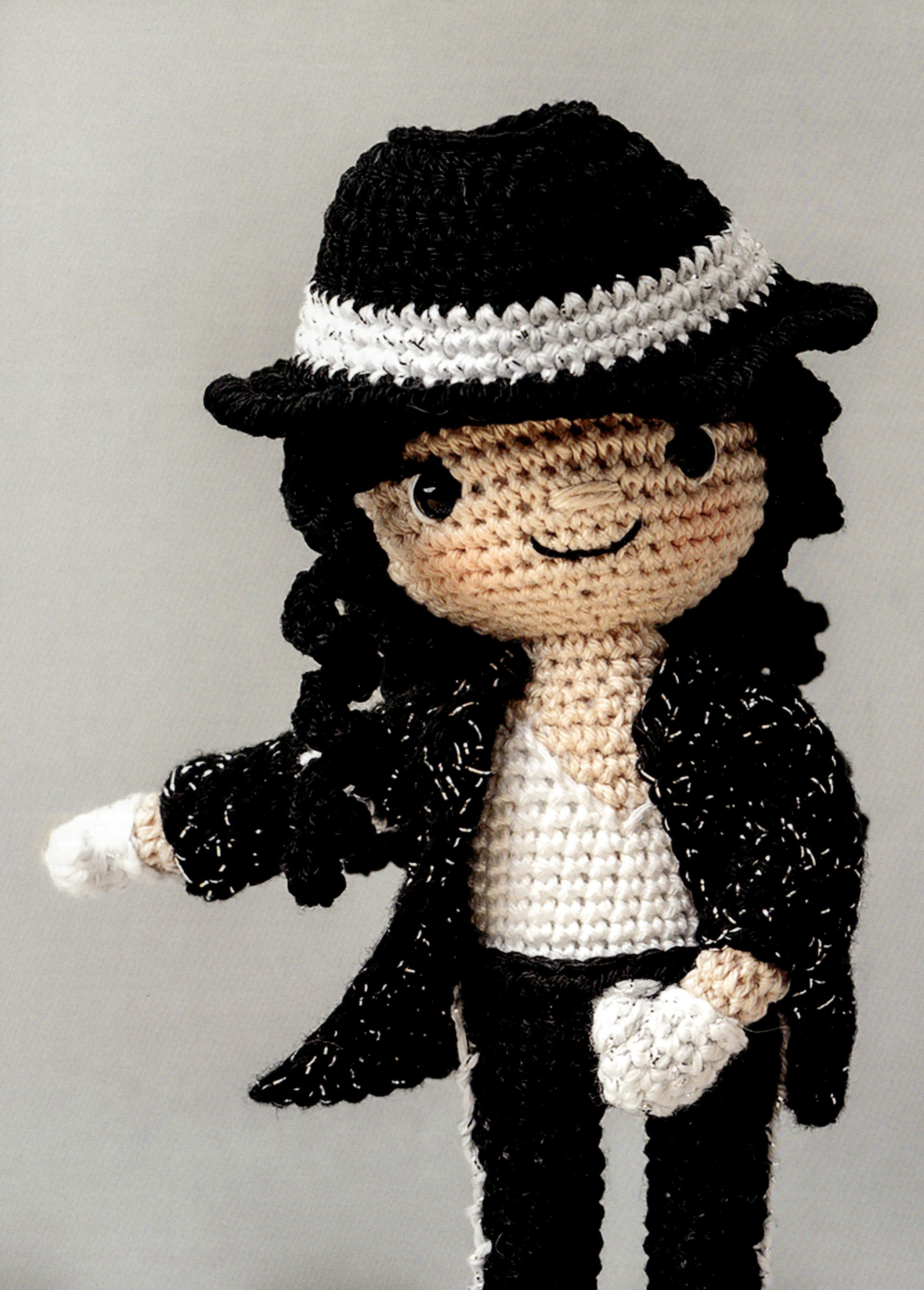

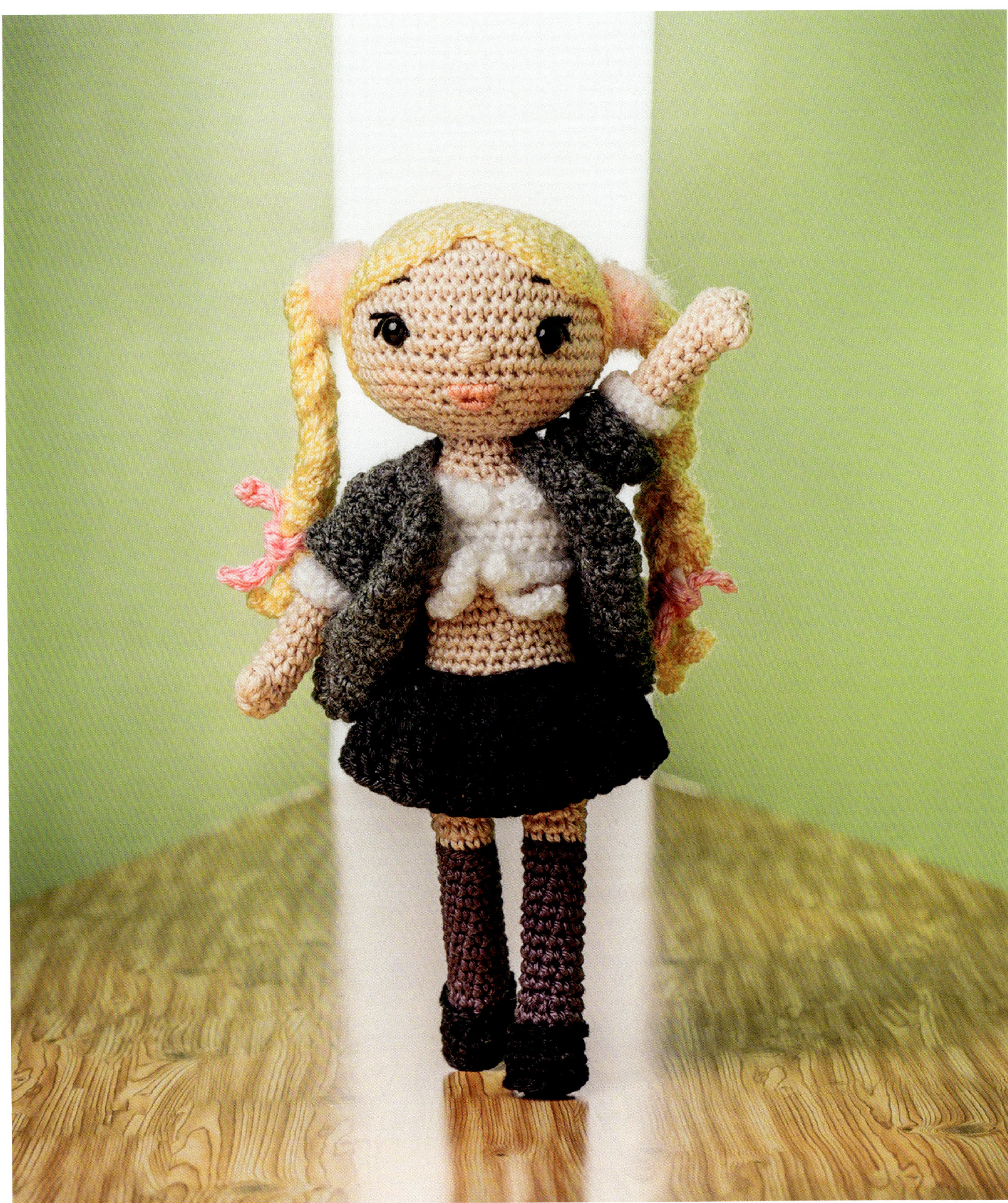

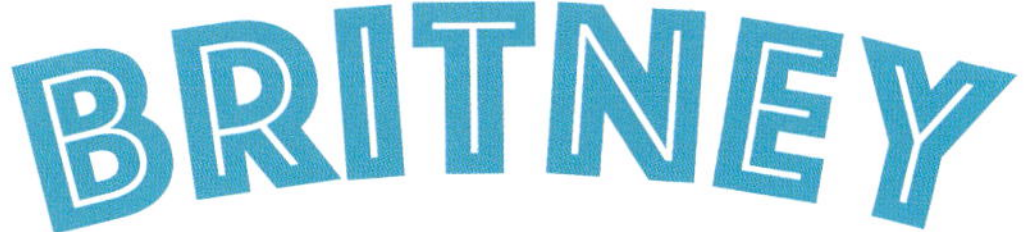

SPEARS

MATERIAL

Woll Butt Camilla (100 % Baumwolle, LL 125 m/50 g) in

- **Schwarz, 20 g**
- **Teint, 20 g**
- **Dunkelgrau, Rest**
- **Rosa, Rest**

Woll Butt Primo Sophie (54 % Mohair, 46 % Polyamid, LL 25 g/ 150 m) in

- **Rosa, Rest**

Woll Butt Perle (100 % Polyacryl, LL 100 g/ 450 m) in

- **Weiß, 20 g**
- **Vanille, 30 g**
- **Hellgrau, 20 g**
- **Häkelnadel 2,0 mm**
- **Füllwatte**
- **Wollnadel**
- **Sicherheitsaugen Ø 7 mm**
- **Maschenmarkierer**

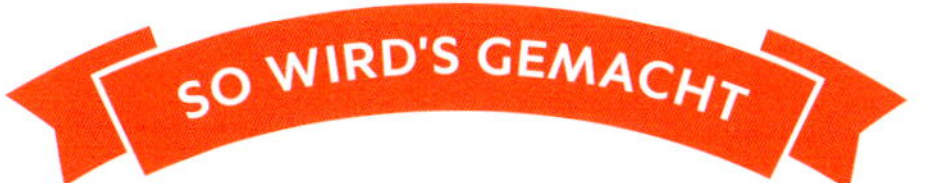

Es wird, wenn nicht anders angegeben, in Spiral-Rd gehäkelt. Denke schon während des Häkelns daran, die Teile nach und nach mit Watte zu füllen.

BEINE

(2x, in Schwarz, Dunkelgrau und Teint)

Beginne mit Fb Schwarz.

1. Rd: Schlage 4 Lm an. Beginne in der 2. Lm ab der Nadel, 2 fM, 3 fM in die nächste Lm, weiter auf der anderen Seite der Lm-Kette, 2 fM, 3 fM in die letzte Lm. [10]
Setze hier deinen MM.
2. Rd: *2 fM, 3x 1 M zun*, von * bis * noch 1x wdh. [16]
3. Rd: 16 fM ihM. [16]
4. Rd: 16 fM häkeln. [16]
5. Rd: 3 fM, 3x 1 M abn, 7 fM. [13]
6. Rd: Fb-Wechsel zu Dunkelgrau, 2 fM ihM, 1 M ihM abn, 1 fM ihM, 1 M ihM abn, 6 fM ihM. [11]
7. Rd: 11 fM häkeln. [11]
8. Rd: 3 fM, 1 M abn, 6 fM. [10]
9.–18. Rd: 10 fM häkeln. [10]
19. Rd: Fb-Wechsel zu Teint, 10 fM ihM. [10]
20.–22. Rd: 10 fM häkeln. [10]
Den Faden abschneiden und vernähen.

Schuhdetails

Den Faden in Schwarz im vorderen M-Glied der 3. Rd der Beine wieder aufnehmen. Von oben einstechen und rundherum Km ivM häkeln. Dasselbe machst du in das vordere M-Glied der 6. Rd der Beine. Den Faden abschneiden und vernähen.

Häkle ein 2. Bein, schneide den Faden aber nicht ab, sondern häkle weitere 5 fM. Wechsle in der letzten M zu Fb Schwarz. Es geht weiter mit der Verbindung.

VERBINDUNG

Häkle die Verbindung in Schwarz, wie in der Grundanleitung auf Seite 20 beschrieben.

KÖRPER

(in Schwarz, Teint und Weiß)

Beginne mit Fb Schwarz.

1. Rd: 1 M zun, 3 fM, 1 M zun, 4 fM, 1 M zun, 2 fM, 1 M zun, 4 fM, 1 M zun, 3 fM, 1 M zun, 2 fM. [30]
2.–5. Rd: 30 fM häkeln. [30]
6. Rd: Fb-Wechsel zu Teint, 7 fM ihM, 1 M ihM abn, 13 fM ihM, 1 M ihM abn, 6 fM ihM. [28]
7. Rd: 6 fM, 2x 1 M abn, 10 fM, 2x 1 M abn, 4 fM. [24]
8.–13. Rd: 24 fM häkeln. [24]
14. Rd: Fb-Wechsel zu Weiß, 6 fM, 1 M zun, 1 fM, 1 M zun, 9 fM, 1 M zun, 1 fM, 1 M zun, 3 fM. [28]
15. Rd: 28 fM ihM. [28]
16.–19. Rd: 28 fM häkeln. [28]
20. Rd: Fb-Wechsel zu Teint, *2 fM ihM, 1 M ihM abn*, von * bis * noch 5x wdh. [18]
21. Rd: *1 fM, 1 M abn*, von * bis * noch 5x wdh. [12]
22.–23. Rd: 12 fM häkeln. [12]

ROCK

(in Schwarz)

Den Faden am Rücken in einem vorderen M-Glied der 6. Rd wieder aufnehmen.
1. Rd: 2 Lm, 1 Stb in dasselbe vordere M-Glied, 2 Stb in jedes weitere vordere M-Glied, 1 Km in die 2. Lm vom Anfang.
2.–3. Rd: 2 Lm, 1 Stb in jede M häkeln, 1 Km in die 2. M vom Anfang.
Den Faden abschneiden und vernähen.

Um den Übergang von Körper zu Rock zu kaschieren, den schwarzen Faden aufnehmen. Stich dafür zwischen der 6. und 7. Rd seitlich in die M ein.

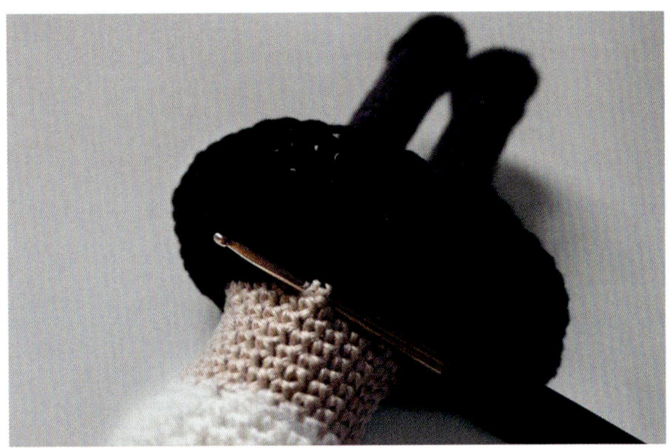

Hole den Faden, 1 Lm, in die danebenliegende M einstechen, Faden holen und 1 fM häkeln. Wdh das, bis du einmal rundherum gehäkelt hast.
Den Faden abschneiden und beide Enden vernähen.

BLUSENDETAILS

Zuerst wird der untere Teil der Bluse gehäkelt. Nimm dafür den weißen Faden vorn mittig in einem vorderen M-Glied der 15. Rd wieder auf. 11 Lm, 10 fM entlang der eben gehäkelten Lm-Kette, weiter mit 1 fM in jedes vordere M-Glied, bis du wieder vorn angekommen bist, 11 Lm, 10 fM

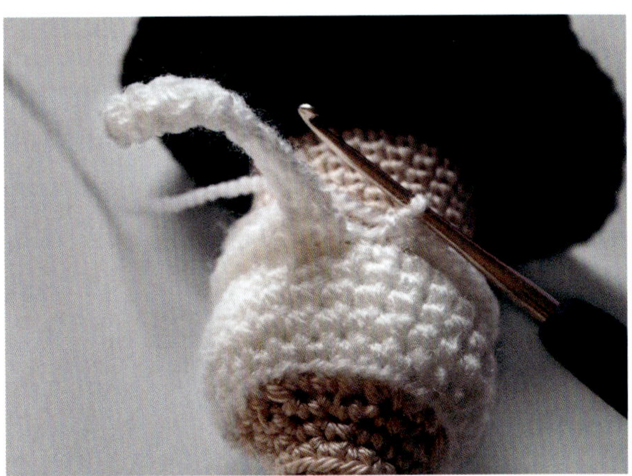

entlang der eben gehäkelten Lm-Kette, 1 Km in dasselbe vordere M-Glied.
Den Faden abschneiden und beide Enden vernähen. Mit einem einfachen Knoten die beiden Stränge miteinander verknoten.

Blusenkragen

Den weißen Faden wieder vorn mittig in einem vorderen M-Glied der 20. Rd aufnehmen, 2 Lm, 1 Stb in dieselbe M, 2 Stb, 3 hStb, 12 fM, 3 hStb, 3 Stb, 2 Lm, 1 Km in dieselbe M.
Den Faden abschneiden und die Spitzen des Kragens mit jeweils 1–2 Stichen fixieren.

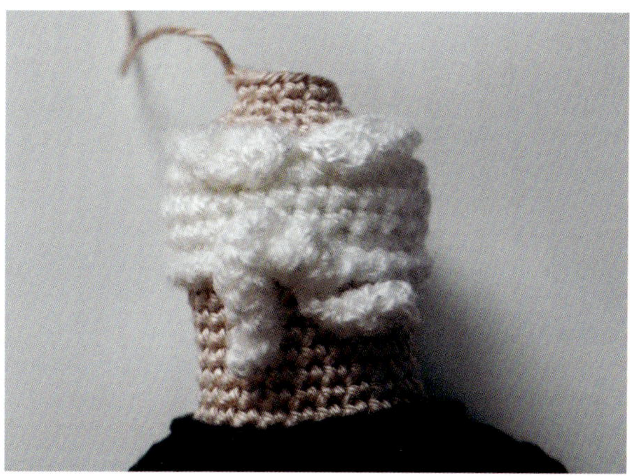

ARME

(2x, in Teint und Weiß)

Beginne mit Fb Teint.

1. Rd: 6 fM in einen Fadenring arbeiten. [6]
2. Rd: *1 fM, 1 M zun*, von * bis * noch 2x wdh. [9]
3. Rd: 9 fM häkeln. [9]
4. Rd: 1 N, 8 fM. [9]
Tipp: Drücke die N nach außen, um den Daumen zu formen.
5. Rd: 1 M abn, 7 fM. [8]
6.–12. Rd: 8 fM häkeln. [8]
13. Rd: Fb-Wechsel zu Weiß, 8 fM häkeln. [8]
14. Rd: 8 fM ihM. [8]
15.–20. Rd: 8 fM häkeln. [8]
Den Faden mit langem Ende abschneiden.

Den weißen Faden in einem vorderen M-Glied der 14. Rd wieder aufnehmen. Von unten einstechen und in jedes vordere M-Glied je 2 fM häkeln, 1 Km. Den Faden abschneiden und beide Enden vernähen. Stülpe die Rd mit fM nach oben, um daraus ein Bündchen zu formen.

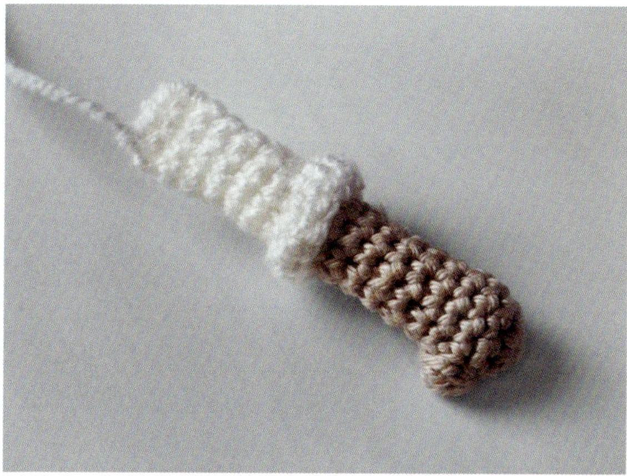

Die Arme werden seitlich zwischen der 16. und 17. Rd am Körper angenäht. Die Daumen zeigen nach vorn.

JACKE

(in Hellgrau)

1. R: Lass einen etwa 15 cm langen Anfangsfaden. Schlage 21 Lm an. Beginne in der 2. Lm ab der Nadel, 1 fM in jede Lm, 1 Lm, wenden. [20]
2. R: *1 fM, 1 M zun*, von * bis * noch 9x wdh, 1 Lm, wenden. [30]
3. R: *2 fM, 1 M zun*, von * bis * noch 9x wdh, 1 Lm, wenden. [40]
4.–5. R: 40 fM, 1 Lm, wenden. [40]
6. R: 8 fM, 4 Lm, 6 M überspr, 12 fM, 4 Lm, 6 M überspr, 8 fM, 1 Lm, wenden. [36]

7. R: 8 fM, 1 fM in jede Lm, 12 fM, 1 fM in jede Lm, 8 fM, 1 Lm, wenden. [36]
8.–15. R: 36 fM, 1 Lm, wenden. [36]
16. R: 36 fM häkeln. [36]
Den Faden mit einem etwa 15 cm langen Ende abschneiden.

Falte die Kanten der beiden Vorderteile etwa 0,5 cm nach außen, fixiere sie mit einer Stecknadel und nähe sie mit ein paar Stichen fest.

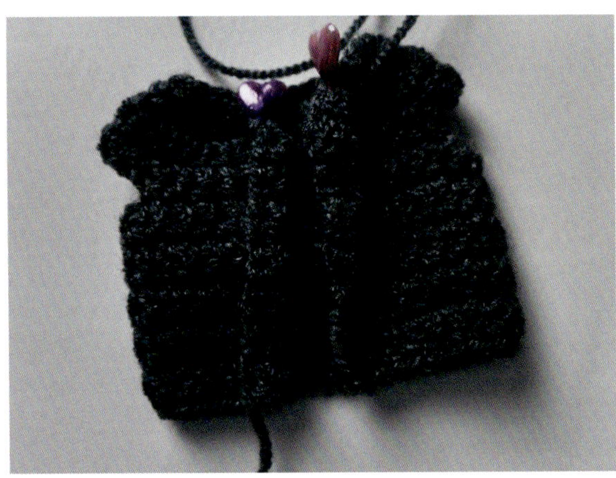

Tipp: Du kannst zum Nähen für die eine Seite den Anfangs- und für die andere Seite den Endfaden benutzen.

ÄRMEL

(2x, in Hellgrau)

Den Faden in Hellgrau an einem Ärmelloch wieder aufnehmen.

1. Rd: 12 fM häkeln. [12]
Setze hier deinen MM.
2.–3. Rd: 12 fM häkeln. [12]
4. Rd: 12 fM ivM. [12]
5. Rd: 12 fM häkeln. [12]

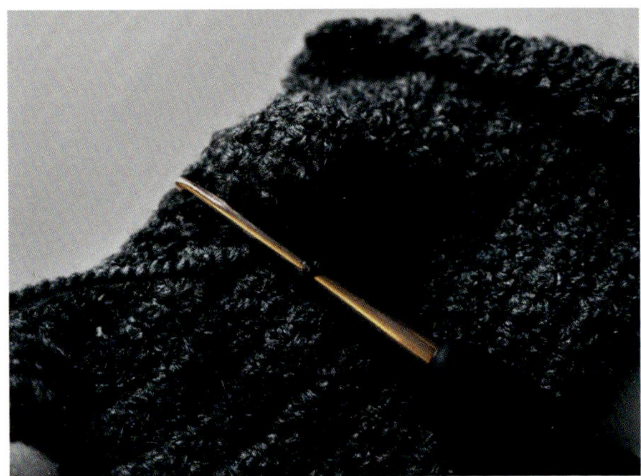

Den Faden abschneiden und vernähen.

Stülpe die 4. und 5. Rd nach oben, um den Bund des Ärmels zu formen.

Häkle den 2. Ärmel auf dieselbe Weise.

KOPF

(in Teint)

Häkle den Kopf, wie in der Grundanleitung auf Seite 21 beschrieben. Nähe ihn auf den Körper. Sticke das Gesicht, wie in der Grundanleitung „Gesichter" auf Seite 22 beschrieben.

HAARE

(in Vanille)

Haube

1. Rd: 6 fM in einen Fadenring arbeiten. [6]
2. Rd: 6x 1 M zun. [12]
3. Rd: *1 fM, 1 M zun*, von * bis * noch 5x wdh. [18]
4. Rd: *2 fM, 1 M zun*, von * bis * noch 5x wdh. [24]
5. Rd: *3 fM, 1 M zun*, von * bis * noch 5x wdh. [30]
6. Rd: *4 fM, 1 M zun*, von * bis * noch 5x wdh. [36]
7. Rd: *5 fM, 1 M zun*, von * bis * noch 5x wdh. [42]
8. Rd: *6 fM, 1 M zun*, von * bis * noch 5x wdh. [48]
9.–12. Rd: 48 fM häkeln. [48]

Tipp: Sollte dir die Haube zu groß oder zu klein erscheinen, häkle zwischen der 9. und 12. Rd, 1–2 Rd weniger bzw. mehr.

13. Rd: *1 M abn, 6 fM*, von * bis * noch 5x wdh. [42]

14.–15. Rd: 42 fM häkeln. [42]

16. Rd: 1 fM, *1 hStb, 1 Stb, 1 DStb zun, 1 DStb, 1 DStb zun, 1 Stb, 1 hStb, 1 fM*, von * bis * noch 1x wdh.
Den Faden mit langem Ende abschneiden.

Setze die Haube auf und fixiere sie mit Stecknadeln. Der Haaransatz sollte etwa 4–5 Rd über den Augen sitzen. Nähe die Haube rundherum fest. Der Pony wird nicht angenäht.

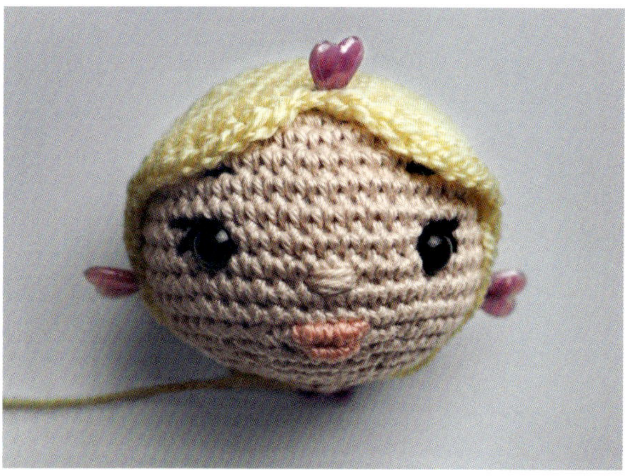

Zöpfe (2x)

1. R: Schlage 31 Lm an. Beginne in der 2. Lm ab der Nadel, 1 fM in jede Lm. [30]
Häkle 5 weitere Strähnen auf dieselbe Weise.

2. R: 1 Lm, 1 fM in jede Strähne, 1 Lm, wenden.

3. R: 1 fM häkeln. Falte die Strähnen zur Hälfte und häkle die gegenüberliegenden M mit 3 fM zus.
Den Faden mit langem Ende abschneiden.

Häkle einen 2. Strang Strähnen auf diesselbe Weise. Nähe die Zöpfe auf beiden Seiten auf Höhe der Augen fest.

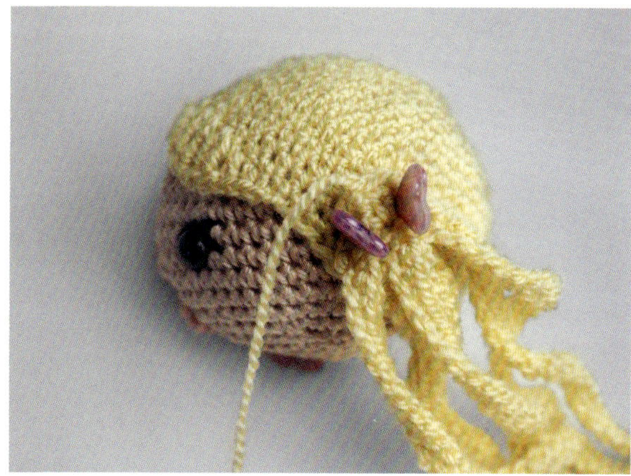

Beide Zöpfe werden mit jeweils 3x 2 Strähnen geflochten.

Kleines Haarband (2x)

Schlage in Rosa 23 Lm an. Beginne in der 2. Lm ab der Nadel, 1 Km in jede Lm häkeln.
Den Faden abschneiden, vernähen und damit die Zöpfe unten verknoten.

Großes Haarband (2x)

Schlage mit dem flauschigen Garn in Rosa 41 Lm an. Beginne in der 2. Lm ab der Nadel, 40 fM häkeln.
Den Faden abschneiden.
Wickle den Strang mehrmals um den Zopfansatz und nähe beide Enden zus.

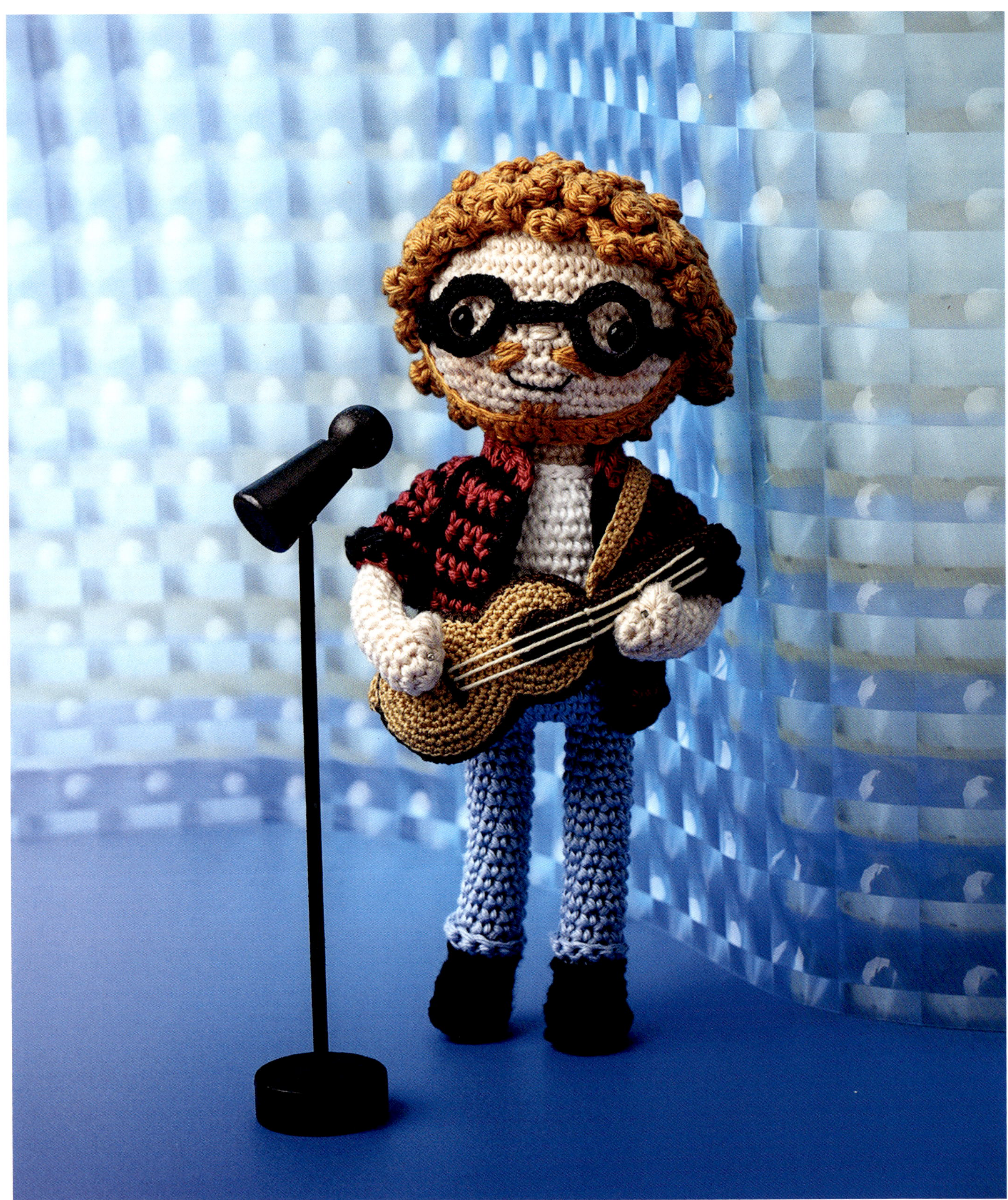

ED SHEERAN

MATERIAL

Sheepjes Catona (100 % Baumwolle, LL 125 m/50 g) in

- **Weiß (Fb 106), 20 g**
- **Schwarz (Fb 110), 30 g**
- **Ginger Gold (Fb 383), 25 g**
- **Petal Peach (Fb 263), 25 g**
- **Blue Bird (Fb 247), 15 g**
- **Ruby (517), 20 g**

Sheepjes Sugar Rush (100 % Baumwolle, LL 280 m/50 g) in

- **Black Coffee (162), 15 g**
- **English Tea (Fb 404), 15 g**
- **Topaz (179), 15 g**
- **Schwarz (110), 15 g**
- **Häkelnadel 2,0 mm**
- **Häkelnadel 1,0 mm**
- **Füllwatte**
- **Wollnadel**
- **Sicherheitsaugen Ø 7 mm**
- **Maschenmarkierer**

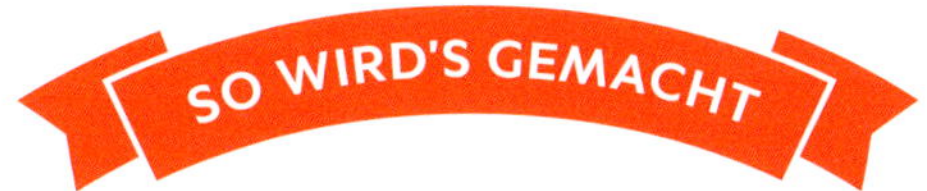

SO WIRD'S GEMACHT

Es wird, wenn nicht anders angegeben, in Spiral-Rd gehäkelt. Denke schon während des Häkelns daran, die Teile nach und nach mit Watte zu füllen.

BEINE

(2x, in Schwarz und Blue Bird)

Beginne mit Catona in Fb Schwarz.

1. Rd: Schlage 4 Lm an. Beginne in der 2. Lm ab der Nadel, 2 fM, 3 fM in die nächste Lm, weiter auf der anderen Seite der Lm-Kette, 2 fM, 3 fM in die letzte Lm. [10]
Setze hier deinen MM.
2. Rd: *2 fM, 3x 1 M zun* von * bis * noch 1x wdh. [16]
3. Rd: 16 fM ihM. [16]
4. Rd: 16 fM häkeln. [16]
5. Rd: 3 fM, 3x 1 M abn, 7 fM. [13]
6. Rd: 2 fM, 1 M abn, 1 fM, 1 M abn, 6 fM. [11]
7. Rd: Fb-Wechsel zu Blue Bird, 11 fM. [11]
8. Rd: 3 fM ihM, 1 M ihM abn, 6 fM ihM. [10]
9.–22. Rd: 10 fM häkeln. [10]
Den Faden abschneiden und vernähen.

Schuh- und Hosendetails

Den Faden in Schwarz im vorderen M-Glied der 3. Rd der Beine wieder aufnehmen. Von oben einstechen und rundherum Km ivM häkeln.
Den Faden abschneiden und vernähen.
Dasselbe machst du in jedes vordere M-Glied der 7. Rd der Beine.

Für den Bund am Hosenbein nimmst du den Faden in Blue Bird im vorderen M-Glied der 8. Rd wieder auf und häkelst in jedes vordere M-Glied 1 fM. Auch hier wird von oben eingestochen.
Stülpe die fM nach oben, um das Bündchen zu formen.

Häkle ein 2. Bein, schneide den Faden aber nicht ab, sondern häkle weitere 5 fM.
Es geht weiter mit der Verbindung.

VERBINDUNG

Häkle die Verbindung in Blue Bird, wie in der Grundanleitung auf Seite 20 beschrieben.

KÖRPER

(in Blue Bird, Weiß und Petal Peach)

1. Rd: 1 M zun, 3 fM, 1 M zun, 4 fM, 1 M zun, 2 fM, 1 M zun, 4 fM, 1 M zun, 3 fM, 1 M zun, 2 fM. [30]
2.–5. Rd: 30 fM häkeln. [30]
6. Rd: Fb-Wechsel zu Weiß, 7 fM ihM, 1 M ihM abn, 13 fM ihM, 1 M ihM abn, 6 fM ihM. [28]
7.–15. Rd: 28 fM häkeln. [28]
16. Rd: *7 fM, 1 M abn, 2 fM, 1 M abn*, von * bis * noch 1x wdh, 2 fM. [24]
17. Rd: *2 fM, 1 M abn*, von * bis * noch 5x wdh. [18]
18. Rd: Fb-Wechsel zu Petal Peach, *1 fM ihM, 1 M ihM abn*, von * bis * noch 5x wdh. [12]
19.–20. Rd: 12 fM häkeln. [12]
Den Faden mit langem Ende abschneiden.

GÜRTEL

(in Schwarz)

Den Faden in einem vorderen M-Glied der 6. Rd des Körpers wieder aufnehmen. Stich von oben in die Schlaufe ein und häkle in jedes vordere M-Glied 1 fM.
Den Faden abschneiden und vernähen.
Stülpe den Gürtel nach oben.

Sticke die Gürtelschnalle in Ginger Gold vorn auf den Gürtel.

SHIRTDETAILS

(in Weiß)

Den Faden in einem vorderen M-Glied der 18. Rd wieder aufnehmen und in jedes vordere M-Glied 1 Km häkeln. Stich dafür von unten in die Schlaufe ein.

ARME

(2x, in Petal Peach)

1. Rd: 6 fM in einen Fadenring arbeiten. [6]
2. Rd: *1 fM, 1 M zun*, von * bis * noch 2x wdh. [9]
3. Rd: 9 fM häkeln. [9]
4. Rd: 1 N, 8 fM. [9]
Tipp: Drücke die N nach außen, um den Daumen zu formen.
5. Rd: 1 M abn, 7 fM. [8]
6.–18. Rd: 8 fM häkeln. [8]
19. Rd. Fb-Wechsel zu Weiß, 8 fM. [8]
20. Rd: 8 fM häkeln. [8]

Fülle die Arme bis zur Hälfte mit Watte. Häkle noch 1 fM, falte die Öffnung und häkle die gegenüberliegenden M mit 4 fM zus.
Den Faden mit langem Ende abschneiden.

Die Arme werden zwischen der 16. und 17. Rd seitlich am Körper angenäht. Die Daumen zeigen nach vorn.

KOPF

(in Petal Peach)

Häkle den Kopf, wie in der Grundanleitung auf Seite 21 beschrieben. Nähe ihn auf den Körper. Sticke das Gesicht, wie in der Grundanleitung „Gesichter“ auf Seite 22 beschrieben.

HAARE

(in Ginger Gold)

Es werden zunächst die Strähnen gehäkelt.

Strähnen (18x)

1. R: Schlage dafür 5 Lm an. Beginne in der 2. Lm ab der Nadel und häkle 4 hStb. Es wird ohne zu wenden weitergearbeitet.
2. R: 5 Lm, 4 hStb.

Wdh die Strähne, bis du insgesamt 18 Stück gearbeitet hast.

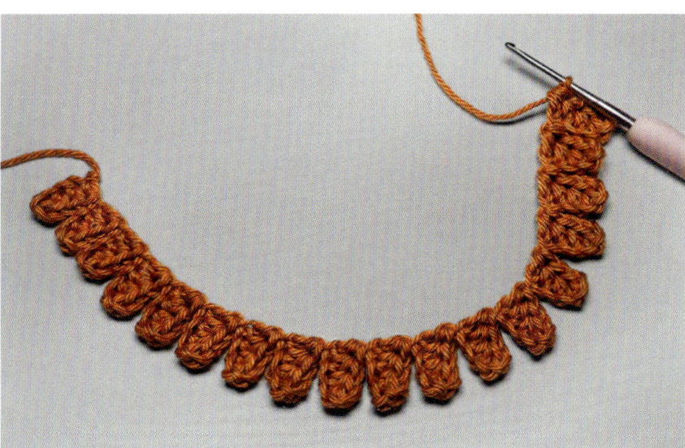

Es folgt 1 Lm, 2 fM in jede Strähne. [36]
Um die Strähnen zur Rd zu schließen, 1 fM in die 1. M der letzten Rd häkeln.

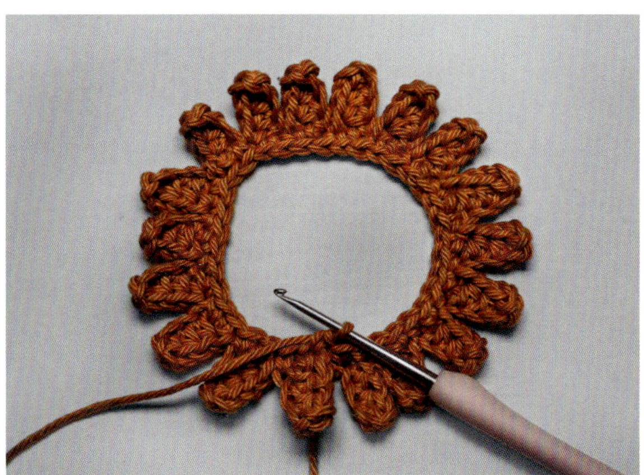

Setze hier deinen MM.
Es geht weiter in Spiral-Rd.
1.–2. Rd: 36 fM häkeln. [36]
3. Rd: *36 fM ivM, 5 Lm, 4 hStb in die eben gehäkelte Lm-Kette zurück, 1 M überspr*, von * bis * noch 17x wdh. [18 Strähnen]
4. Rd: 36 fM ihM. [36]
5. Rd: 36 fM häkeln. [36]
6. Rd: *1 M abn, 4 fM*, von * bis * noch 5x wdh. [30]
7. Rd: *1 fM ivM, 5 Lm, 4 hStb in die eben gehäkelte Lm-Kette zurück, 1 M überspr*, von * bis * noch 14x wdh. [15 Strähnen]
8. Rd: *1 M ihM abn, 3 fM ihM*, von * bis * noch 5x wdh. [24]
9. Rd: *1 M abn, 2 fM* von * bis * noch 5x wdh. [18]
10. Rd: *1 M ivM, 5 Lm, 4 hStb in die eben gehäkelte Lm-Kette zurück, 1 M überspr*, von * bis * noch 8x wdh. (9 Strähnen)
11. Rd: *1 M ihM abn, 1 fM ihM*, von * bis * noch 5x wdh. [12]
12. Rd: 6x 1 M abn. [6]
Den Faden mit langem Ende abschneiden.

Fädle den Faden durch alle vorderen M-Glieder der letzten Rd und ziehe den Faden fest, um so das Loch zu schließen.
Um die Haube anzunähen, führe den Faden zur 1. Rd. Nähe die Haube rundherum fest. Die 1. Rd der Haube sollte 4–5 R über den Augen sitzen.

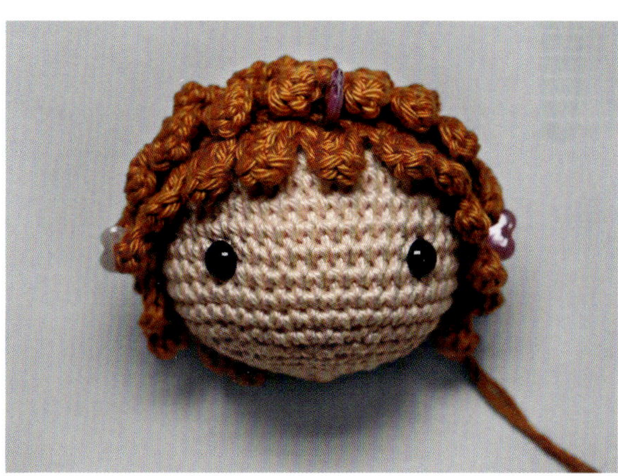

BRILLE

(in Sugar Rush Schwarz und mit Nadelstärke 1,0 mm)

Schlage 16 Lm an, schließe die Lm-Kette mit 1 Km in die 1. Lm zum Ring, 24 fM in den Ring, 1 Km in die 1. M, 20 Lm, zähle 16 Lm zurück und häkle 1 Km, um den 2. Kreis zu schließen.

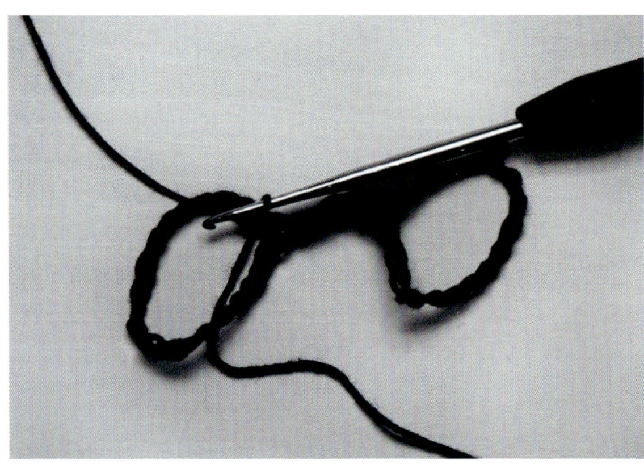

Häkle 24 fM in den 2. Kreis, 1 Km in die 1. M, 4 fM um den Lm-Steg.

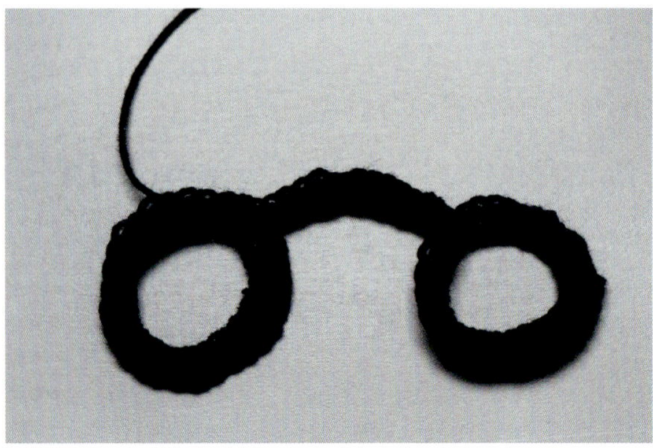

Den Faden mit langem Ende abschneiden.

Tipp: Alternativ kannst du auch eine Puppenbrille nehmen.

Für die Brillenbügel nimmst du das schwarze Garn links und rechts seitlich an der Brille wieder auf.

Häkle 11 Lm, beginne in der 2. Lm ab der Nadel und häkle 10 fM zurück, 1 Km in die Brille.

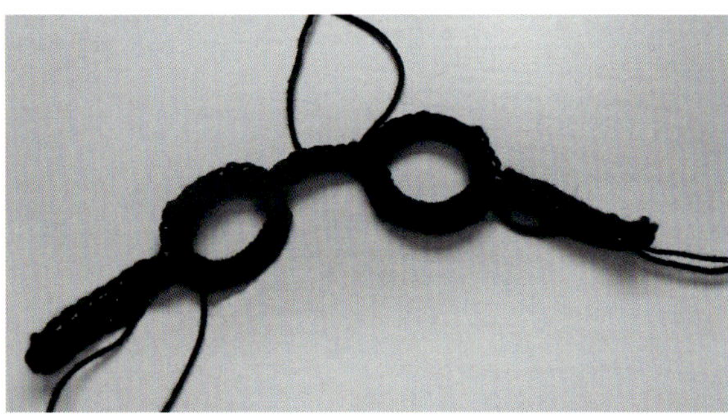

Schneide den Faden lang genug zum Annähen ab. Es werden nur die Enden der Brillenbügel und der Steg angenäht.

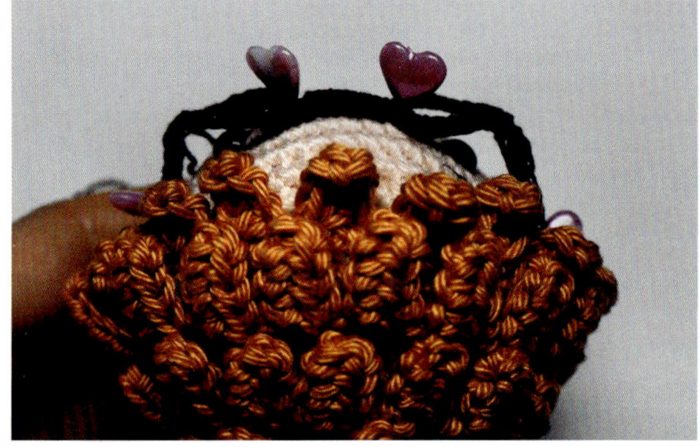

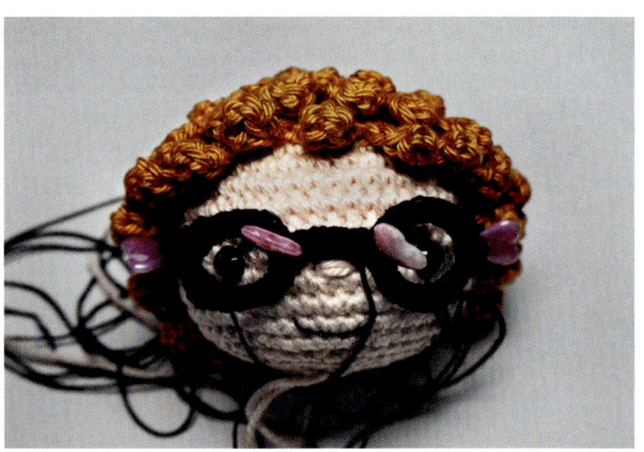

BART

(in Ginger Gold)

Schneide einen langen Faden ab und sticke den Oberlippenbart direkt zwischen Nase und Mund. Den Kinnbart stickst du 1 Rd unter dem Mund auf.

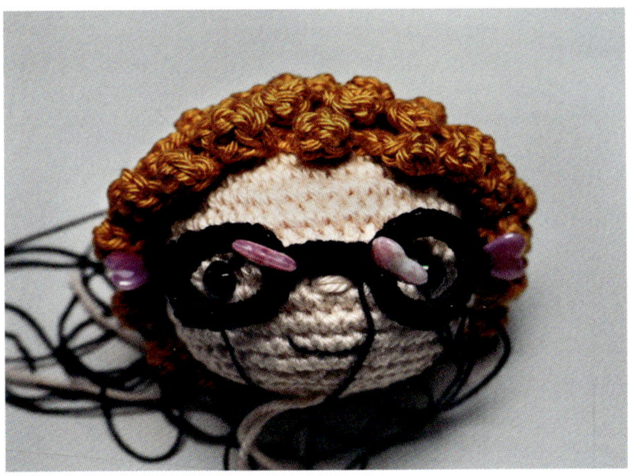

Schlage 19 Lm an. Beginne in der 2. Lm ab der Nadel, 18 hStb.
Den Faden mit langem Ende abschneiden.
Nähe den Bart von Brillenbügel zu Brillenbügel an. Die obere Kante des Barts sollte dabei die Spitze den Kinnbarts berühren.

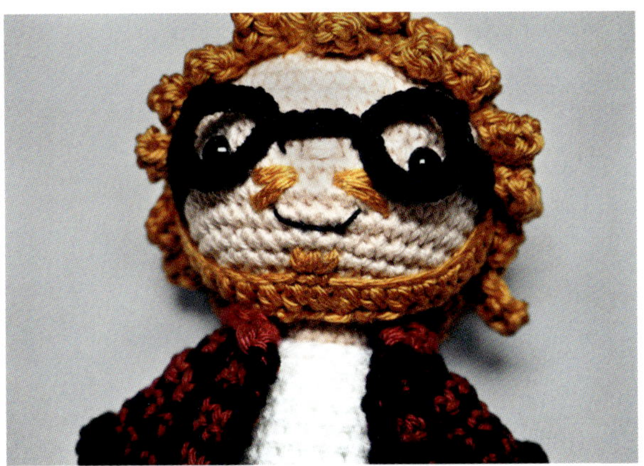

HEMD

(in Schwarz und Rot)

Lass einen 10–15 cm langen Anfangsfaden.
Schlage 21 Lm an. Beginne in der 2. Lm ab der Nadel.
Tipp: Kette die letzte M jeder R in der neuen Fb ab und lass den Faden der anderen Fb mitlaufen. So ersparst du dir das spätere Vernähen.
1. R: 1 fM in jede Lm, 1 Lm, wenden. [20]
2. R: Fb-Wechsel zu Rot, *1 fM, 1 M zun*, von * bis * noch 9x wdh, 1 Lm, wenden. [30]
3. R: Fb-Wechsel zu Schwarz, 30 fM, 1 Lm, wenden. [30]
4. R: Fb-Wechsel zu Rot, 30 fM, 1 Lm, wenden. [30]
5. R: Fb-Wechsel zu Schwarz, 5 fM, 4 Lm, 6 M überspr, 8 fM, 4 Lm, 6 M überspr, 5 fM, 1 Lm, wenden. [26]
6. R: Fb-Wechsel zu Rot, 5 fM, 1 fM in jede Lm, 8 fM, 1 fM in jede Lm, 5 fM, 1 Lm, wenden. [36]
7. R: Fb-Wechsel zu Schwarz, 36 fM, 1 Lm, wenden. [36]
8. R: Fb-Wechsel zu Rot, 36 fM, 1 Lm, wenden. [36]
9.–12. R: Wdh die 7. und 8. R abwechselnd noch 2x. [36]
13. R: Fb-Wechsel zu Schwarz, 36 fM, 1 Lm. [36]

In Schwarz weiter mit der Umrandung.
Tipp: Lass den roten Faden weiter mitlaufen.
Häkle entlang der Kante 12 fM, Fb-Wechsel zu Rot, 1 Lm, weiter mit dem Kragen, 1 hStb, 18 Stb, 1 hStb, Fb-Wechsel zu Schwarz, 12 fM entlang der Kante. Den Faden abschneiden und vernähen.

Längsstreifen (in Schwarz)

Den Faden am unteren Bund aufnehmen.

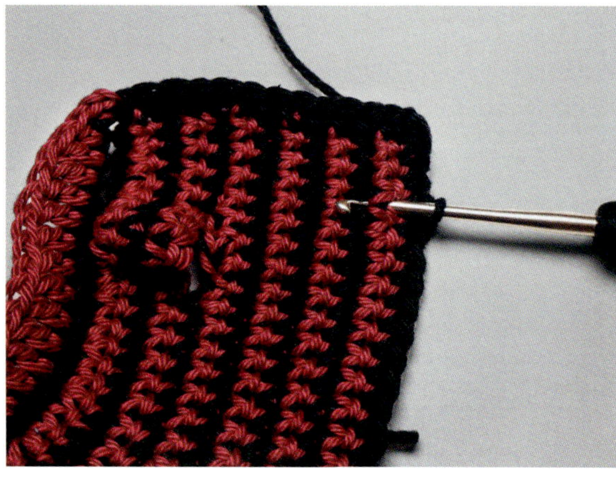

Km bis zum Kragen häkeln.
Den Faden abschneiden und alle Fäden vernähen.
Häkle 4 weitere Längsstreifen auf diese Weise.

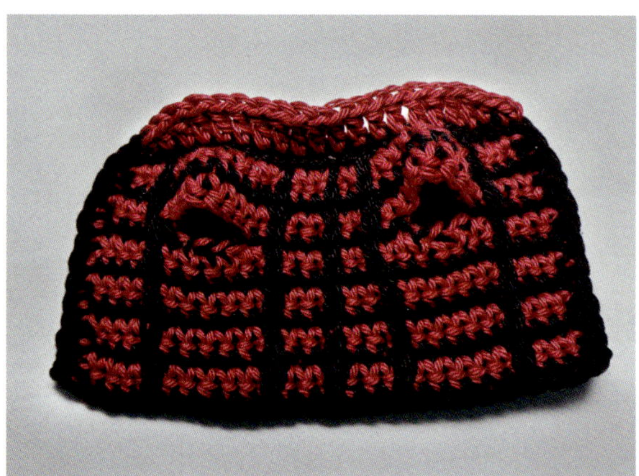

ÄRMEL

(2x, in Schwarz und Rot)

1. Rd: Den Faden am Ärmelloch wieder aufnehmen. Häkle rundherum 12 fM. [12]
2. Rd: Fb-Wechsel zu Rot, 12 fM. [12]
3. Rd: Fb-Wechsel zu Schwarz, 12 fM. [12]
4.–5. Rd: Wdh die 2. und 3. Rd noch je 1x. [12]
6. Rd: Fb-Wechsel zu Rot, 12 fM. [12]
7. Rd: Fb-Wechsel zu Schwarz, 12 hStb ivM. [12]
Den Faden abschneiden und alle Fäden vernähen.

Stülpe die letzte Rd nach oben. Häkle den 2. Ärmel auf dieselbe Weise.

GITARRE

(in Sugar Rush Topaz und mit Nadelstärke 1,0 mm)

1. Teil (vorn und hinten)

1. Rd: 6 fM in einen Fadenring arbeiten. [6]
2. Rd: 6x 1 M zun. [12]
3. Rd: *1 M zun, 1 fM*, von * bis * noch 5x wdh. [18]
4. Rd: *1 M zun, 2 fM*, von * bis * noch 5x wdh. [24]
5. Rd: *1 M zun, 3 fM*, von * bis * noch 5x wdh. [30]
6. Rd: *1 M zun, 4 fM*, von * bis * noch 5x wdh. [36]
Den Faden abschneiden und vernähen.

2. Teil (vorn und hinten)

1.–5. Rd: Wdh die 1.–5. Rd des 1. Teils. [30]
Nimm das 1. Teil und häkle 32 fM drum herum, je 4 M des 1. und 2. Teils überspr, 26 fM um das 2. Teil häkeln.

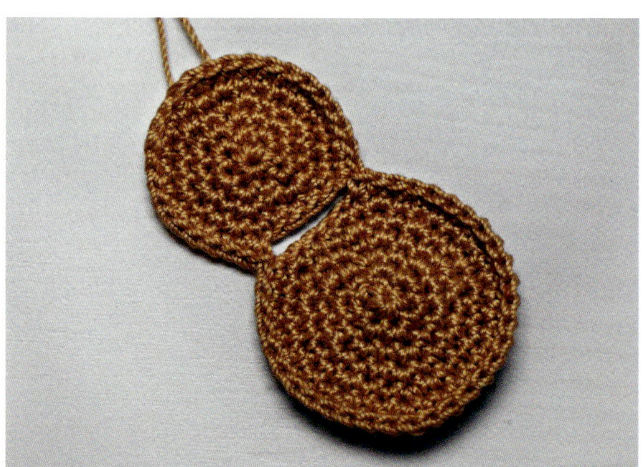

Den Faden abschneiden und vernähen.
Nähe die Lücken zwischen beiden Teilen zus.
Häkle nochmals das 1. und 2. Teil auf dieselbe Weise für die Rückseite der Gitarre.

Um Vorder- und Rückteil miteinander zu verbinden, nimmst du den Faden in Black Coffee in einem hinteren M-Glied von einem der Teile wieder auf und häkelst in jedes hintere M-Glied 1 hStb.
In der nächste Rd je 1 hStb häkeln.
Den Faden mit langem Ende abschneiden.

Lege das Rückteil passgenau auf das Vorderteil (die schönen Seiten zeigen nach außen) und nähe die Umrandung an die hinteren M-Glieder des Rückteils.

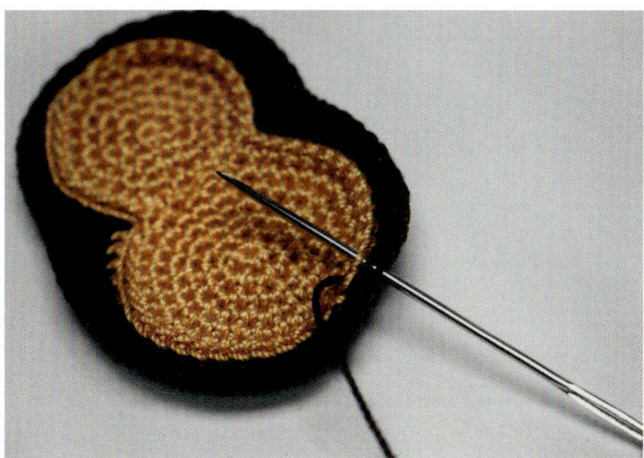

Fülle die Gitarre vor den letzten Stichen mit etwas Watte.

Klangkörper (in Black Coffee)

1. Rd: 6 fM in einen Fadenring arbeiten. [6]
2. Rd: 6x 1 M zun. [12]
Den Faden mit langem Ende abschneiden.
Nähe den Kreis auf die Vorderseite der Gitarre.

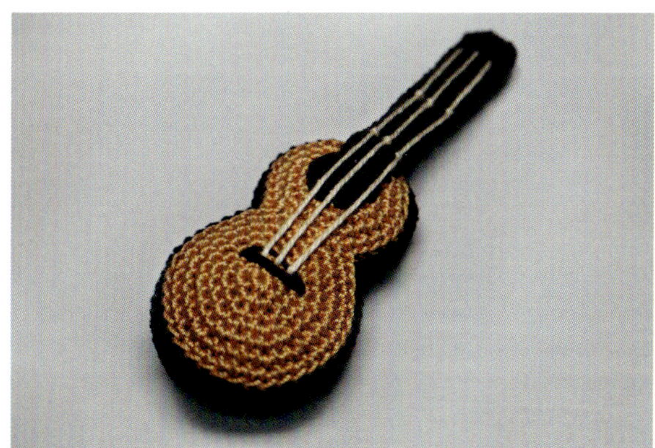

Gitarrengriff (in Black Coffee)

1. Rd: Schlage 4 Lm an. Beginne in der 2. Lm ab der Nadel, 2 fM, 3 fM in die nächste Lm, weiter auf der anderen Seite der Lm-Kette, 2 fM, 3 fM in die letzte Lm. [10]
Setze hier deinen MM.
2.–22. Rd: 10 fM häkeln. [10]

Falte die Öffnung und häkle die gegenüberliegenden M mit 4 fM zus. Den Faden mit langem Ende abschneiden. Nähe den Griff am Klangkörper fest.

DETAILS

In Black Coffee den Querstreifen sticken.
In English Tea die Saiten sticken.

Tragegurt (in Topaz)

1. R: Schlage 51 Lm an. Beginne in der 2. Lm ab der Nadel, 50 fM, 1 Lm, wenden. [50]
2. R: 50 fM häkeln. [50]
Den Faden abschneiden und beide Enden an die Gitarre nähen.

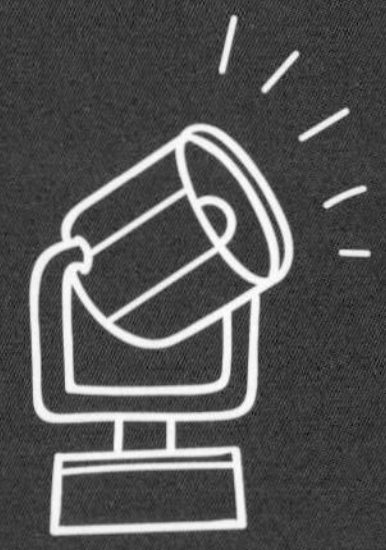

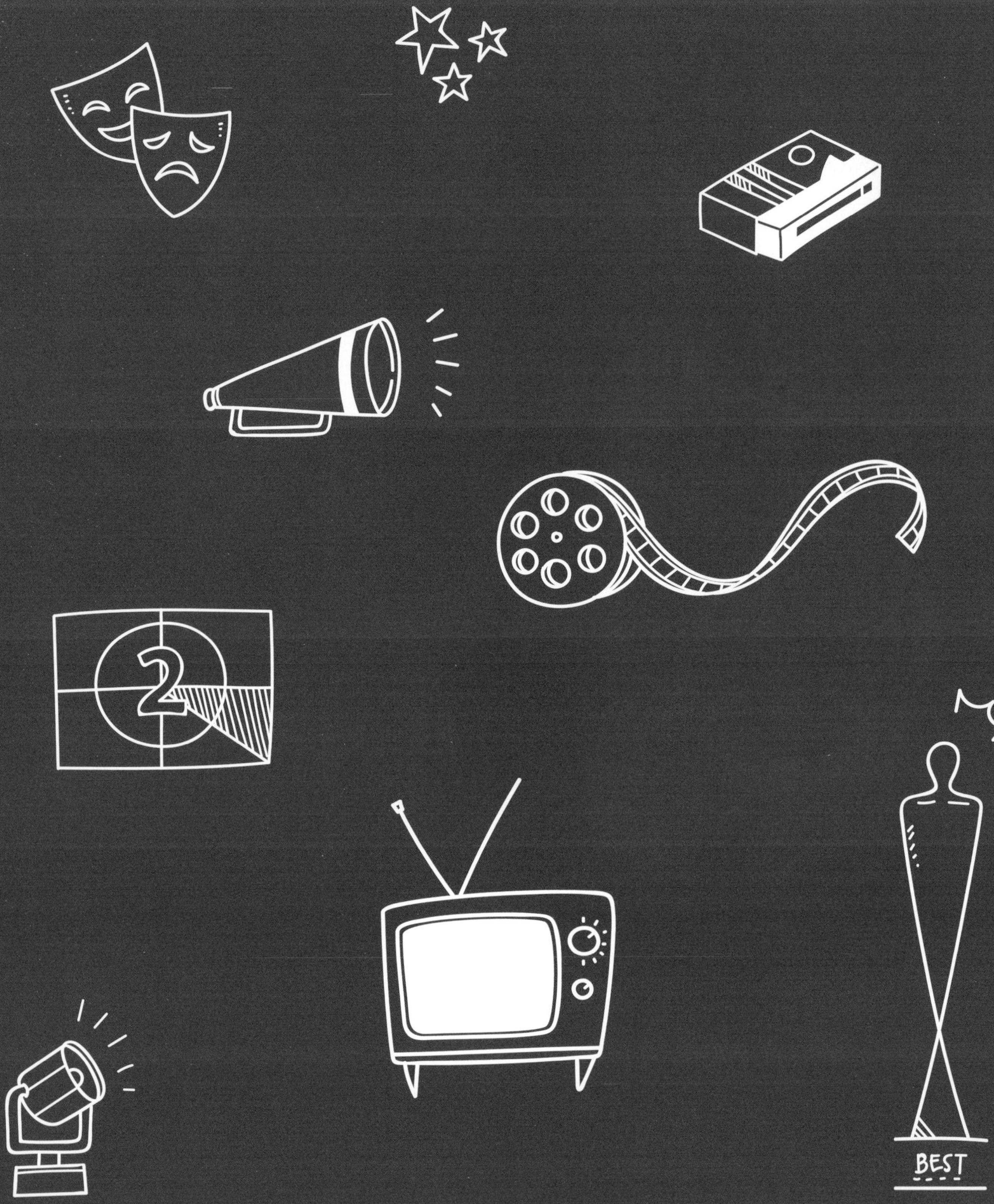

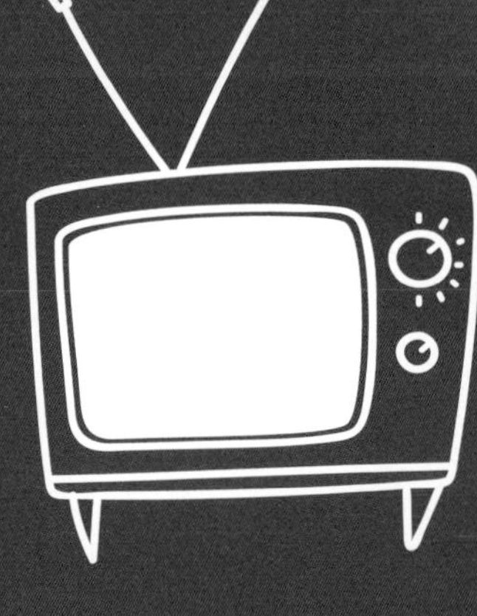

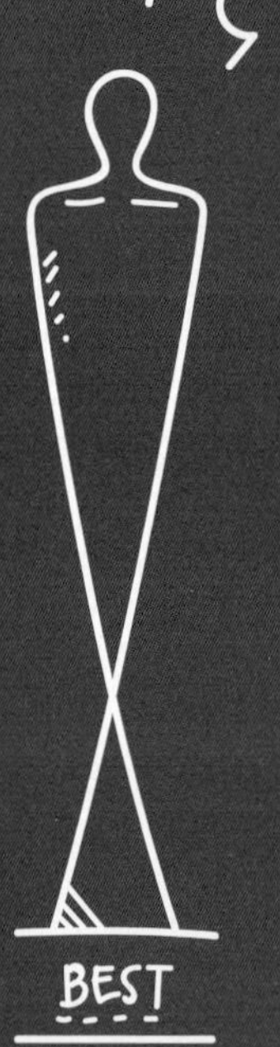
BEST

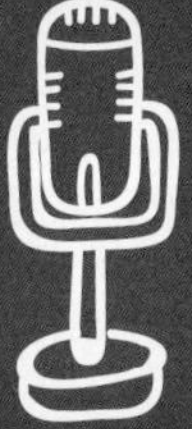

FILM-IKONEN

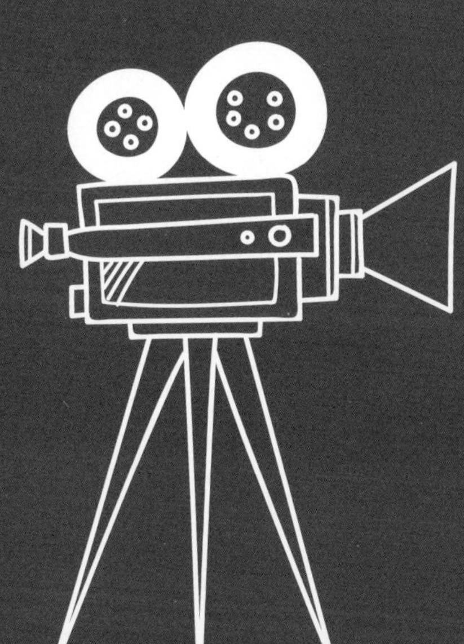
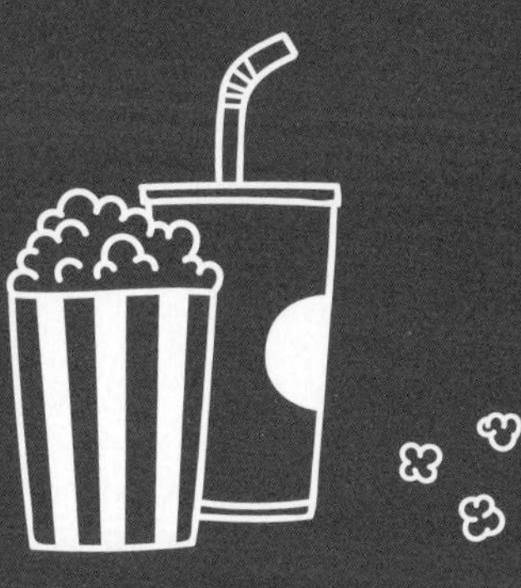
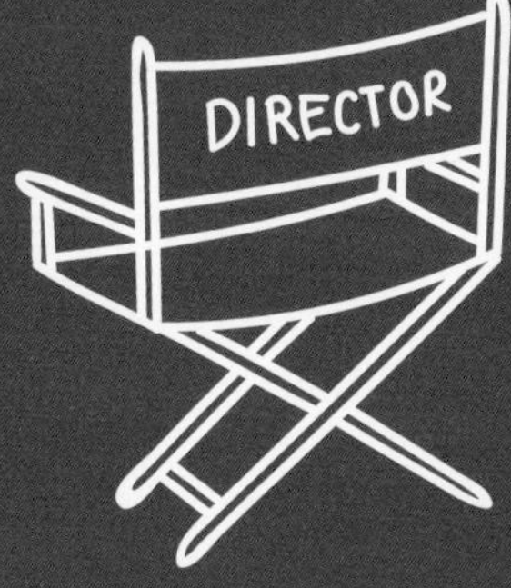

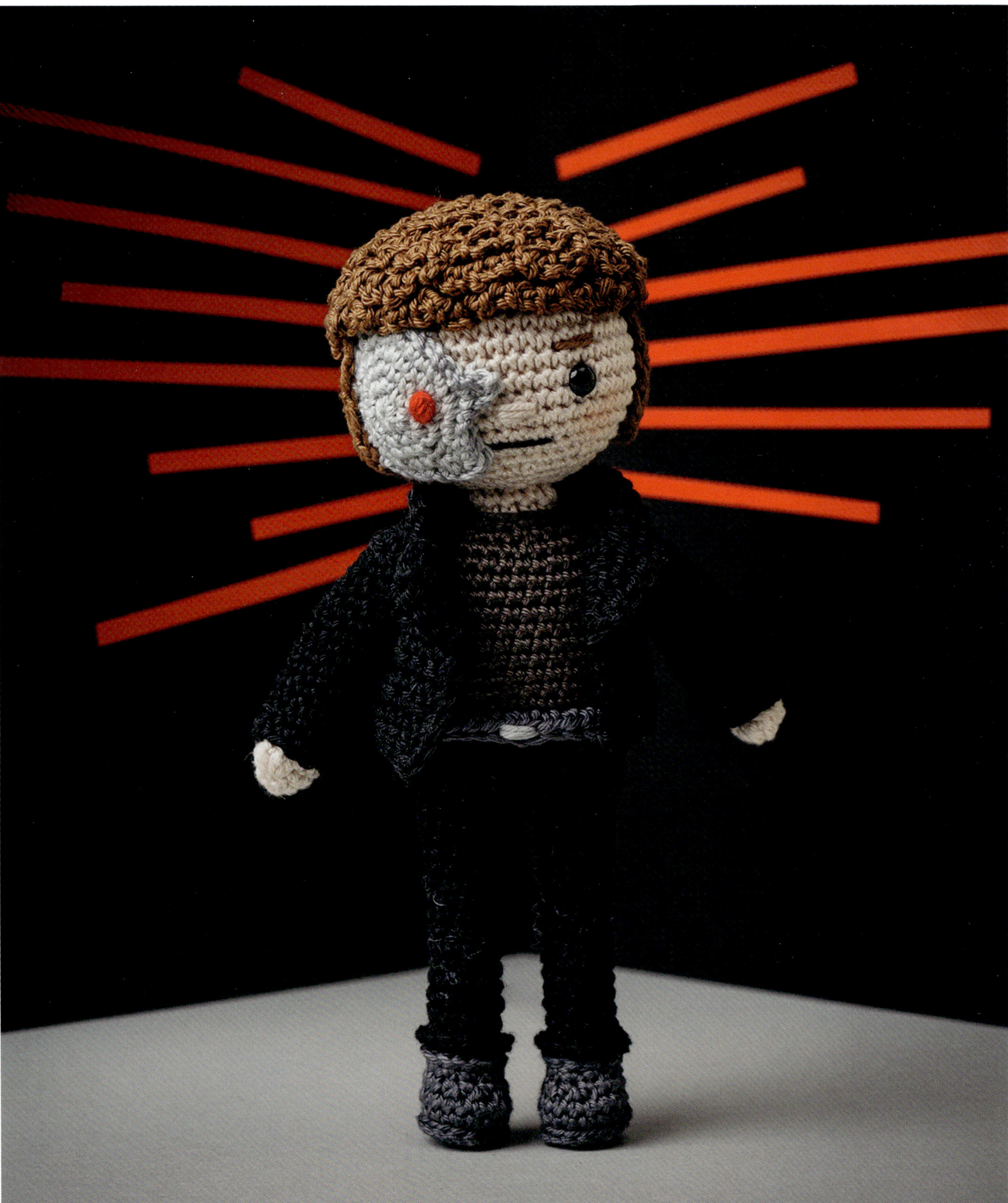

TERMINATOR

MATERIAL

Schachenmayr Catania (100 % Baumwolle, LL 125 m/50 g) in

- **Schwarz (Fb 110), 30 g**
- **Soft Apricot (Fb 263), 25 g**
- **Anthrazit (Fb 429), 15 g**
- **Zartbitter (Fb 415), 15 g**
- **Marone (Fb 157), 20 g**
- **Silber (Fb 172), 15 g**
- **Weiß (Fb 106), Rest**
- **Rot (Fb 115), Rest**
- **Rauchgrau (Fb435), Rest**
- **Woolly Hugs Glitzer-Beilaufgarn Silber (Fb 301)**
- **Häkelnadel 2,0 mm**
- **Häkelnadel 3,0 mm**
- **Füllwatte**
- **Wollnadel**
- **Sicherheitsaugen Ø 7 mm**
- **Maschenmarkierer**

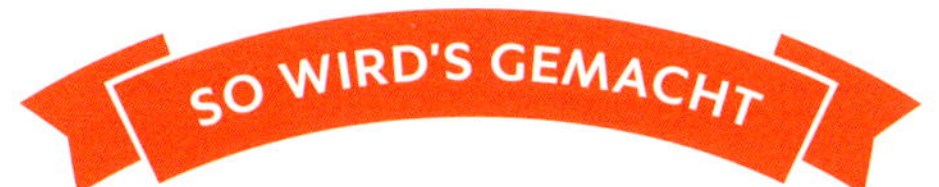

SO WIRD'S GEMACHT

Es wird, wenn nicht anders angegeben, in Spiral-Rd gehäkelt. Denke schon während des Häkelns daran, die Teile nach und nach mit Watte zu füllen.

BEINE

(2x, in Anthrazit und Schwarz)

Beginne mit Fb Anthrazit.

1. Rd: Schlage 4 Lm an. Beginne in der 2. Lm ab der Nadel, 2 fM, 3 fM in die nächste Lm, weiter auf der anderen Seite der Lm-Kette, 2 fM, 3 fM in die letzte Lm. [10]
Setze hier deinen MM.
2. Rd: *2 fM, 3x 1 M zun*, von * bis * noch 1x wdh. [16]
3. Rd: 16 fM ihM. [16]
4. Rd: 16 fM häkeln. [16]
5. Rd: 3 fM, 3x 1 M abn, 7 fM. [13]
6. Rd: 2 fM, 1 M abn, 1 fM, 1 M abn, 6 fM. [11]
7. Rd: Fb-Wechsel zu Schwarz, 11 fM ihM. [11]
8. Rd: 3 fM ihM, 1 M ihM abn, 6 fM ihM. [10]
9.–22. Rd: 10 fM häkeln. [10]
Den Faden abschneiden und vernähen.

Schuh- und Hosendetails

Den Faden in Anthrazit im vorderen M-Glied der 3. Rd der Beine wieder aufnehmen. Von oben einstechen und rundherum Km ivM häkeln.
Den Faden abschneiden und vernähen.
Dasselbe machst du in das vordere M-Glied der 7. Rd der Beine.

Für den Bund am Hosenbein nimmst du den Faden in Schwarz im vorderen M-Glied der 8. Rd wieder auf und häkelst in jedes vordere M-Glied 1 fM. Auch hier wird von oben eingestochen.
Stülpe die fM nach oben, um das Bündchen zu formen.

Häkle ein 2. Bein, schneide den Faden aber nicht ab, sondern häkle weitere 5 fM.
Es geht weiter mit der Verbindung.

VERBINDUNG

Häkle die Verbindung in Schwarz, wie in der Grundanleitung auf Seite 20 beschrieben.

KÖRPER

(in Schwarz)

1. Rd: 1 M zun, 3 fM, 1 M zun, 4 fM, 1 M zun, 2 fM, 1 M zun, 4 fM, 1 M zun, 3 fM, 1 M zun, 2 fM. [30]
2.–5. Rd: 30 fM häkeln. [30]
6. Rd: Fb-Wechsel zu Zartbitter, 7 fM ihM, 1 M ihM abn, 13 fM ihM, 1 M ihM abn, 6 fM ihM. [28]
7.–15. Rd: 28 fM häkeln. [28]
16. Rd: 5 fM, 1 M abn, 2 fM, 1 M abn, 9 fM, 1 M abn, 2 fM, 1 M abn, 2 fM. [24]
17. Rd: *2 fM, 1 M abn*, von * bis * noch 5x wdh. [18]
18. Rd: Fb-Wechsel zu Soft Apricot, *1 fM ihM, 1 M ihM abn*, von * bis * noch 5x wdh. [12]
19.–20. Rd: 12 fM häkeln. [12]
Den Faden mit langem Ende abschneiden.

Nimm einen etwa 25 cm langen Faden in Zartbitter zur Hand und umwickle die vorderen M-Glieder der 18. Rd, indem du den Faden von unten durch jede Schlaufe fädelst. Verknote beide Enden miteinander und vernähe die Fäden.

GÜRTEL

(in Anthrazit)

Den Faden in einem vorderen M-Glied der 6. Rd des Körpers wieder aufnehmen. Stich von oben in die Schlaufe ein und häkle in jedes vordere M-Glied 1 hStb.
Den Faden mit langem Ende abschneiden.
Stülpe den Gürtel nach unten und fixiere ihn rundherum mit ein paar Stichen.

Sticke die Gürtelschnalle in Silber vorn auf den Gürtel.

ARME

(2x, in Soft Apricot)

1. Rd: 6 fM in einen Fadenring arbeiten. [6]
2. Rd: *1 fM, 1 M zun*, von * bis * noch 2x wdh. [9]
3. Rd: 9 fM häkeln. [9]
4. Rd: 1 N, 8 fM. [9]
Tipp: Drücke die N nach außen, um den Daumen zu formen.
5. Rd: 1 M abn, 7 fM. [8]
6.–17. Rd: 8 fM häkeln. [8]
18. Rd: Fb-Wechsel zu Zartbitter, 8 fM. [8]
19. Rd: 8 fM häkeln. [8]

Fülle die Arme bis zur Hälfte mit Watte.
Häkle 1 fM, falte die Öffnung und häkle die gegenüberliegenden M mit 4 fM zus.
Den Faden mit langem Ende abschneiden.
Die Arme werden seitlich zwischen der 16. und 17. Rd am Körper angenäht. Die Daumen zeigen nach vorn.

JACKE

(in Schwarz und mit Nadelstärke 3,0 mm)

1. R: Schlage 21 Lm an. Beginne in der 2. Lm ab der Nadel, 20 fM, 1 Lm, wenden. [20]
2. R: *1 fM, 1 M zun*, von * bis * noch 9x wdh, 1 Lm, wenden. [30]
3.–4. R: 30 fM häkeln. [30]
5. R: 4 fM, 5 Lm, 6 M überspr, 10 fM, 5 Lm, 6 M überspr, 4 fM, 1 Lm, wenden. [28]
6. R: 4 fM, 1 fM in jede Lm, 10 fM, 1 fM in jede Lm, 4 fM, 1 Lm, wenden. [30]
7.–11. R: 30 fM, 1 Lm, wenden. [30]
12. R: 30 fM, 1 Lm, nicht wenden, es geht weiter mit der Umrandung.

Umrandung (in Schwarz)

1 Lm, 6 fM entlang der Kante, 1 hStb, 1 Stb, 3 DStb, 3 Lm, 1 Km in dieselbe M, 20 Stb entlang des Kragens, 2 Lm, 1 Km in dieselbe M, 3 Lm, 3 DStb, 1 Stb, 1 hStb, 6 fM entlang der Kante, 1 Lm, 1 Km in dieselbe M.
Den Faden abschneiden und vernähen.

ÄRMEL

(2x, in Schwarz)

1. Rd: An einem Ärmelloch den Faden wieder aufnehmen und rundherum 12 fM häkeln. [12]
2.–12. Rd: 12 fM häkeln. [12]
Den Faden abschneiden und vernähen.

Häkle den 2. Ärmel auf dieselbe Weise.

KOPF

(in Soft Apricot)

Häkle den Kopf, wie in der Grundanleitung auf Seite 21 beschrieben. Nähe ihn auf den Körper.
Achtung: Es wird nur 1 Auge befestigt. Das 2. Auge wird später in Rot aufgestickt.

METALLFLECK

(in Silber)

1. Rd: 6 fM in einen Fadenring arbeiten. [6]
2. Rd: 6x 1 M zun. [12]
3. Rd: *1fM, 1 M zun*, von * bis * noch 5x wdh. [18]
4. Rd: 2 fM, 3 Lm, 2 fM in die eben gehäkelte Lm-Kette zurück, *2 fM, 1 M zun*, von * bis * noch 1x wdh, 1 fM, 3 Lm, 2 fM in die eben gehäkelte Lm-Kette zurück, 1 fM, 1 M zun, 2 fM, 1 M zun, 3 Lm, 2 fM zurück, 2 fM, 1 M zun, 1 fM. [28]
5. Rd: 2 fM, 2 fM in die Lm, 1 M zun, 2 fM, 1 M zun, 3 Lm, 2 fM in die eben gehäkelte Lm-Kette zurück, 1 fM, 1 M zun, 3 fM, 1 M zun, 2 fM in die Lm, 1 M zun, 3 fM. [38]

Den Faden mit langem Ende abschneiden.

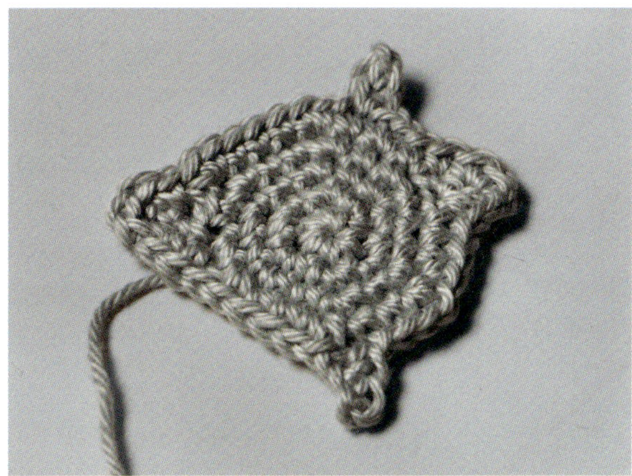

Sticke Nase, Mund und die rechte Augenbraue auf (siehe Seite 22).
Den Fleck so feststecken, wie es dir am besten gefällt. Nähe den Fleck an, indem du zuerst von unten in die M einstichst, dann von oben in die nächste M und dann durch eine nahgelegene M des Kopfs.

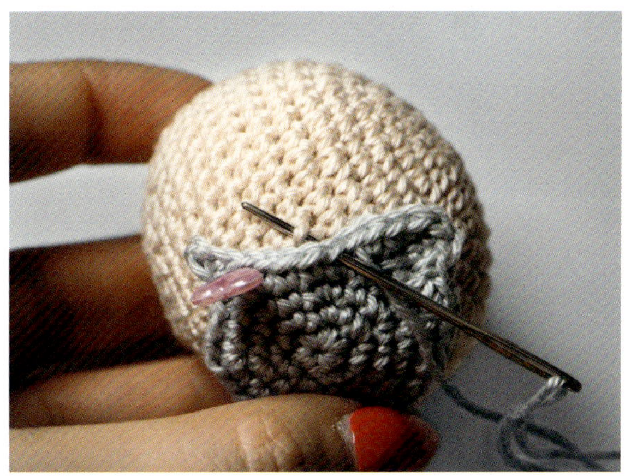

Auf diese Weise bleiben die M auch nach dem Nähen gut sichtbar.
Nimm einen langen Faden in Rauchgrau und fädle den Faden von unten durch jedes vordere M-Glied der letzten Rd. Vernähe alle Fäden im Inneren.

In Rot wird das Auge aufgestickt. Sticke es mit doppeltem Faden und dem Knötchenstich (siehe Seite 19).

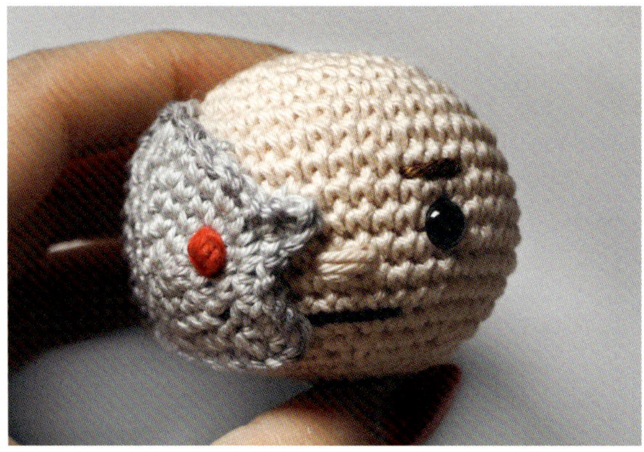

Achte aber darauf, dass es in etwa auf der gleichen Höhe liegt wie das andere Auge.

HAARE

(in Marone)

1. Rd: 6 fM in einen Fadenring arbeiten. [6]
2. Rd: 6x 1 M ihM zun. [12]
3. Rd: *1 fM ihM, 1 M ihM zun*, von * bis * noch 5x wdh. [18]
4. Rd: *2 fM ihM, 1 M zun ihM*, von * bis * noch 5x wdh. [24]
5. Rd: *3 fM ihM, 1 M ihM zun*, von * bis * noch 5x wdh. [30]
6. Rd: *4 fM ihM, 1 M ihM zun*, von * bis * noch 5x wdh. [36]
7. Rd: *5 fM ihM, 1 M ihM zun*, von * bis * noch 5x wdh. [42]
8. Rd: 42 fM ihM. [42]
Ab jetzt in R weiterhäkeln.
9. R: 25 hStb ihM, 1 Lm, wenden. [25]
10. R: 25 fM, 1 Lm, wenden. [25]
11. R: 25 hStb, 1 Lm, wenden. [25]
12. R: Wdh die 10. R. [25]
13. R: Wdh die 11. R. [25]
14. R: Wdh die 10. R. [25]
15. R: *1 hStb abn, 3 hStb*, von * bis * noch 4x wdh. [20]
Den Faden abschneiden und vernähen.
Den Faden in Marone im 1. vorderen M-Glied der 2. Rd wieder aufnehmen.

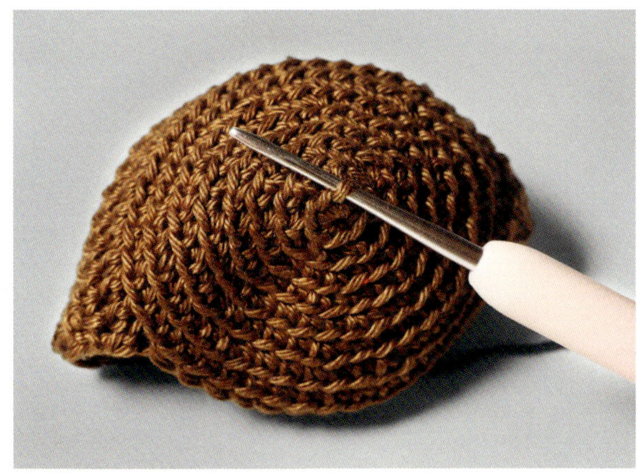

3 Lm, 1 fM ins nächste vordere M-Glied, von * bis * wdh bis zum letzten vorderen M-Glied der 9. Rd.

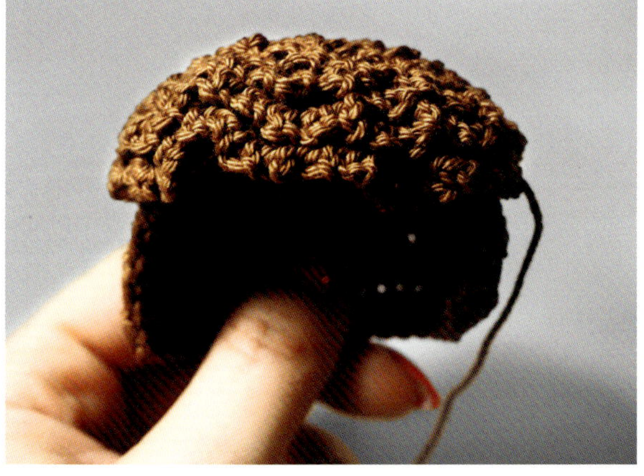

Den Faden mit langem Ende abschneiden.
Nähe die Haare rundherum am Kopf fest. Der Ansatz sollte in etwa 3–4 Rd über den Augen sitzen.

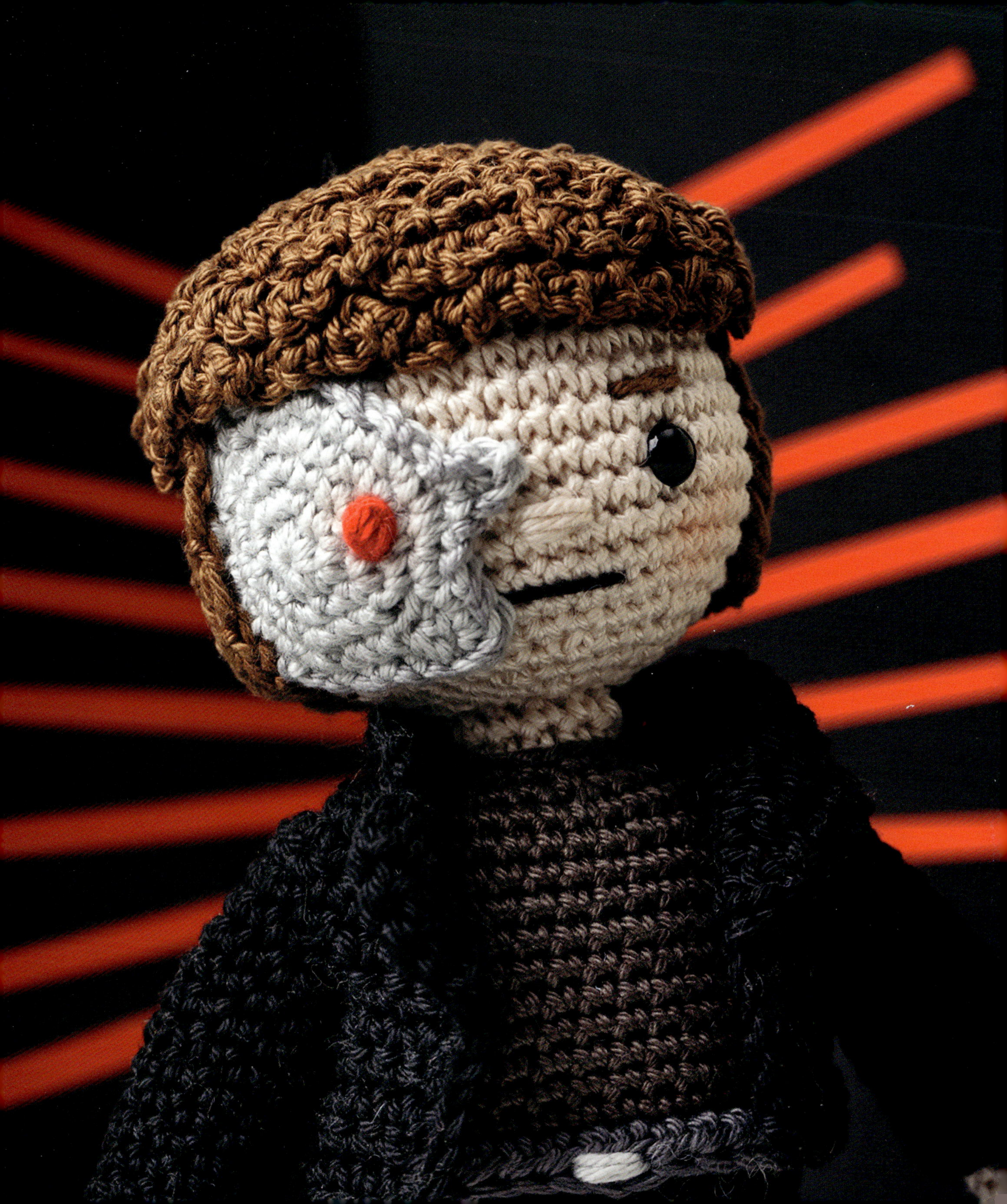

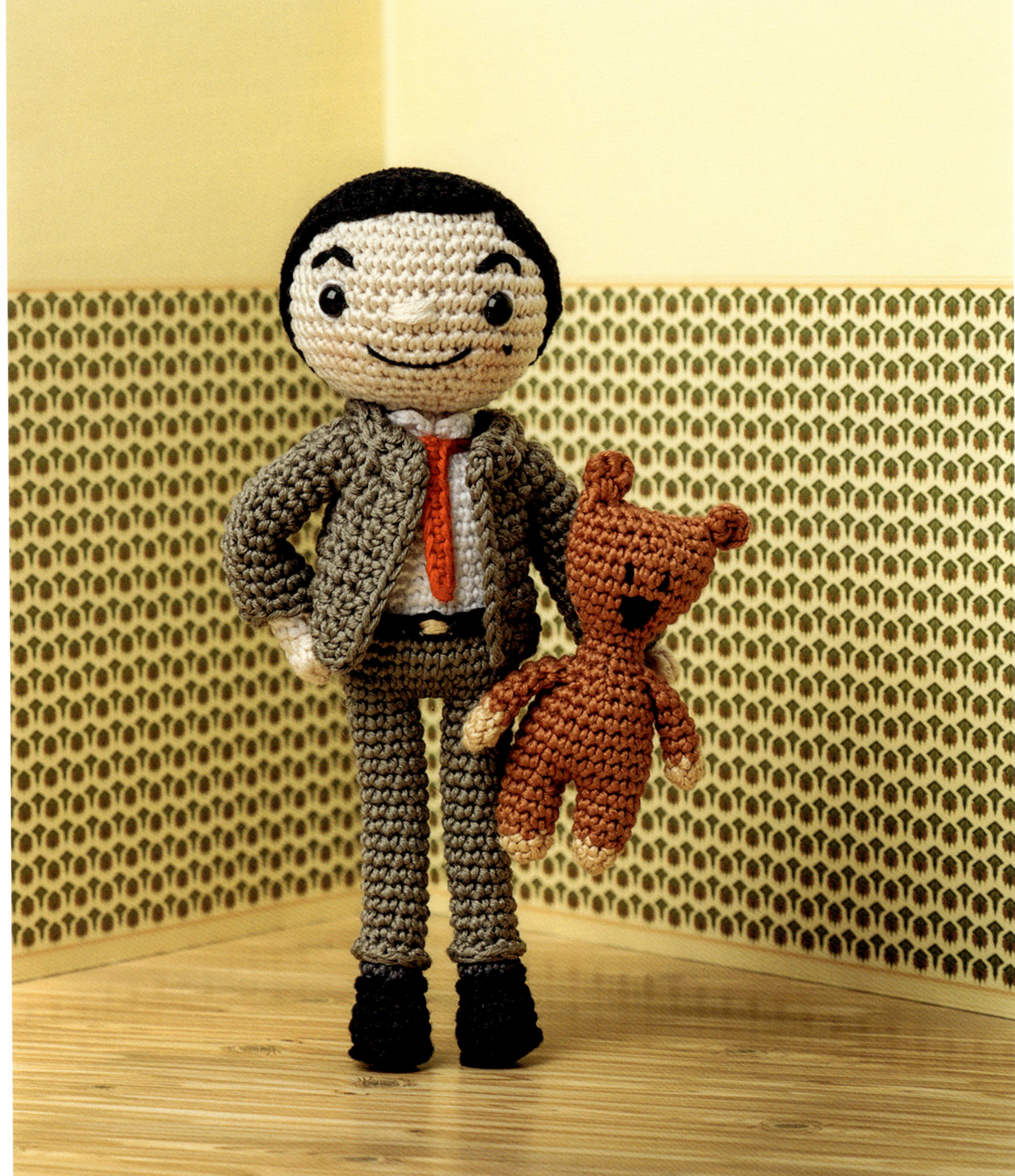

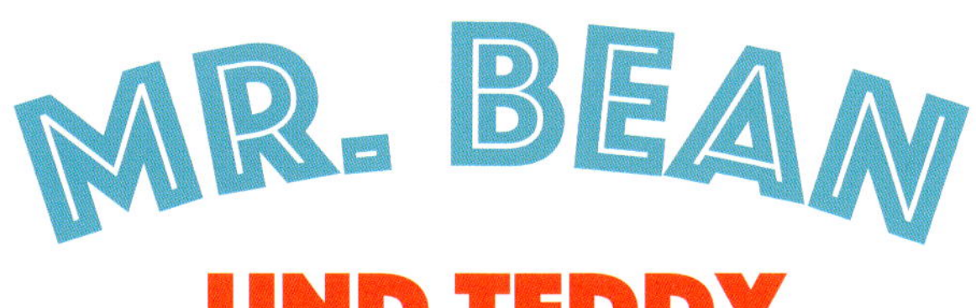

MR. BEAN UND TEDDY

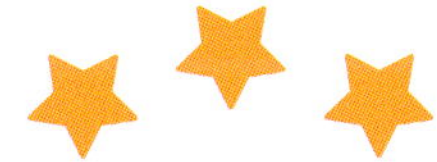

MATERIAL

Wolle Rödel Mille Filli (100 % Baumwolle, LL 120 m/50 g) in

- **Weiß (Fb 030), 25 g**
- **Schwarz (Fb 032), 35 g**
- **Nude (Fb 048), 25 g**
- **Anthrazit (Fb 017), 15 g**
- **Olive (Fb 046), 50 g**
- **Rotbraun (Fb 066), 35 g**
- **Gold (Fb 043), 15 g**
- **Rot (Fb 002), Rest**
- **Häkelnadel 2,0 mm**
- **Häkelnadel 3,0 mm**
- **Füllwatte**
- **Wollnadel**
- **Sicherheitsaugen Ø 7 mm**
- **Sicherheitsaugen Ø 4 mm**
- **Maschenmarkierer**

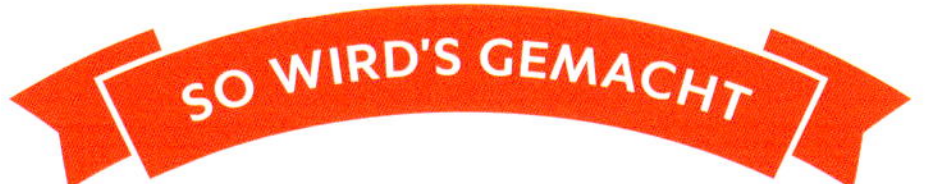

SO WIRD'S GEMACHT

Es wird, wenn nicht anders angegeben, in Spiral-Rd gehäkelt. Denke schon während des Häkelns daran, die Teile nach und nach mit Watte zu füllen.

BEINE

(2x, in Schwarz, Anthrazit und Olive)

Beginne mit Fb Schwarz.

1. Rd: Schlage 4 Lm an. Beginne in der 2. Lm ab der Nadel, 2 fM, 3 fM in die nächste Lm, auf der anderen Seite der Lm-Kette weiterarbeiten, 2 fM, 3 fM in die letzte Lm. [10]
Setze hier deinen MM.
2. Rd: *2 fM, 3x 1 M zun*, von * bis * noch 1x wdh. [16]
3. Rd: 16 fM ihM. [16]
4. Rd: 16 fM häkeln. [16]
5. Rd: 3 fM, 3x 1 M abn, 7 fM. [13]
6. Rd: 2 fM, 1 M abn, 1 fM, 1 M abn, 6 fM. [11]
7. Rd: Fb-Wechsel zu Anthrazit, 11 fM ihM. [11]
8. Rd: 3 fM, 1 M abn, 6 fM. [10]
9. Rd: Fb-Wechsel zu Olive, 10 fM. [10]
10. Rd: 10 fM ihM. [10]
11.–23. Rd: 10 fM häkeln. [10]
Den Faden abschneiden und vernähen.

Schuh- und Hosendetails

Den Faden in Schwarz im vorderen M-Glied der 3. Rd der Beine wieder aufnehmen. Von oben einstechen und rundherum Km ivM häkeln.
Den Faden abschneiden und vernähen.
Dasselbe machst du in jedes vordere M-Glied der 7. Rd der Beine.

Den Faden in Olive im vorderen M-Glied der 10. Rd der Beine wieder aufnehmen. Von oben einstechen und in jedes vordere M-Glied 1 fM häkeln.

Den Faden abschneiden und vernähen.
Häkle ein 2. Bein, schneide den Faden aber nicht ab, sondern häkle weitere 5 fM.
Es geht weiter mit der Verbindung.

VERBINDUNG

Häkle die Verbindung in Olive, wie in der Grundanleitung auf Seite 20 beschrieben.

KÖRPER

(in Olive, Weiß und Nude)

1. Rd: 1 M zun, 3 fM, 1 M zun, 4 fM, 1 M zun, 2 fM, 1 M zun, 4 fM, 1 M zun, 3 fM, 1 M zun, 2 fM. [30]
2.–5. Rd: 30 fM häkeln. [30]
6. Rd: Fb-Wechsel zu Weiß, 7 fM ihM, 1 M abn, 13 fM ihM, 1 M ihM abn, 6 fM ihM. [28]
7.–15. Rd: 28 fM häkeln. [28]
16. Rd: *7 fM, 1 M abn, 2 fM, 1 M abn*, von * bis * noch 1x wdh, 2 fM. [24]
17. Rd: *2 fM, 1 M abn* von *, bis * noch 5x wdh. [18]
18. Rd: *1 fM, 1 M abn*, von * bis * noch 5x wdh. [12]
19. Rd: Fb-Wechsel zu Nude, 12 fM ihM. [12]
20. Rd: 12 fM häkeln. [12]
Den Faden mit langem Ende abschneiden.

In Weiß den Faden vorn mittig im vorderen M-Glied der 19. R wieder aufnehmen, 2 Lm, 1 Stb in dieselbe M, 1 hStb, *1 fM zun, 2 fM*, von * bis * noch 1x wdh, 1 fM zun, 1 fM, 1 hStb, 1 Stb, 2 Lm, 1 Km in dieselbe M.
Den Faden abschneiden und beide Enden vernähen.

GÜRTEL

(in Schwarz)

Den Faden in einem vorderen M-Glied der 6. Rd des Körpers wieder aufnehmen. Stich von oben in die Schlaufe ein und häkle in jedes vordere M-Glied 1 fM.
Den Faden abschneiden und vernähen.
Stülpe den Gürtel nach unten und fixiere ihn rundherum mit ein paar Stichen.
Sticke die Gürtelschnalle in Gold vorn auf den Gürtel.

ARME

(2x in Soft Apricot und Weiß)

Beginne mit Fb Soft Apricot.

1. Rd: 6 fM in einen Fadenring arbeiten. [6]
2. Rd: *1 fM, 1 M zun*, von * bis * noch 2x wdh. [9]
3. Rd: 9 fM häkeln. [9]
4. Rd: 1 N, 8 fM. [9]
Tipp: Drücke die Noppe nach außen, um den Daumen zu formen.
5. Rd: 1 M abn, 7 fM. [8]
6. Rd: Fb-Wechsel zu Weiß, 8 fM. [8]
7.–20. Rd: 8 fM häkeln. [8]

Fülle die Arme bis zur Hälfte mit Watte.
Häkle 1 fM, falte die Öffnung und häkle die gegenüberliegenden M mit 4 fM zus.
Den Faden mit langem Ende abschneiden.
Die Arme werden seitlich zwischen der 16. und 17. Rd am Körper angenäht. Die Daumen zeigen nach vorn.

KRAWATTE

(in Rot)

Schlage 11 Lm an. Beginne in der 2. Lm ab der Nadel, 10 fM, 15 Lm.
Den Faden abschneiden, die Krawatte unter dem Kragen um den Hals legen und die letzte Lm an die letzte fM nähen. Alle Fäden vernähen.

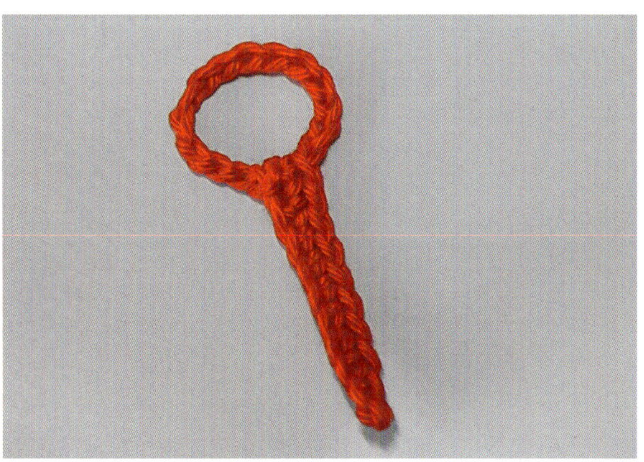

KOPF

(in Nude)

Häkle den Kopf, wie in der Grundanleitung auf Seite 21 beschrieben. Nähe ihn auf den Körper. Sticke das Gesicht, wie in der Grundanleitung „Gesichter" auf Seite 22 beschrieben.

HAARE

(in Schwarz)

1. Rd: 6 fM in einen Fadenring arbeiten. [6]
2. Rd: 6x 1 M zun. [12]
3. Rd: *1 fM, 1 M zun*, von * bis * noch 5x wdh. [18]
4. Rd: *2 fM, 1 M zun*, von * bis * noch 5x wdh. [24]
5. Rd: *3 fM, 1 M zun*, von * bis * noch 5x wdh. [30]
6. Rd: *4 fM, 1 M zun*, von * bis * noch 5x wdh. [36]
7. Rd: *5 fM, 1 M zun*, von * bis * noch 5x wdh. [42]
8. Rd: *6 fM, 1 M zun*, von * bis * noch 5x wdh. [48]
9.–11. Rd: 48 fM häkeln. [48]
12. Rd: *1 M abn, 6 fM*, von * bis * noch 5x wdh. [42]
13. Rd: 1 Km, 3 Lm, 1 DStb in dieselbe M, 6 DStb, 2 Stb, 2 hStb, 20 fM, 2 hStb, 2 Stb, 6 DStb, 3 Lm, 1 Km.
Tipp: Sollte dir die Haube zu groß oder zu klein erscheinen, häkle zwischen der 9. und 11. Rd, 1–2 Rd weniger bzw. mehr.
Den Faden mit langem Ende abschneiden.

Der Rd-Anfang und das -Ende bilden den Seitenscheitel. Setze die Haube so auf, dass der Scheitel richtig sitzt. Der Scheitel sollte etwa 3–4 Rd über dem Auge sitzen.
Nähe die Haube rundherum fest.

JACKE

(in Olive und mit Nadelstärke 3,0 mm)

1. R: Schlage 21 Lm an. Beginne in der 2. Lm ab der Nadel, 20 fM, 1 Lm, wenden. [20]
2. R: *1 fM, 1 M zun*, von * bis * noch 9x wdh, 1 Lm, wenden. [30]
3. R: 4 fM, 5 Lm, 7 M überspr, 8 fM, 5 Lm, 7 M überspr, 4 fM, 1 Lm, wenden. [26]
4. R: 4 fM, 1 fM in jede Lm, 8 fM, 1 fM in jede Lm, 4 fM, 1 Lm, wenden. [26]
5.–9. R: 26 fM, 1 Lm, wenden. [26]
10. R: 26 fM, 1 Lm, nicht wenden, es geht weiter mit der Umrandung.

Umrandung

11 fM entlang der Kante, 2 Lm, 1 Stb in dieselbe M, 1 Stb, 2 hStb, *1 fM zun, 1 fM*, von * bis * noch 5x wdh, 2 hStb, 2 Stb, 2 Lm, 1 Km in dieselbe M, 11 fM entlang der Kante.
Den Faden abschneiden.
Fixiere den Kragen der Jacke mit ein paar Stichen und vernähe die Fäden.

Ärmel (2x)

1. Rd: Den Faden an 1 M der Ärmellöcher wieder aufnehmen und rundherum 12 fM häkeln. [12]
Setze hier deinen MM.
2.–11. Rd: 12 fM häkeln. [12]
Den Faden abschneiden und beide Fäden vernähen.

Den 2. Ärmel auf dieselbe Weise häkeln.

TEDDY

Beine (2x, in Gold und Rotbraun)

1. Rd: 6 fM in einen Fadenring arbeiten. [6]
2. Rd: 6 fM häkeln. [6]
3. Rd: Fb-Wechsel zu Rotbraun, *1 M zun, 1 fM*, von * bis * noch 2x wdh. [9]
4.–6. Rd: 9 fM häkeln. [9]
Den Faden abschneiden und vernähen.

Ein 2. Bein auf dieselbe Weise häkeln.
Hier den Faden aber nicht abschneiden. Es geht direkt weiter mit der Verbindung.

Verbindung (in Rotbraun)

1 Lm, 9 fM um das 1. Bein, 1 fM in die Lm, 9 fM um das 2. Bein, 1 fM in die Lm. [20]

Körper (in Rotbraun)

1.–4. Rd: 20 fM häkeln. [20]
5. Rd: 4 fM, 1 M abn, 9 fM, 1 M abn, 3 fM. [18]
6. Rd: *1 M abn, 4 fM*, von * bis * noch 2x wdh. [15]
7. Rd: *1 M abn, 3 fM*, von * bis * noch 2x wdh. [12]
Stopfe etwas Watte in Beine und Körper.
8. Rd: *1 M abn, 2 fM*, von * bis * noch 2x wdh. [9]
9. Rd: 9 fM häkeln. [9]
10. Rd: *1 M zun, 2 fM*, von * bis * noch 2x wdh. [12]
11. Rd: *1 M zun, 2 fM*, von * bis * noch 3x wdh. [16]
12. Rd: *1 M zun, 3 fM*, von * bis * noch 3x wdh. [20]
13. Rd: *1 M zun, 4 fM*, von * bis * noch 3x wdh. [24]
14.–16. Rd: 24 fM häkeln. [24]
17. Rd: *1 M abn, 4 fM*, von * bis * noch 3x wdh. [20]
18. Rd: 20 fM häkeln. [20]
Zusätzlich 8 fM häkeln, den Faden mit langem Ende abschneiden.
Die Öffnung falten und die gegenüberliegenden M zusnähen. Stopfe ausreichend Watte hinein bevor du die letzten Stiche machst.
Nimm den rotbraunen Faden in einer Ecke des Kopfs auf. Häkle in die M, in der du den Faden aufgenommen hast, 4 Stb, schneide den Faden ab und vernähe die Enden.
Wdh diesen Schritt in der zweiten Ecke des Kopfs.
Sticke Nase und Augen auf.

Arme (2x, in Gold und Rotbraun)

1. Rd: 6 fM in einen Fadenring arbeiten. [6]
2. Rd: 6 fM häkeln. [6]
3. Rd: Fb-Wechsel zu Rotbraun, 6 fM. [6]
4.–7. Rd: 6 fM häkeln. [6]

Die Öffnung falten und die gegenüberliegenden M mit 3 fM zushäkeln.
Den Faden mit langem Ende abschneiden.
Die Arme seitlich in Höhe der 10. Runde des Körpers annähen.

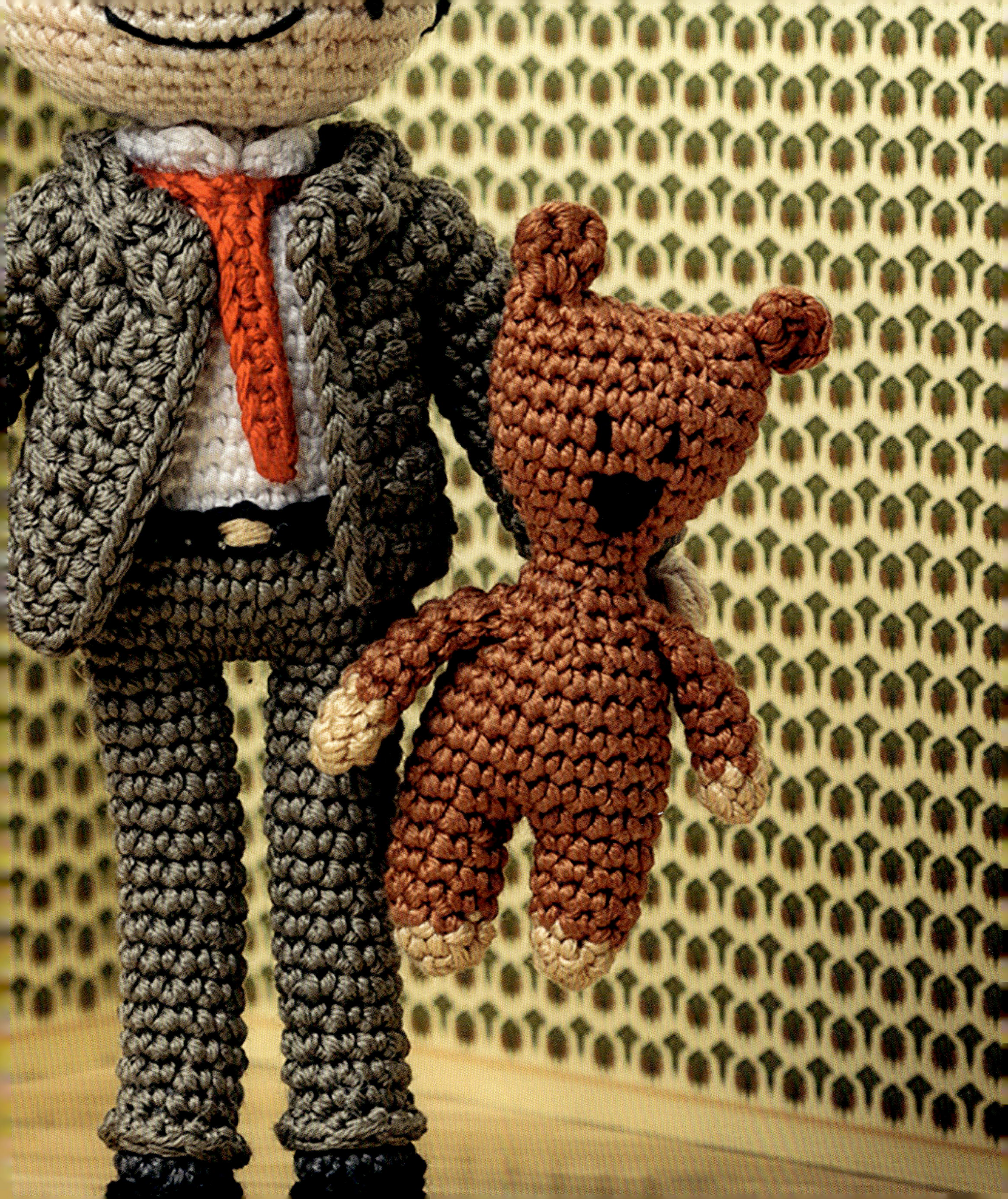

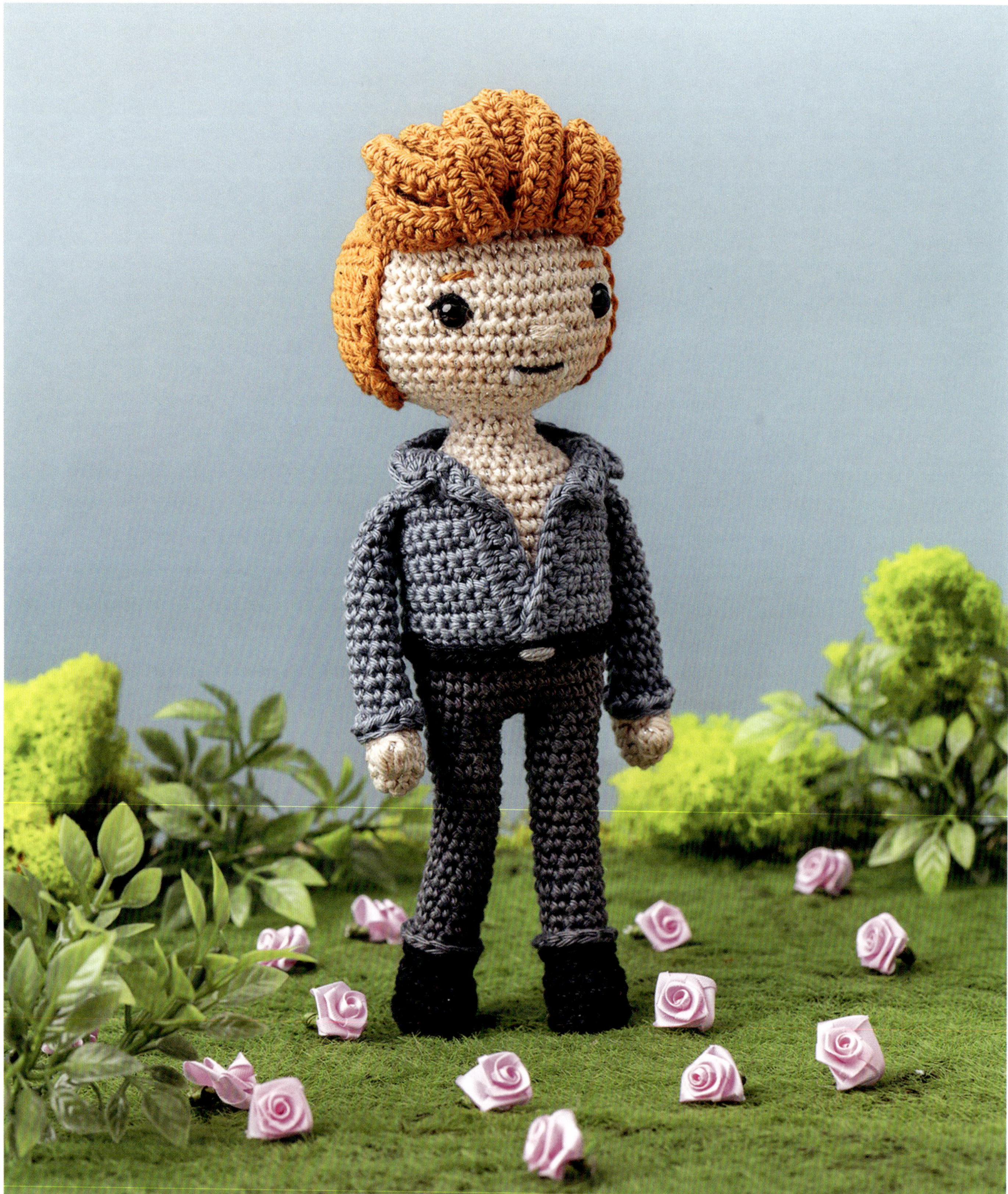

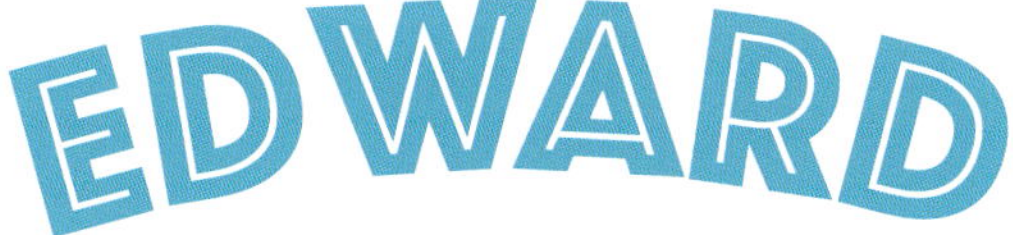

EDWARD CULLEN

MATERIAL

Schachenmayr Catania (100% Baumwolle, LL 125 m/50 g) in

- **Schwarz (Fb 110), 15 g**
- **Soft Apricot (Fb 263), 25 g**
- **Zimt (Fb 383), 20 g**
- **Anthrazit (Fb 429), 15 g**
- **Graublau (Fb 269), 25 g**
- **Weiß (Fb 106), Rest**
- **Rauchgrau (Fb 435), Rest**
- **Woolly Hugs Glitzer-Beilaufgarn in Silber (Fb 301)**
- **Häkelnadel 2,0 mm**
- **Häkelnadel 3,0 mm**
- **Füllwatte**
- **Wollnadel**
- **Sicherheitsaugen Ø 7 mm**
- **Maschenmarkierer**

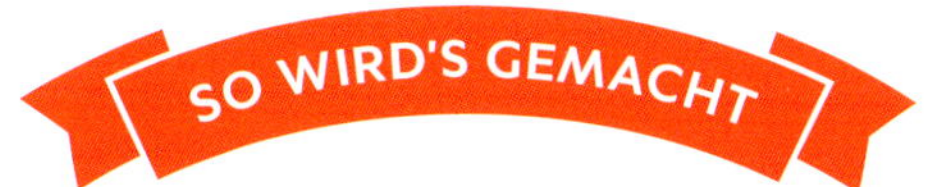

Es wird, wenn nicht anders angegeben, in Spiral-Rd gehäkelt. Denke schon während des Häkelns daran, die Teile nach und nach mit Watte zu füllen.

BEINE

(2x, in Schwarz und Anthrazit)

Beginne mit Fb Schwarz.

1. Rd: Schlage 4 Lm an. Beginne in der 2. Lm ab der Nadel, 2 fM, 3 fM in die nächste Lm, weiter auf der anderen Seite der Lm-Kette, 2 fM, 3 fM in die letzte Lm. [10]
Setze hier deinen MM.
2. Rd: *2 fM, 3x 1 M zun*, von * bis * noch 1x wdh. [16]
3. Rd: 16 fM ihM. [16]
4. Rd: 16 fM häkeln. [16]
5. Rd: 3 fM, 3x 1 M abn, 7 fM. [13]
6. Rd: 2 fM, 1 M abn, 1 fM, 1 M abn, 6 fM. [11]
7. Rd: Fb-Wechsel zu Anthrazit, 11 fM ihM. [11]
8. Rd: 3 fM ihM, 1 M ihM abn, 6 fM ihM. [10]
9.–22. Rd: 10 fM häkeln. [10]
Den Faden abschneiden und vernähen.

Schuh- und Hosendetails

Den Faden in Schwarz im vorderen M-Glied der 3. Rd der Beine wieder aufnehmen. Von oben einstechen und rundherum Km ivM häkeln.
Den Faden abschneiden und vernähen.
Dasselbe machst du in jedes vordere M-Glied der 7. Rd der Beine.

Für den Bund am Hosenbein nimmst du den Faden in Anthrazit im vorderen M-Glied der 8. Rd wieder auf und häkelst in jedes vordere M-Glied 1 fM. Hier wird von unten eingestochen.
Stülpe die fM nach oben, um das Bündchen zu formen.

Häkle ein 2. Bein, schneide den Faden aber nicht ab, sondern häkle weitere 5 fM.
Es geht weiter mit der Verbindung.

VERBINDUNG

Häkle die Verbindung in Anthrazit, wie in der Grundanleitung auf Seite 20 beschrieben.

KÖRPER

(in Anthrazit, Graublau, Soft Apricot und Glitzer-Beilaufgarn)

Beginne mit Fb Anthrazit.

1. Rd: 1 M zun, 3 fM, 1 M zun, 4 fM, 1 M zun, 2 fM, 1 M zun, 4 fM, 1 M zun, 3 fM, 1 M zun, 2 fM. [30]
2.–4. Rd: 30 fM häkeln. [30]
5. Rd: Fb-Wechsel zu Graublau, 30 fM ihM. [30]
6. Rd: Fb-Wechsel zu Soft Apricot mit Glitzer-Beilaufgarn (es wird doppelfädig gehäkelt, um Edwards Haut glitzern zu lassen), 7 fM ihM, 1 M ihM abn, 13 fM ihM, 1 M ihM abn, 6 fM ihM. [28]
7.–15. Rd: 28 fM häkeln. [28]
16. Rd: 5 fM, 1 M abn, 2 fM, 1 M abn, 9 fM, 1 M abn, 2 fM, 1 M abn, 2 fM. [24]
17. Rd: *2 fM, 1 M abn*, von * bis * noch 5x wdh. [18]
18. Rd: *1 fM, 1 M abn*, von * bis * noch 5x wdh. [12]
19.–20. Rd: 12 fM häkeln.

Den Faden mit langem Ende abschneiden.

HEMD

(in Graublau)

Lass einen langen Anfangsfaden und nimm vorn mittig im vorderen M-Glied der 6. Rd des Körpers den Faden wieder auf. Stich von unten in die Schlaufe ein.

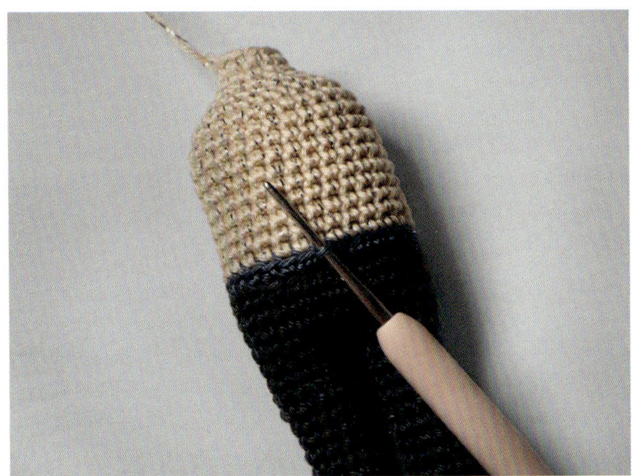

1. R: 30 fM ivM, 1 Lm, wenden. [30]
2.–10. R: 30 fM, 1 Lm, wenden. [30]
11. R: 5 fM, 2x 1 M abn, 11 fM, 2x 1 M abn, 6 fM, 1 Lm, wenden. [26]
12. R: 5 fM, 1 M abn, 11 fM, 1 M abn, 5 fM, 1 Lm, wenden. [24]
13. R: 3 fM, 2x 1 M abn, 9 fM, 2x 1 M abn, 3 fM, 2 Lm, wenden. [20]
14. R: 1 Stb ihM, 1 Stb ihM zun, 1 Stb ihM, *1 hStb ihM zun, 1 hStb ihM*, von * bis * noch 5x wdh, 1 hStb ihM zun, 1 Stb ihM, 1 Stb ihM zun, 1 Stb ihM, 2 Lm, 1 Km in dieselbe M, 2 Lm. [30]
15. R: 11 Stb entlang der Kante, 1 Km in die andere Kante, 2 Lm, 11 Stb entlang der Kante, 2 Lm, 1 Km in dieselbe M.

Den Faden mit langem Ende abschneiden.
Fixiere den Kragen mit ein paar Stichen. Lass aber die 1. und die letzten 3–4 M des Kragens frei.
Tipp: Fädle den Faden durch die übrigen M-Glieder der 14. Rd.

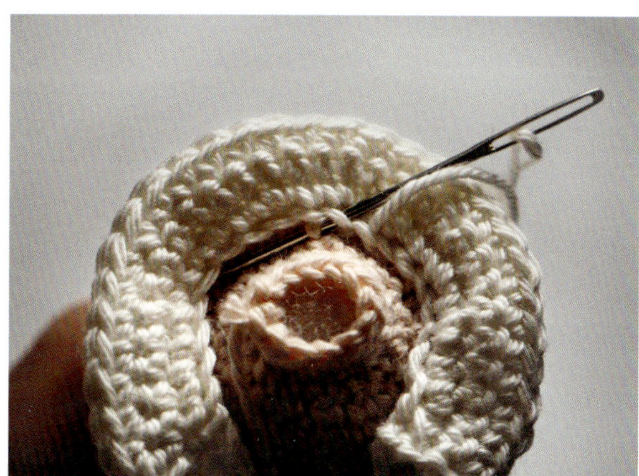

Mit dem Anfangsfaden nähst du 5 M der Kanten zus.

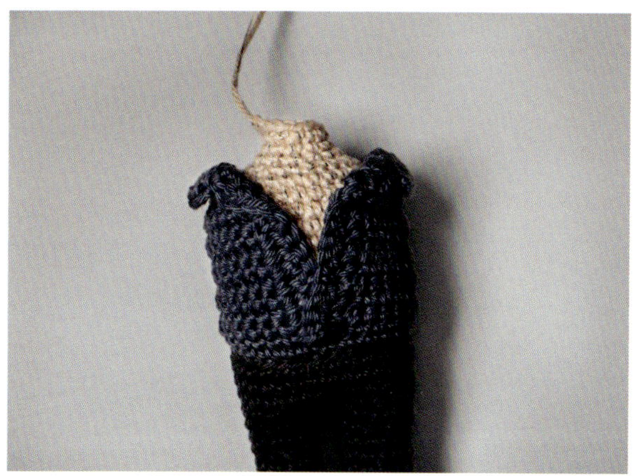

GÜRTEL

(in Schwarz und Rauchgrau)

Den Faden in einem vorderen M-Glied der 6. Rd des Körpers wieder aufnehmen. Stich von oben in die Schlaufe ein und häkle in jedes vordere M-Glied 1 hStb.
Den Faden mit langem Ende abschneiden.
Stülpe den Gürtel nach oben und fixiere ihn rundherum mit ein paar Stichen.
Sticke die Gürtelschnalle in Hellgrau vorn auf den Gürtel.

ARME

(2x, in Soft Apricot, Graublau und Glitzer-Beilaufgarn)

Es wird doppelfädig gehäkelt, um Edwards Haut glitzern zu lassen.

1. Rd: 6 fM in einen Fadenring arbeiten. [6]
2. Rd: *1 fM, 1 M zun*, von * bis * noch 2x wdh. [9]
3. Rd: 9 fM häkeln. [9]
4. Rd: 1 N, 8 fM. [9]
Tipp: Drücke die N nach außen um den Daumen zu formen.
5. Rd: 1 M abn, 7 fM. [8]
6. Rd: Fb-Wechsel zu Graublau, 8 fM häkeln. [8]
7. Rd: 8 fM ihM. [8]
8.–20. Rd: 8 fM häkeln. [8]

Fülle die Arme bis zur Hälfte mit Watte.
Häkle 1 fM, falte die Öffnung und häkle die gegenüberliegenden M mit 4 fM zus.
Den Faden mit langem Ende abschneiden.
Die Arme werden seitlich eine Rd unter dem Kragen am Körper angenäht. Die Daumen zeigen nach vorn.

Den Faden in Graublau, im vorderen M-Glied der 7. Rd wieder aufnehmen und in jedes vordere M-Glied 1 hStb häkeln. Stich von unten in die Schlaufe ein.

KOPF

(in Soft Apricot)

Häkle den Kopf, wie in der Grundanleitung auf Seite 21 beschrieben. Nähe ihn auf den Körper. Sticke das Gesicht, wie in der Grundanleitung „Gesichter" auf Seite 22 beschrieben.

Für die Vampirzähne mit weißem Garn vom Mundwinkel je 1 M tief nach unten sticken.

HAARE

(in Zimt)

Zuerst werden die Strähnen für den Pony gehäkelt.

Strähne (5x, in Zimt)

1. R: Schlage 9 Lm an. Beginne in der 2. Lm ab der Nadel, 1 hStb in jede Lm. Wdh diese Strähne, bis du insgesamt 5 Strähnen gehäkelt hast.
1 Lm häkeln und in jede Strähne 2 fM.
Du solltest jetzt 10 M haben, 1 Lm, wenden. [10]
2. R: 10 fM, 1 Lm, wenden. [10]
3. R: *1 Strähne, 1 M überspr, 1 fM ivM*, von * bis * noch 4x wdh, 1 Lm, wenden. [10]
4. R: 10 fM ivM, ohne Lm wenden. [10]

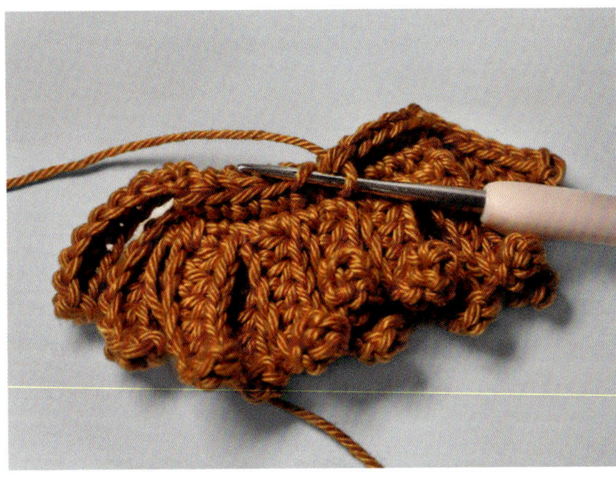

5. R: Wdh die 3. R. [10]
6. R: Wdh die 4. R. [10]
7. R: Wdh die 3. R. [10]
8. R: Wdh die 4. R. [10]
Den Faden abschneiden und vernähen.

Haube (in Zimt)

1. Rd: 6 fM in einen Fadenring arbeiten. [6]
2. Rd: 6x 1 M zun. [12]
3. Rd: *1 fM, 1 M zun*, von * bis * noch 5x wdh. [18]
4. Rd: *2 fM, 1 M zun*, von * bis * noch 5x wdh. [24]
5. Rd: *3 fM, 1 M zun*, von * bis * noch 5x wdh. [30]
6. Rd: *4 fM, 1 M zun*, von * bis * noch 5x wdh. [36]
7. Rd: *5 fM, 1 M zun*, von * bis * noch 5x wdh. [42]
Verbinde den Pony mit der Haube, indem du die gegenüberliegenden M zushäkelst.

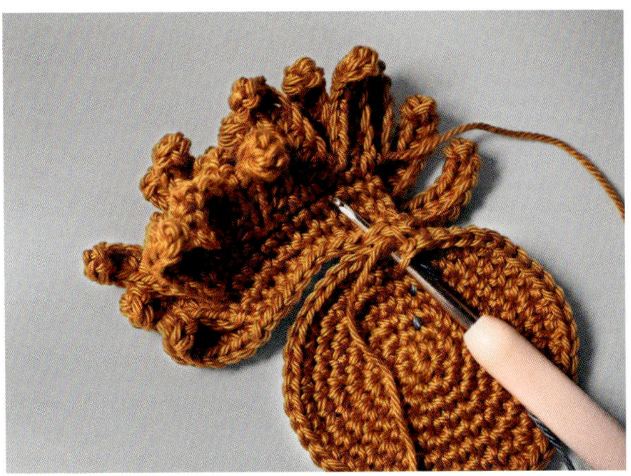

Ab jetzt wird in R gehäkelt.
8. R: 10 fM durch Haube und Pony, 32 fM, 1 Lm, wenden. [42]
9. R: 28 fM ivM, 1 Lm, wenden. [28]
10. R: 28 hStb, 1 Lm, wenden. [28]
11. R: 28 fM, 1 Lm, wenden. [28]
12. R: Wdh die 10. R. [28]
13. R: Wdh die 11. R. [28]
14. R: Wdh die 10. R. [28]
15. R: Wdh die 11. R. [28]
16. R: 1 hStb, 1 hStb abn, *2 hStb, 1 hStb abn*, von * bis * noch 5x wdh, 1 hStb, 1 Lm, wenden. [21]
17. R: *1 fM, 1 M abn*, von * bis * noch 6x wdh. [14]
Den Faden mit langem Ende abschneiden.
Setze die Haare auf den Kopf. Die 1. R Strähnen sollte vorn mittig, etwa 4 Rd über den Augen sitzen.
Nähe die Haare rundherum fest.
Fixiere die Strähnen aus der 8. R mit ein paar Stichen auf der Haube.

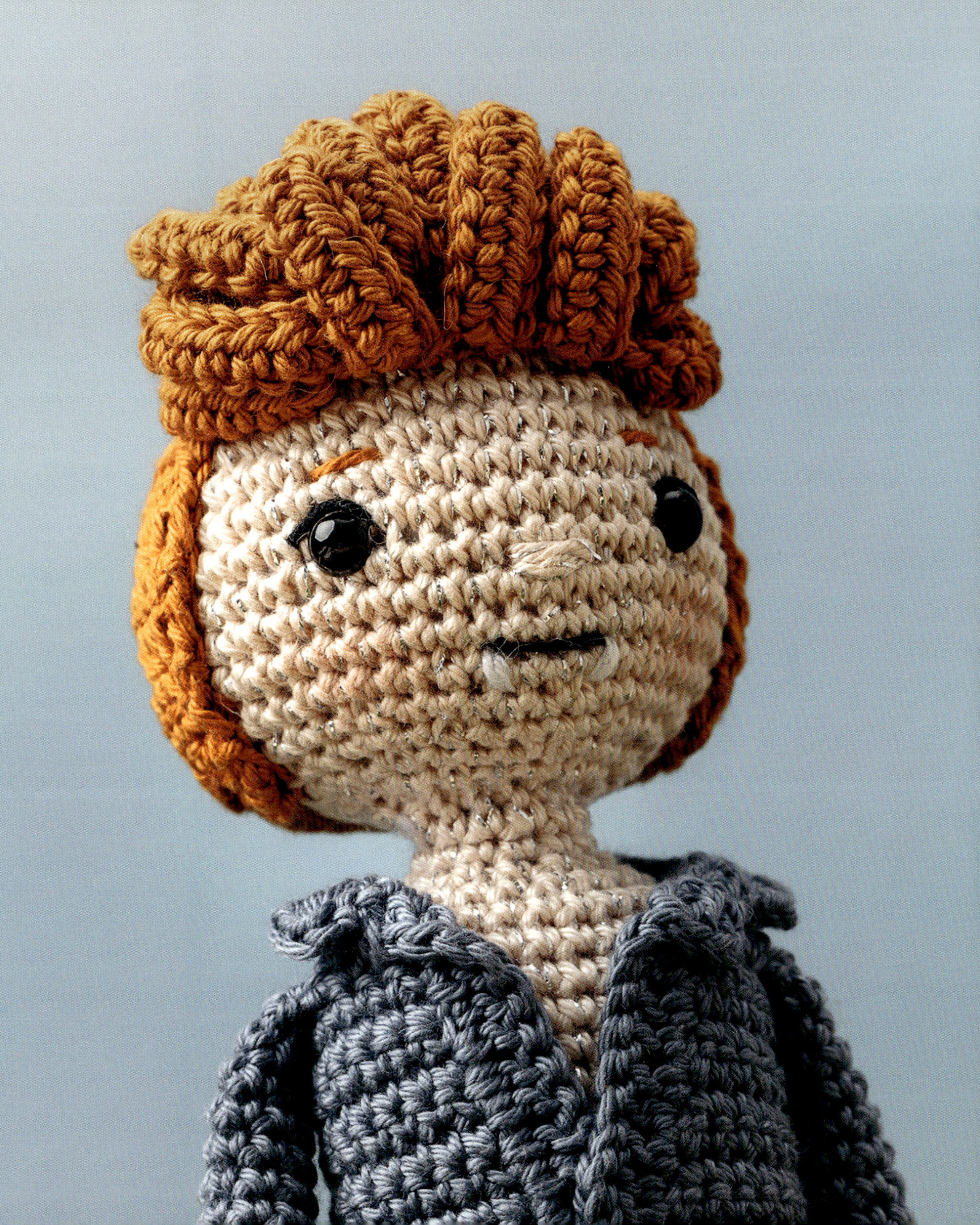

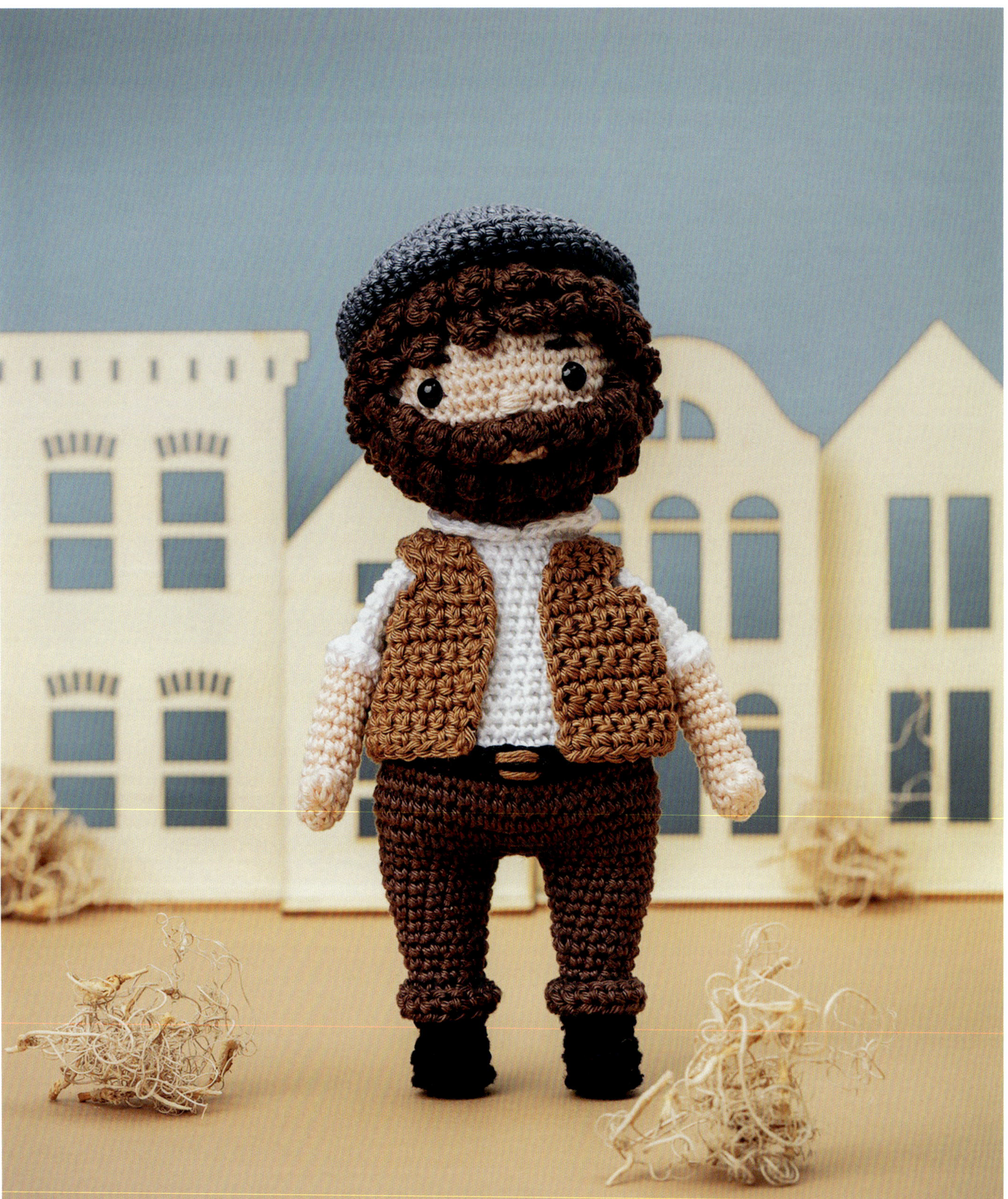

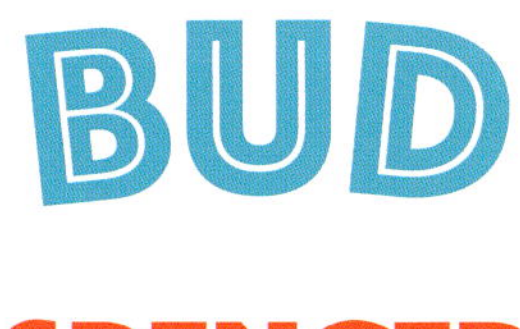

SPENCER

MATERIAL

Sheepjes Catona (100 % Baumwolle, LL 125 m/50 g) in

- **Snow White (Fb 106), 20 g**
- **Schwarz (Fb 110), 20 g**
- **Charcoal (Fb 393), 25 g**
- **Petal Peach (Fb 263), 30 g**
- **Hazelnut (Fb 503), 20 g**
- **Black Coffee (Fb 162), 25 g**
- **Chocolate (Fb 507), 30 g**
- **Häkelnadel 2,0 mm**
- **Häkelnadel 3,0 mm**
- **Füllwatte**
- **Wollnadel**
- **Sicherheitsaugen Ø 7 mm**
- **Maschenmarkierer**

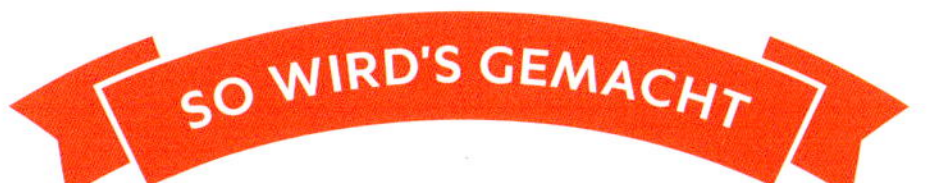

Es wird, wenn nicht anders angegeben, in Spiral-Rd gehäkelt. Denke schon während des Häkelns daran, die Teile nach und nach mit Watte zu füllen.

BEINE

(2x, in Schwarz und Chocolate)

Beginne mit Fb Schwarz.

1. Rd: Schlage 4 Lm an. Beginne in der 2. Lm ab der Nadel, 2 fM, 3 fM in die nächste Lm, weiter auf der anderen Seite der Lm-Kette, 2 fM, 3 fM in die letzte Lm. [10]
Setze hier deinen MM.
2. Rd: *2 fM, 3x 1 M zun*, von * bis * noch 1x wdh. [16]
3. Rd: 16 fM ihM. [16]
4. Rd: 16 fM häkeln. [16]
5. Rd: 3 fM, 3x 1 M abn, 7 fM. [13]
6. Rd: 2 fM, 1 M abn, 1 fM, 1 M abn, 6 fM. [11]
7. Rd: Fb-Wechsel zu Chocolate, 11 fM ihM. [11]
8. Rd: 11 fM ihM. [11]
9.–10. Rd: 11 fM häkeln. [11]
11. Rd: 1 M zun, 5 fM, 1 M zun, 4 fM. [13]
12. Rd: 5 fM, 1 M zun, 6 fM, 1 M zun. [15]
13.–14. Rd: 15 fM häkeln. [15]
15. Rd: *4 fM, 1 M zun*, von * bis * noch 2x wdh. [18]
16.–18. Rd: 18 fM häkeln. [18]
Den Faden abschneiden und vernähen.

Schuh- und Hosendetails

Den Faden in Schwarz im vorderen M-Glied der 3. Rd der Beine wieder aufnehmen. Von oben einstechen und rundherum Km ivM häkeln. Den Faden abschneiden und vernähen.
Dasselbe machst du in das vordere M-Glied der 7. Rd der Beine.

Für den Bund am Hosenbein nimmst du den Faden in Chocolate im vorderen M-Glied der 8. Rd wieder auf. Stich von oben in die Schlaufe ein.
1. Rd: *1 hStb, 1 hStb zun*, von * bis * noch 4x wdh, 1 hStb. [16]
2. Rd: 16 fM häkeln.
Stülpe die fM nach oben, um das Bündchen zu formen.
Den Faden abschneiden und vernähen.

Häkle ein 2. Bein, schneide den Faden aber nicht ab, sondern häkle weitere 4 fM.
Tipp: Häkle fM bis zur linken Seite des Beins, damit die Füße nach der Verbindung nach vorn zeigen.
Es geht weiter mit der Verbindung.

VERBINDUNG

In Chocolate 2 Lm, 18 fM um das 1. Bein 1 fM in jede Lm, 18 fM um das zweite Bein, 1 fM in jede Lm. [40]
Setze hier deinen MM.
Tipp: Die Füße zeigen von dir weg und gerade nach vorn.

KÖRPER

(in Weiß und Petal Peach)

1. Rd: 1 M zun, 11 fM, *1 M zun, 1 fM*, von * bis * noch 6x wdh, 11 fM, 1 M zun, 2 fM. [49]
2.–5. Rd: 49 fM häkeln. [49]
6. Rd: 12 fM, 1 M abn, 22 fM, 1 M abn, 11 fM. [47]
7. Rd: Fb-Wechsel zu Weiß, 10 fM ihM, 1 M ihM abn, 2 fM ihM, 1 M ihM abn, 17 fM ihM, 1 M ihM abn, 2 fM ihM, 1 M ihM abn, 8 fM ihM. [43]
8. Rd: 43 fM häkeln. [43]
9. Rd: 15 fM, 1 M abn, *5 fM, 1 M abn*, von * bis * noch 1x wdh, 12 fM. [40]
10. Rd: 40 fM häkeln. [40]
11. Rd: 14 fM, 1 M abn, *5 fM, 1 M abn*, von * bis * noch 1x wdh, 10 fM. [37]
12. Rd: 37 fM häkeln. [37]
13. Rd: 10 fM, *1 M abn, 4 fM*, von * bis * noch 2x wdh, 1 M abn, 7 fM. [33]
14.–18. Rd: 33 fM häkeln. [33]
19. Rd: 9 fM, 1 M abn, 2 fM, 1 M abn, 10 fM, 1 M abn, 2 fM, 1 M abn, 2 fM. [29]
20. Rd: 9 fM, 2x 1 M abn, 10 fM, 2x 1 M abn, 2 fM. [25]
21. Rd: *7 fM, 1 M abn, 1 fM, 1 M abn*, von * bis * noch 1x wdh, 1 fM. [21]
22. Rd: Fb-Wechsel zu Petal Peach, *1 fM ihM, 1 M ihM abn*, von * bis * noch 6x wdh. [14]
23.–24. Rd: 14 fM häkeln. [14]
Den Faden mit langem Ende abschneiden.

Hemdkragen

Nimm den Faden mittig im 16. vorderen M-Glied der 22. Rd des Körpers wieder auf. Stich von unten in die Schlaufe ein.
1 fM, 1 hStb, *1 Stb, 1 Stb zun*, von * bis * noch 7x wdh, 1 Stb, 1 hStb, 1 fM.
Den Faden abschneiden und vernähen.

GÜRTEL

(in Schwarz und Hazelnut)

Den Faden in einem vorderen M-Glied der 7. Rd des Körpers wieder aufnehmen. Stich von oben in die Schlaufe ein und häkle in jedes vordere M-Glied 1 fM.
Den Faden mit langem Ende abschneiden.
Stülpe den Gürtel nach oben und fixiere ihn rundherum mit ein paar Stichen.
Sticke die Gürtelschnalle in Hazelnut vorn auf den Gürtel.

ARME

(2x, in Petal Peach und Weiß)

Beginne mit Fb Petal Peach.
1. Rd: 6 fM in einen Fadenring arbeiten. [6]
2. Rd: *1 fM, 1 M zun*, von * bis * noch 2x wdh. [9]
3. Rd: 9 fM häkeln. [9]
4. Rd: 1 N, 8 fM. [9]
Tipp: Drücke die N nach außen, um den Daumen zu formen.
5. Rd: 1 M abn, 7 fM. [8]
6. Rd: 8 fM häkeln. [8]
7. Rd: *1 M zun, 3 fM*, von * bis * noch 1x wdh. [10]
8.–12. Rd: 10 fM häkeln. [10]
13. Rd: Fb-Wechsel zu Weiß, 10 fM ihM. [10]
14. Rd: 10 fM häkeln. [10]
15. Rd: *1 M zun, 4 fM*, von * bis * noch 1x wdh. [12]
16.–20. Rd: 10 fM häkeln.
1 fM, Öffnung falten und die gegenüberliegenden M mit 5 fM zushäkeln.
Den Faden mit langem Ende abschneiden.

Nimm den weißen Faden in einem vordere M-Glied der 13. Rd wieder auf. Stich von oben in die Schlaufe ein.
Häkle 1 hStb in jedes vordere M-Glied. Den Faden abschneiden und vernähen.
Stülpe das Bündchen nach oben.
Nähe die Arme in der 19. Rd seitlich am Körper an. Die Daumen zeigen nach vorn.

WESTE

(in Hazelnut und mit Nadelstärke 3,0 mm)

1. R: 23 Lm anschlagen. Beginne in der 2. Lm ab der Nadel, 22 fM, 1 Lm, wenden. [22]
3. R: *1 fM, 1 M zun*, von * bis * noch 10x wdh, 1 Lm, wenden. [33]
4. R: 4 fM, 9 Lm, 6 M überspr, 13 fM, 9 Lm, 6 M überspr, 4 fM, 1 Lm, wenden. [21]
5. R: 4 fM, 1 fM in jede Lm, 13 fM, 1 fM in jede Lm, 4 fM, 1 Lm, wenden. [39]
6.–12. R: 39 fM, 1 Lm, wenden. [39]
13. R: 39 fM häkeln. [39]
Den Faden abschneiden und vernähen.

KOPF

(in Petal Peach)

Häkle den Kopf, wie in der Grundanleitung auf Seite 21 beschrieben. Nähe ihn auf den Körper. Sticke das Gesicht, wie in der Grundanleitung „Gesichter“ auf Seite 22 beschrieben.

BART

(in Black Coffee)

1. R: 21 Lm anschlagen. Beginne in der 2. Lm ab der Nadel, *1 N, 1 fM*, von * bis * noch 9x wdh, 1 Lm, wenden. [10 N]
2. R: 8 fM, 4 Lm, 4 M überspr, 8 fM, 1 Lm, wenden. [20]
3. R: *1 N, 1 fM*, von * bis * noch 9x wdh, 1 Lm, wenden. [10 N]
4. R: 2x 1 M abn, 12 fM, 2x 1 M abn, 1 Lm, wenden. [16]
5. R: *1 N, 1 fM*, von * bis * noch 7x wdh. [8 N]
Den Faden mit langem Ende abschneiden.
Nähe den Bart unter der Nase an.

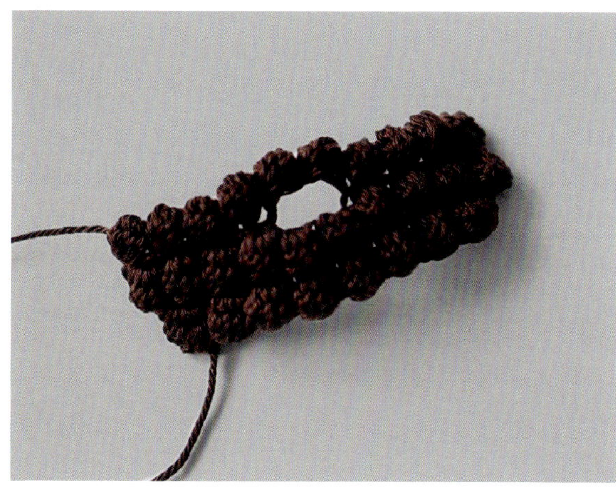

HAARE

(in Black Coffee)

Die Haare werden wie bei Ed Sheeran auf Seite 73 gehäkelt und ebenso angenäht.

HUT

(in Charcoal)

1. Rd: 6 fM in einen Fadenring arbeiten. [6]
2. Rd: 6x 1 M zun. [12]
3. Rd: *1 fM, 1 M zun*, von * bis * noch 5x wdh. [18]
4. Rd: *2 fM, 1 M zun*, von * bis * noch 5x wdh. [24]
5. Rd: *3 fM, 1 M zun*, von * bis * noch 5x wdh. [30]
6. Rd: *4 fM, 1 M zun*, von * bis * noch 5x wdh. [36]
7. Rd: *5 fM, 1 M zun*, von * bis * noch 5x wdh. [42]
8. Rd: *6 fM, 1 M zun*, von * bis * noch 5x wdh. [48]
9. Rd: *7 fM, 1 M zun*, von * bis * noch 5x wdh. [54]
10.–14. Rd: 54 fM häkeln. [54]
15. Rd: Umrande den Hut mit hStb, indem du seitlich in die M einstichst. [54]
16. Rd: *8 fM, 1 M zun*, von * bis * noch 5x wdh. [60]
17.–18. Rd: 60 fM häkeln.
Den Faden abschneiden und vernähen.
Fixiere die Krempe links und rechts mit 4–5 Stichen, um die typische Melonenform zu bekommen. Der Hut wird nur auf den Kopf aufgesetzt.

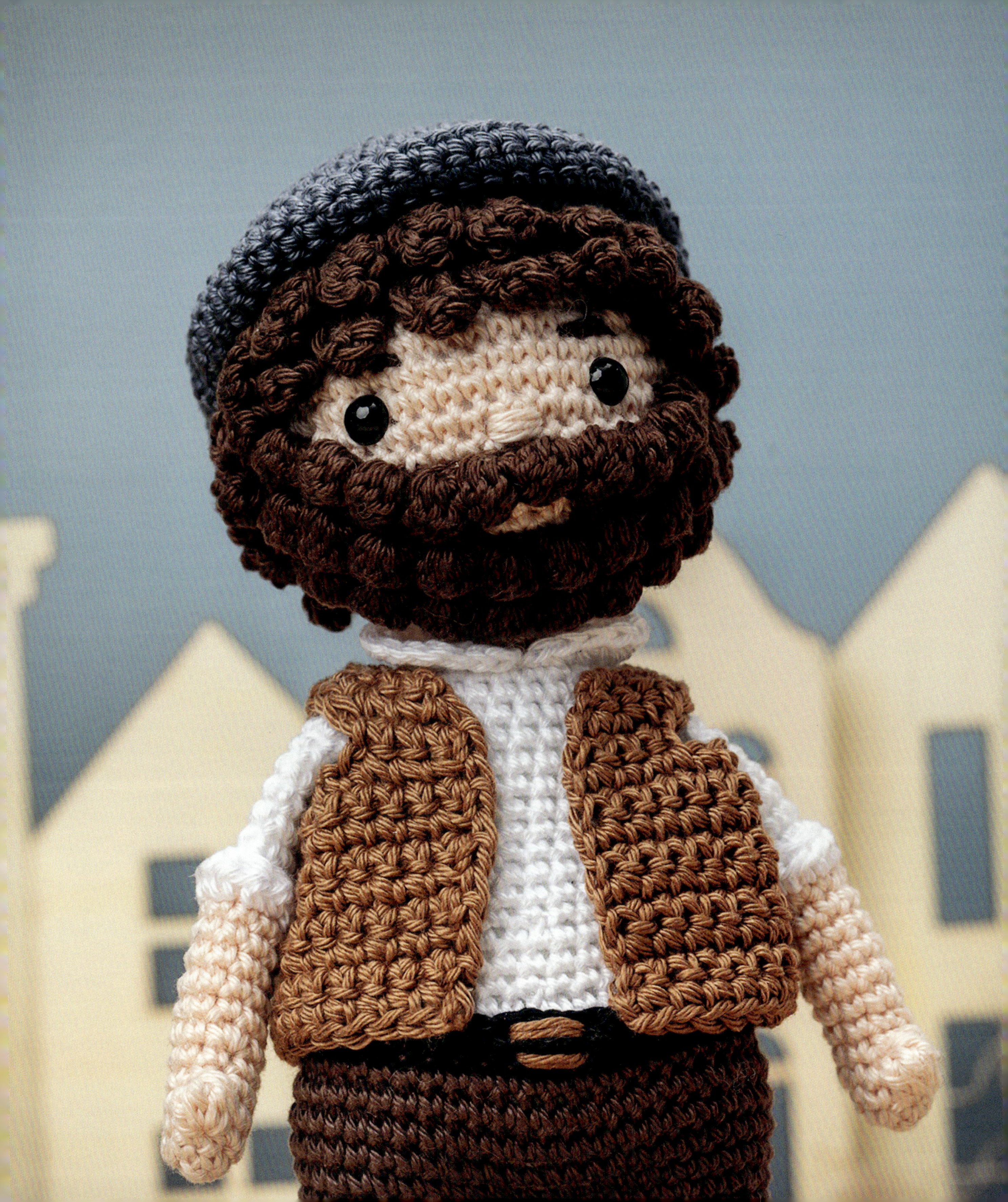

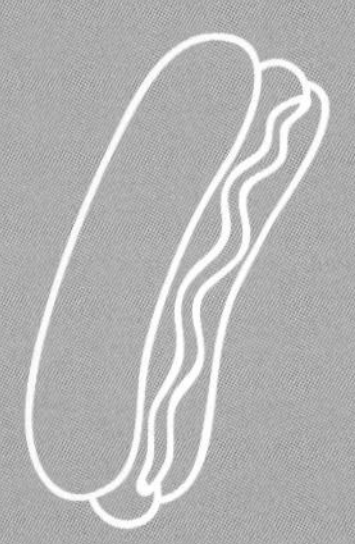
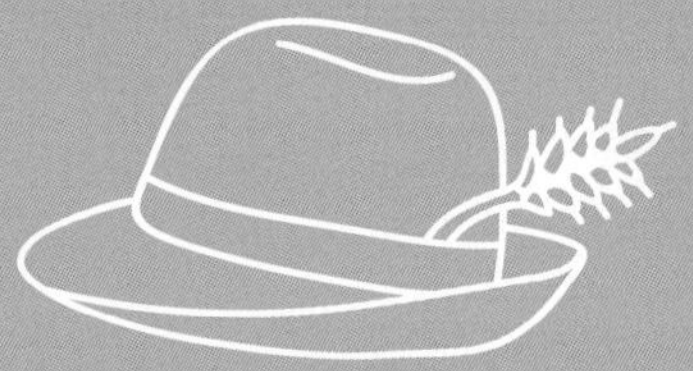
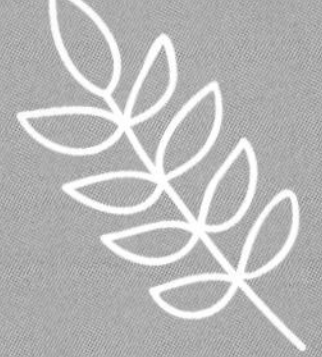
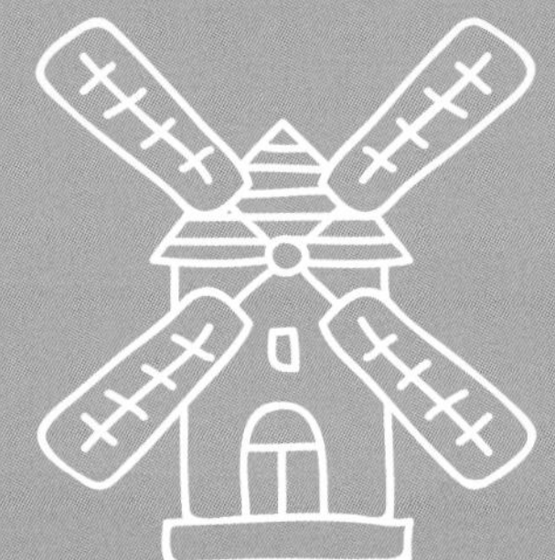
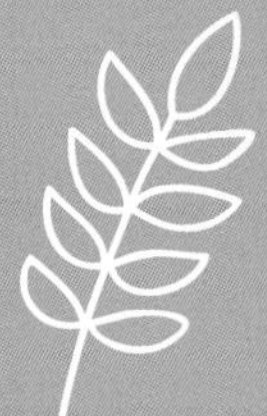
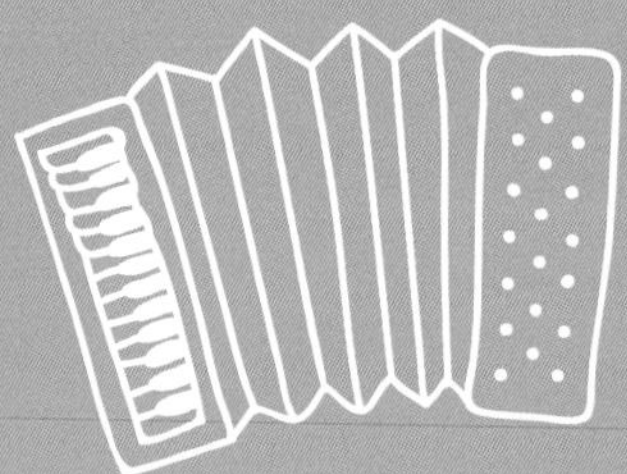
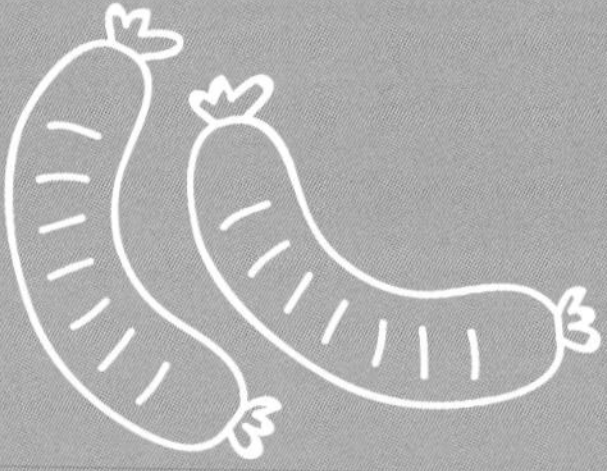

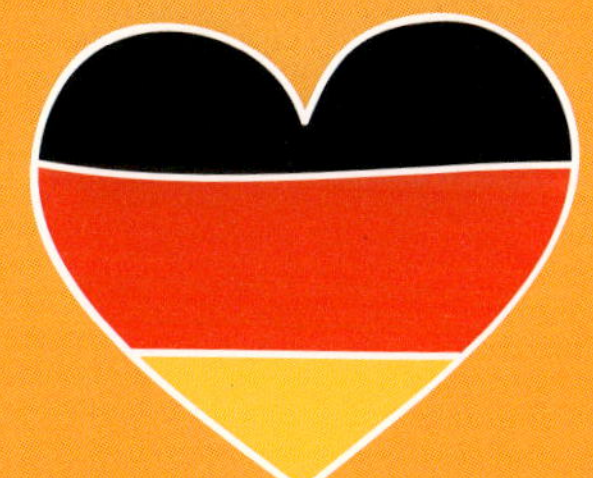

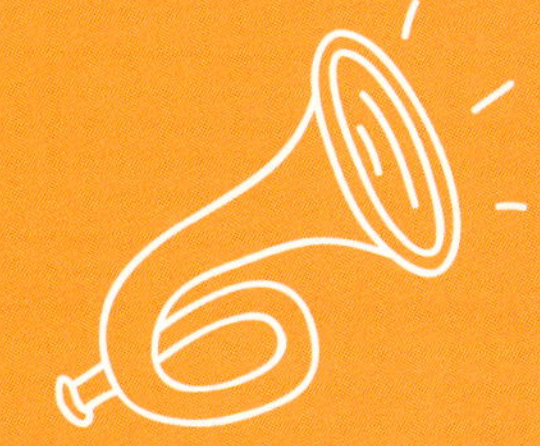

DEUTSCHE PROMI-HELDEN

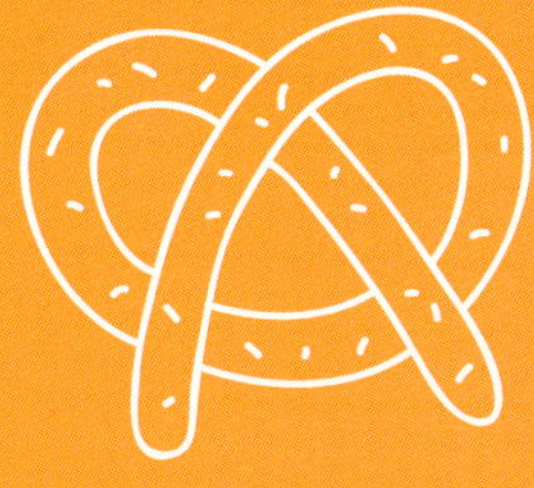

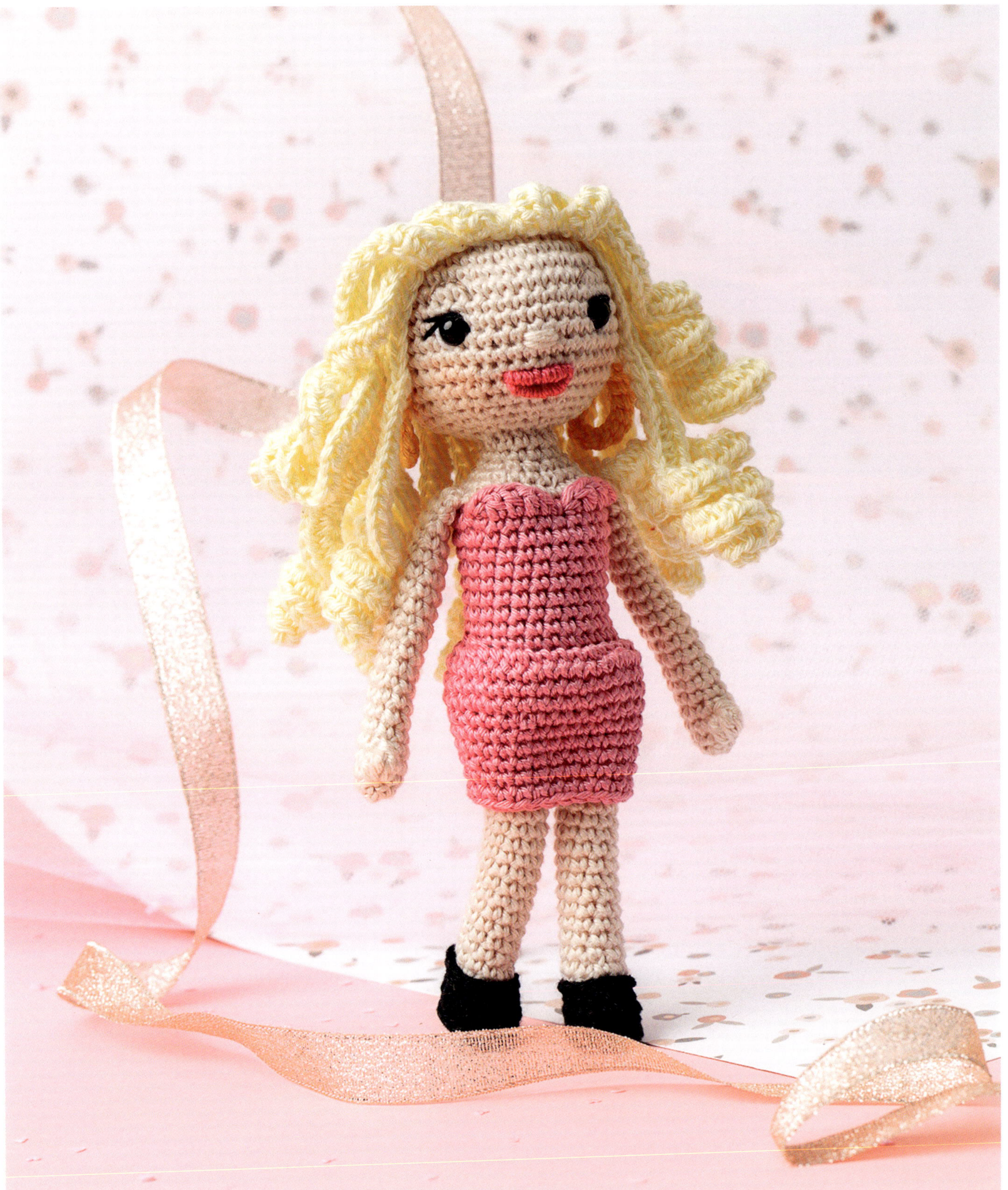

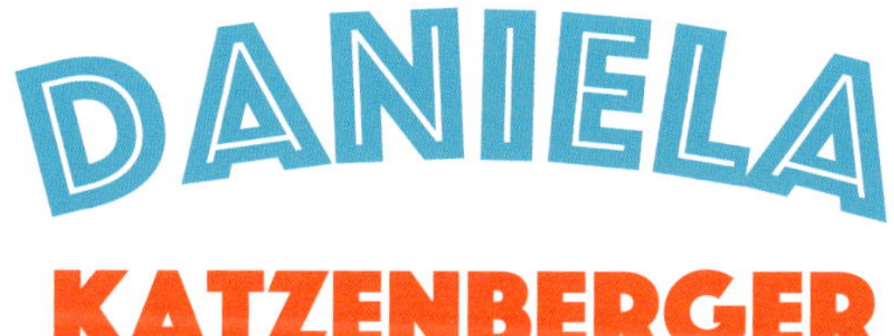

KATZENBERGER

MATERIAL

Sheepjes Catona (100 % Baumwolle, LL 125 m/50 g) in

- **Fresia (Fb 519), 20 g**
- **Schwarz (Fb 110), 15 g**
- **Candle Light (Fb 101), 25 g**
- **Petal Peach (Fb 263), 30 g**
- **Yellow Gold (Fb 208), Rest**
- **Weiß (Fb 106), Rest**
- **Shocking Pink (Fb 114), Rest**
- **Hazelnut (Fb 503), Rest**
- **Häkelnadel 2,0 mm**
- **Füllwatte**
- **Wollnadel**
- **Sicherheitsaugen Ø 7 mm**
- **Maschenmarkierer**

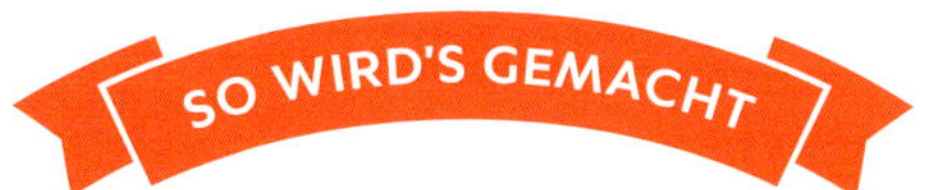

Es wird, wenn nicht anders angegeben, in Spiral-Rd gehäkelt. Denke schon während des Häkelns daran, die Teile nach und nach mit Watte zu füllen.

BEINE

(2x, in Schwarz und Petal Peach)

Beginne mit Fb Schwarz.

1. Rd: Schlage 4 Lm an. Beginne in der 2. Lm ab der Nadel, 2 fM, 3 fM in die nächste Lm, weiter auf der anderen Seite der Lm-Kette, 2 fM, 3 fM in die letzte Lm. [10]
Setze hier deinen MM.
2. Rd: *2 fM, 3x 1 M zun*, von * bis * noch 1x wdh. [16]
3. Rd: 16 fM ihM. [16]
4. Rd: 16 fM häkeln. [16]
5. Rd: 3 fM, 3x 1 M abn, 7 fM. [13]
6. Rd: Fb-Wechsel zu Petal Beach, 2 fM ihM, 1 M ihM abn, 1 fM ihM, 1 M ihM abn, 6 fM ihM. [11]
7. Rd: 11 fM häkeln. [11]
8. Rd: 3 fM, 1 M abn, 6 fM. [10]
9.–22. Rd: 10 fM häkeln. [10]

Schuhdetails

Den schwarzen Faden im vorderen M-Glied der 3. Rd der Beine wieder aufnehmen. Von oben einstechen und rundherum Km ivM häkeln. Den Faden abschneiden und vernähen.
Ebenso verfährst du in den vorderen M-Gliedern der 6. Rd.

Häkle ein 2. Bein, schneide den Faden aber nicht ab, sondern häkle weitere 5 fM. Wechsle in der letzten M zu Fb Weiß.
Es geht weiter mit der Verbindung.

VERBINDUNG

Häkle die Verbindung in Weiß, wie in der Grundanleitung auf Seite 20 beschrieben.

KÖRPER

(in Weiß, Fresia und Petal Peach)

Weiter mit Fb Weiß.

1. Rd: 1 M zun, 3 fM, 1 M zun, 4 fM, 1 M zun, 2 fM, 1 M zun, 4 fM, 1 M zun, 3 fM, 1 M zun, 2 fM. [30]
2.–4. Rd: 30 fM häkeln. [30]
5. Rd: Fb-Wechsel zu Fresia, 30 fM. [30]
6. Rd: 7 fM, 1 M abn, 13 fM, 1 M abn, 6 fM. [28]
7. Rd: 6 fM ihM, 2x 1 M ihM abn, 10 fM ihM, 2x 1 M ihM abn, 4 fM ihM. [24]
8.–13. Rd: 24 fM häkeln. [24]
14. Rd: 6 fM, 1 M zun, 1 fM, 1 M zun, 9 fM, 1 M zun, 1 fM, 1 M zun, 3 fM. [28]
15. Rd: 28 fM häkeln. [28]
16. Rd: Fb-Wechsel zu Petal Peach, 10 fM, 12 fM ihM, 6 fM. [28]
17. Rd: *7 fM, 1 M abn, 2 fM, 1 M abn*, von * bis * noch 1x wdh, 2 fM. [24]
18. Rd: *1 M abn, 2 fM*, von * bis * noch 5x wdh. [18]
19. Rd: *1 M abn, 1 fM*, von * bis * noch 5x wdh. [12]
20.–21. Rd: 12 fM häkeln. [12]

ROCK

(in Fresia)

Den Faden im vorderen M-Glied der 7. Rd des Körpers aufnehmen. Stich dafür von oben in die Schlaufe ein.
1. Rd: *3 fM, 1 M zun*, von * bis * noch 6x wdh. [35]
2.–4. Rd: 35 fM häkeln. [35]
5. Rd: *1 M abn, 5 fM*, von * bis * noch 4x wdh. [30]
6.–7. Rd: 30 fM häkeln. [30]
8. Rd: *1 M abn, 4 fM*, von * bis * noch 4x wdh. [25]
9.–10. Rd: 25 fM häkeln. [25]
Den Faden abschneiden und alle Fäden vernähen.

BRUSTBÜNDCHEN

(in Fresia)

Den Faden im 1. vorderen M-Glieder der 16. Rd des Körpers aufnehmen. Stich dafür von unten in die Schlaufe ein.
1 fM, 1 hStb, 2 Stb, 1 hStb, 1 fM, von * bis * noch 1x wdh.
Den Faden abschneiden. Fädle ihn zur Mitte des Bündchens.

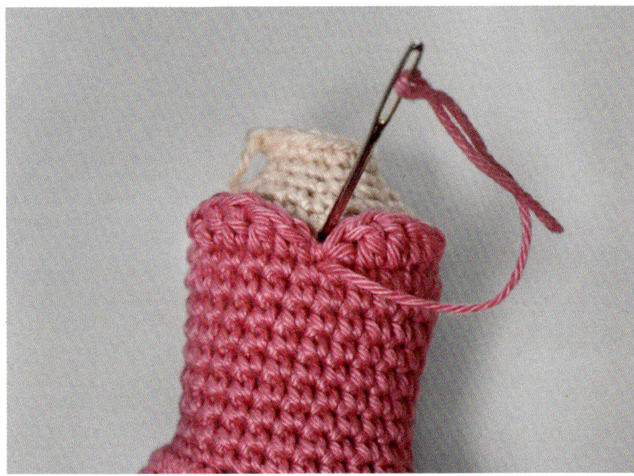

Stich mit der Nadel in die M dahinter ein und lass sie am Rücken wieder austreten. Dasselbe machst du mit dem Anfangsfaden. Lass beide Fäden aus derselben M austreten.

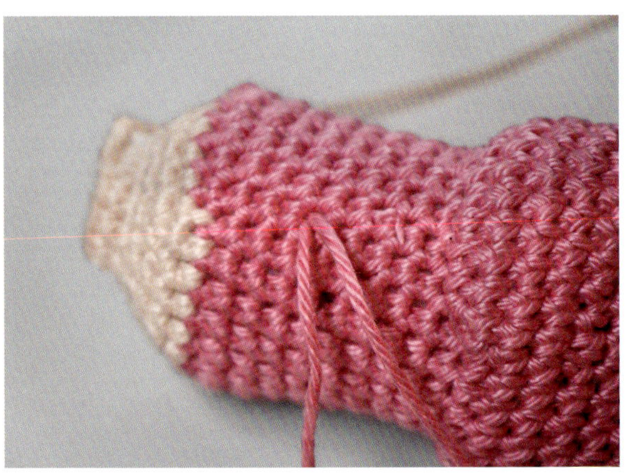

Ziehe die Fäden leicht an und verknote beide Enden miteinander. Vernähe sie im Inneren des Körpers.

ARME

(2x in Petal Peach)

Häkle die Arme, wie in der Grundanleitung auf Seite 21 beschrieben.
Nähe die Arme seitlich zwischen der 16. und 17. Rd am Körper an. Die Daumen zeigen nach vorn.

KOPF

(in Petal Peach)

Häkle den Kopf, wie in der Grundanleitung auf Seite 21 beschrieben. Nähe ihn auf den Körper.

HAARE

(in Candle Light)

Zuerst werden die Strähnen gehäkelt. Diese werden dann zum Kreis geschlossen, bevor es mit der Haube weitergeht.

Strähne (16x, in Candle Light)

Schlage 31 Lm an. Beginne in der 2. Lm ab der Nadel, 18x hStb zun, 12 hStb. Wdh diese Strähne, bis du insgesamt 16 Strähnen gehäkelt hast.
1 Lm und in jede Strähne 2 fM häkeln. Du solltest jetzt 32 M haben.
1 fM in die 1. fM, um zur Rd zu schließen.
Setze hier deinen MM, denn die Haube wird in Spiral-Rd weiter gehäkelt.

Haube (in Candle Light)

1.–2. Rd: 32 fM häkeln. [32]
3. Rd: *1 M abn, 6 fM*, von * bis * noch 3x wdh. [28]
4. Rd: *1 M abn, 5 fM*, von * bis * noch 3x wdh. [24]
5. Rd: *1 M abn, 4 fM*, von * bis * noch 3x wdh. [20]
6. Rd: *1 M abn, 3 fM*, von * bis * noch 3x wdh. [16]
7. Rd: * 1 M abn, 2 fM*, von * bis * noch 3x wdh. [12]
8. Rd: 6x 1 M abn. [6]
Den Faden abschneiden und die Rd schließen, indem du den Faden durch jedes vordere M-Glied der vorletzten Rd fädelst. Den Faden fest anziehen, um das Loch zu schließen.
Vernähe die Fäden und nähe mit einem neuen Faden die Haare am Kopf fest.
Der Haaransatz sollte 5 Rd über den Augen sitzen.
Um den Pony zu platzieren, orientiere dich an den Augen. Der Pony ist 4 Strähnen breit und liegt mittig über den Augen.

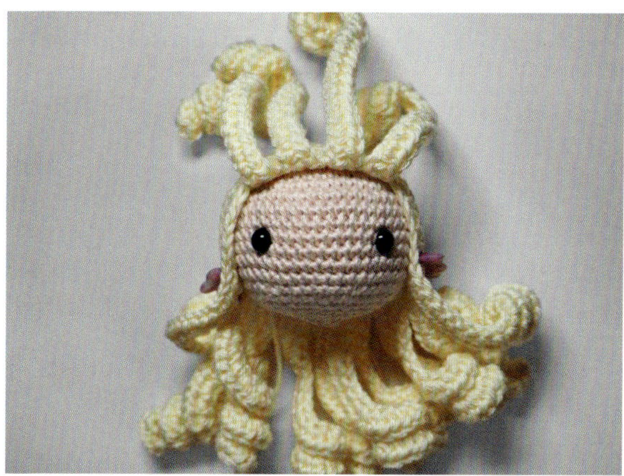

Stecke die restlichen Strähnen fest und fixiere sie mit ein paar Stichen.

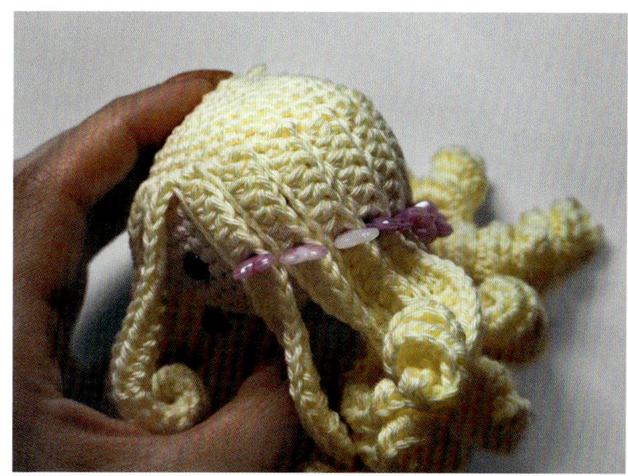

Verdrehe je 2 Strähnen des Ponys und fixiere sie an den Seiten.

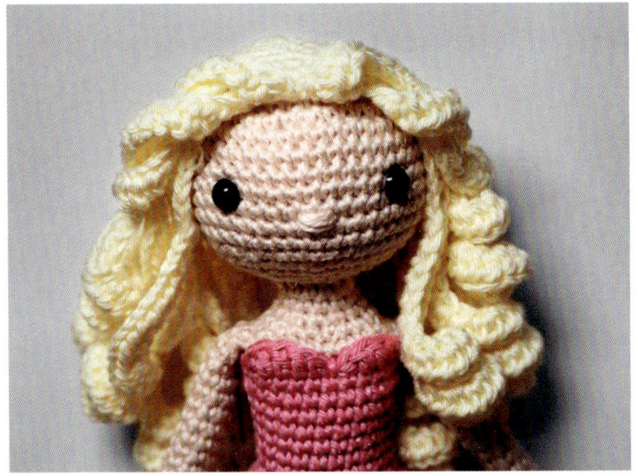

OHRRINGE

(2x, in Yellow Gold)

13 Lm anschlagen. Beginne in der 2. Lm ab der Nadel, 12 Km. Mit 1 Km in die 1. M zur Rd schließen. Den Faden abschneiden und links und rechts, etwa 2 Rd unter den Augen und nah am Haaransatz annähen.

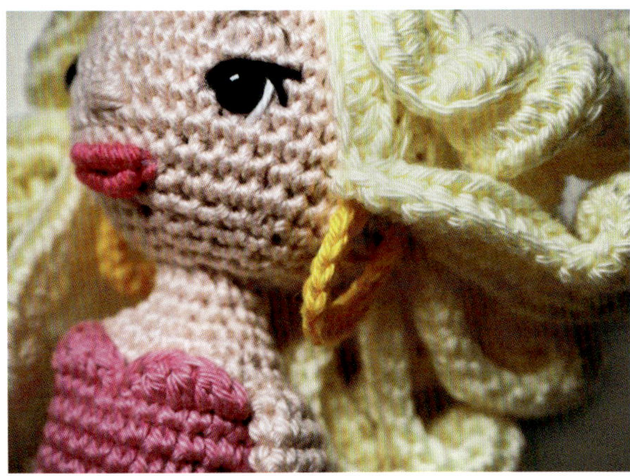

Sticke das Gesicht, wie in der Grundanleitung „Gesichter" auf Seite 22 beschrieben. Die Augenbrauen werden in einem hellen Braun und die Lippen in einem dunklen Pink gestickt.

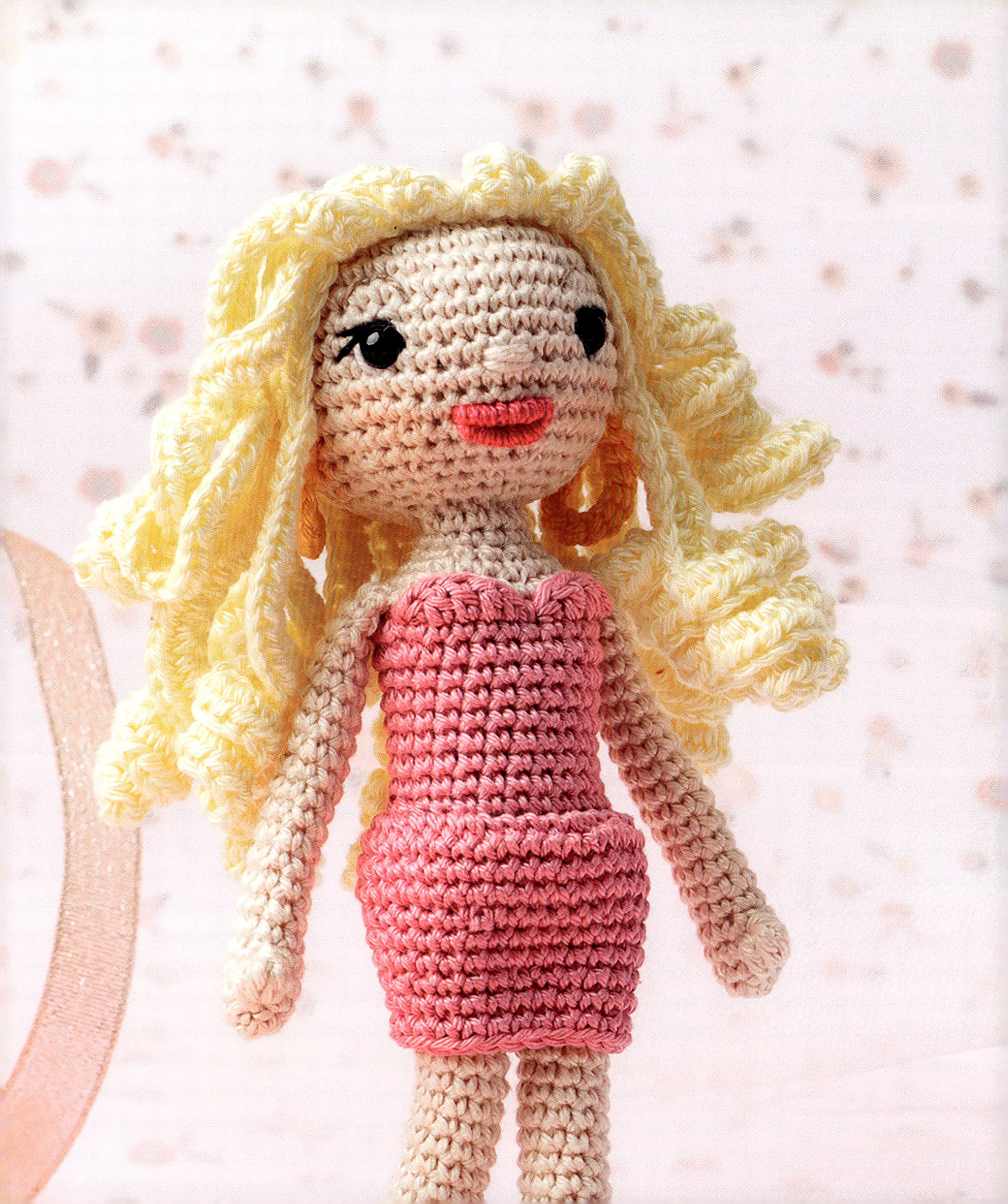

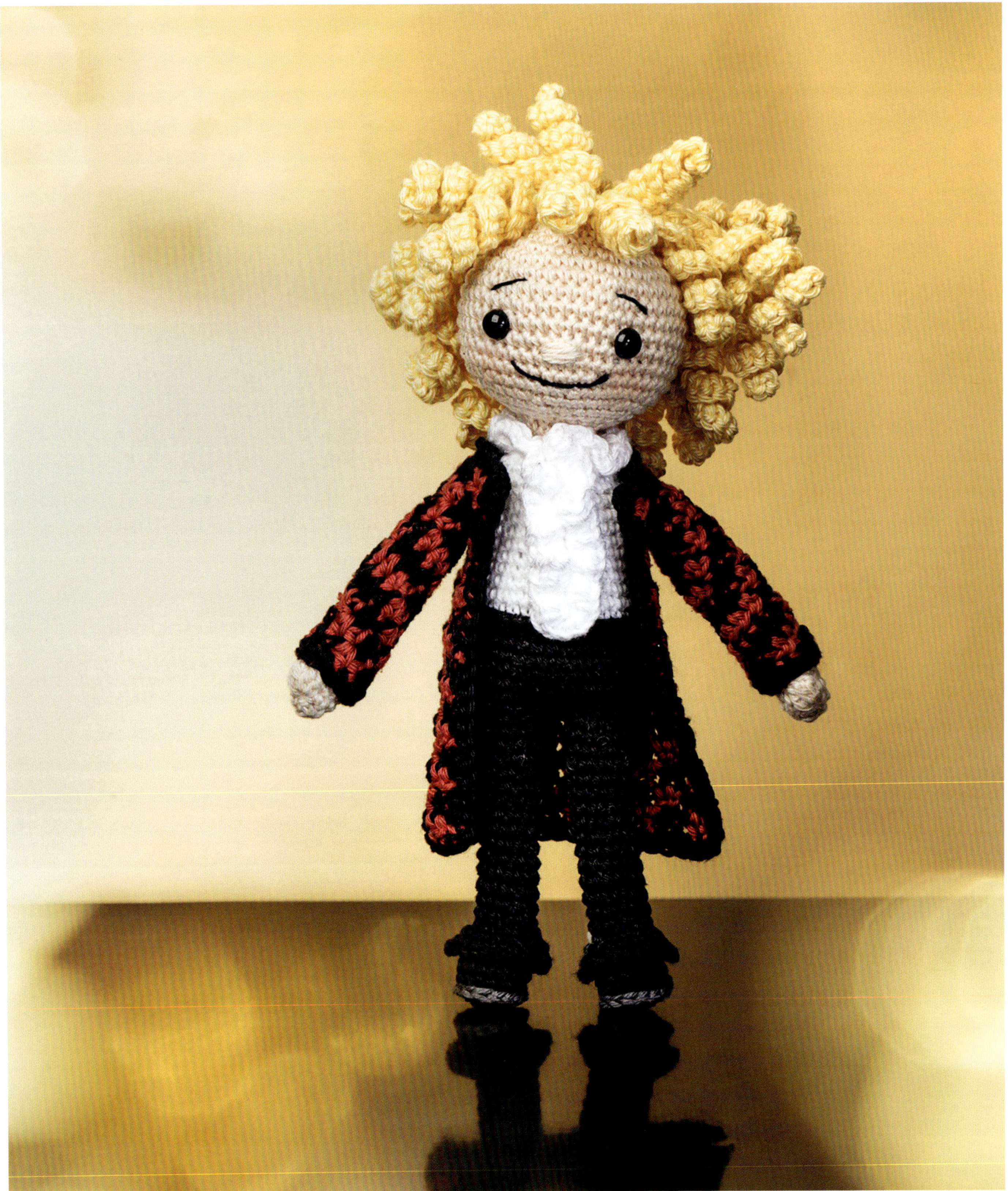

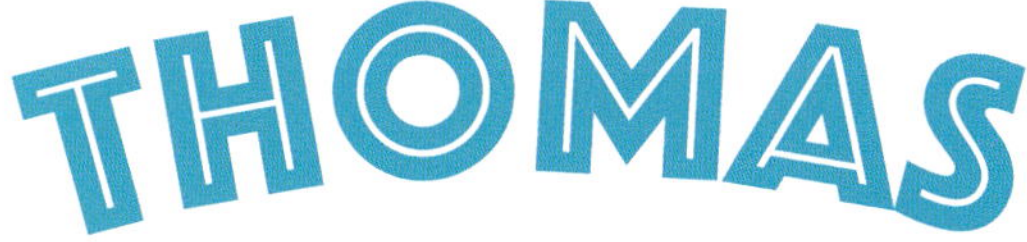

THOMAS GOTTSCHALK

MATERIAL

Sheepjes Catona (100 % Baumwolle, LL 125 m/50 g) in

- **Weiß (Fb 106), 15 g**
- **Schwarz (Fb 110), 35 g**
- **Scarlet (Fb 192), 20 g**
- **Nude (Fb 255), 20 g**
- **Primrose (Fb 522), 30 g**
- **Anthrazit (Fb 501), Rest**
- **Häkelnadel 2,0 mm**
- **Häkelnadel 3,0 mm**
- **Füllwatte**
- **Wollnadel**
- **Sicherheitsaugen Ø 7 mm**
- **Maschenmarkierer**

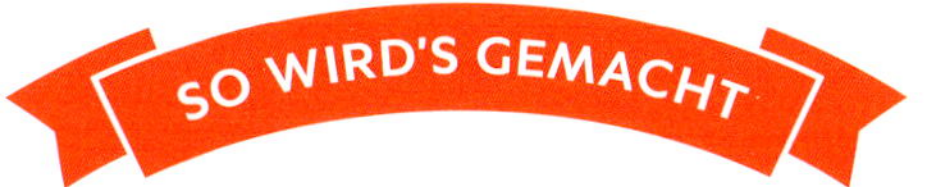

Es wird, wenn nicht anders angegeben, in Spiral-Rd gehäkelt. Denke schon während des Häkelns daran, die Teile nach und nach mit Watte zu füllen.

BEINE

(2x, in Schwarz)

1. Rd: Schlage 4 Lm an. Beginne in der 2. Lm ab der Nadel, 2 fM, 3 fM in die nächste Lm, weiter auf der anderen Seite der Lm-Kette, 2 fM, 3 fM in die letzte Lm. [10]
Setze hier deinen MM.
2. Rd: *2 fM, 3x 1 M zun*, von * bis * noch 1x wdh. [16]
3. Rd: 16 fM ihM. [16]
4. Rd: 16 fM häkeln. [16]
5. Rd: 3 fM, 3x 1 M abn, 7 fM. [13]
6. Rd: 2 fM, 1 M abn, 1 fM, 1 M abn, 6 fM. [11]
7. Rd: 11 fM ihM. [11]
8. Rd: 3 fM, 1 M abn, 6 fM. [10]
9.–22. Rd: 10 fM häkeln. [10]
Den Faden abschneiden und vernähen.

Schuh- und Hosendetails

Den Faden in Anthrazit im vorderen M-Glied der 3. Rd der Beine wieder aufnehmen. Von oben einstechen und rundherum Km ivM häkeln.
Den Faden abschneiden und vernähen.
Den Faden in Schwarz im vorderen M-Glied der 7. Rd der Beine wieder aufnehmen. Von oben einstechen und rundherum 2 fM in jedes vordere M-Glied häkeln. 1 Km häkeln.
Den Faden abschneiden und vernähen.

Beim 1. Bein schneidest du den Faden ab und vernähst den Faden. Häkle ein 2. Bein, schneide den Faden aber nicht ab, sondern häkle weitere 5 fM. Es geht weiter mit der Verbindung.

VERBINDUNG

Häkle die Verbindung in Schwarz, wie in der Grundanleitung auf Seite 20 beschrieben.

KÖRPER

(in Schwarz und Nude)

Beginne mit Fb Schwarz.

1. Rd: 1 M zun, 3 fM, 1 M zun, 4 fM, 1 M zun, 2 fM, 1 M zun, 4 fM, 1 M zun, 3 fM, 1 M zun, 2 fM. [30]
2.–5. Rd: 30 fM häkeln. [30]
6. Rd: 7 fM, 1 M abn, 13 fM, 1 M abn, 6 fM. [28]
7. Rd: Fb-Wechsel zu Weiß, 28 fM ihM. [28]
8.–15. Rd: 28 fM häkeln. [28]
16. Rd: *7 fM, 1 M abn, 2 fM, 1 M abn*, von * bis * noch 1x wdh, 2 fM. [24]
17. Rd: *2 fM, 1 M abn*, von * bis * noch 5x wdh. [18]
18. Rd: Fb-Wechsel zu Nude, *1 fM ihM, 1 M ihM abn*, von * bis * noch 5x wdh. [12]
19.–20. Rd: 12 fM häkeln. [12]

GÜRTEL

(in Schwarz)

Nimm am Rücken, im vorderen M-Glied der 7. Rd den Faden wieder auf und häkle rundherum in jedes vordere M-Glied 1 Km. Stich dabei von oben ein.

Den Faden in einem vorderen M-Glied der 7. Rd des Körpers wieder aufnehmen. Stich von oben in die Schlaufe ein und häkle in jedes vordere M-Glied 1 Km.
Den Faden abschneiden und vernähen.

RÜSCHEN

Nimm den weißen Faden vorn mittig über den Km der 7. Rd des Körpers wieder auf und häkle 12 fM gerade hoch bis zur 18. Rd des Körpers.

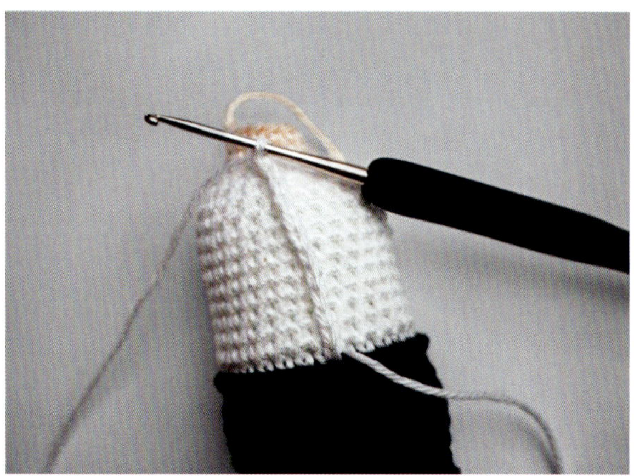

In jedes vordere M-Glied der 18. Rd des Körpers werden 3 hStb gehäkelt.
Häkle dann je 3 hStb in jedes vordere M-Glied der fM bis runter zum Bund und auf der anderen Seite der fM wieder hoch.

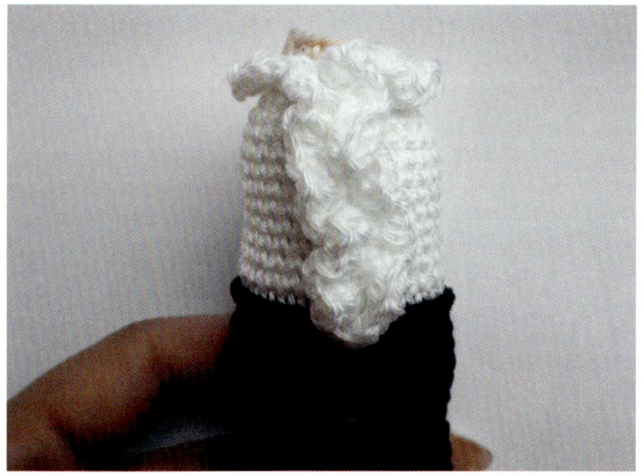

ARME

(2x in Nude und Weiß)

Beginne mit Fb Nude.

1. Rd: 6 fM in einen Fadenring arbeiten. [6]
2. Rd: *1 fM, 1 M zun*, von * bis * noch 2x wdh. [9]
3. Rd: 9 fM häkeln. [9]
4. Rd: 1 N, 8 fM. [9]
Tipp: Drücke die N nach außen, um den Daumen zu formen.
5. Rd: 1 M abn, 7 fM. [8]
6.–8. Rd: 8 fM häkeln. [8]
9. Rd: Fb-Wechsel zu Weiß, 8 fM häkeln. [8]
10. Rd: 8 fM ihM. [8]
11.–20. Rd: 8 fM häkeln. [8]

Nähe die Arme seitlich, 2 Rd unterhalb der Rüschenborte an. Die Daumen zeigen nach vorn.

MANTEL

(in Schwarz und Rot und mit Nadelstärke 3,0 mm)

Es wird in R gehäkelt.
Tipp: Lass die Fäden nach dem Fb-Wechsel mitlaufen. So ersparst du dir das Vernähen vieler Fäden.
Beginne mit Fb Schwarz.

1. R: 23 Lm anschlagen. Beginne in der 2. Lm ab der Nadel, 22 fM, die letzte M mit Rot abketten, 1 Lm. [22]
2. R: *2 hStb in Rot, 2 hStb in Schwarz*, von * bis * noch 4x wdh, 2 hStb in Rot, die letzte M mit Schwarz abketten, 1 Lm. [22]
3. R: 2 hStb in Schwarz, 4 Lm in Rot, 4 M überspr, *2 hStb in Rot, 2 hStb in Schwarz*, von * bis * noch 1x wdh, 2 hStb in Rot, 4 Lm in Schwarz, 4 M überspr, 2 hStb in Schwarz, die letzte M mit Rot abketten, 1 Lm. [22]
4. R: *2 hStb in Rot, 2 hStb in Schwarz*, von * bis * noch 4x wdh, 2 hStb in Rot, die letzte M mit Schwarz abketten, 1 Lm. [22]
5. R: *2 hStb in Schwarz, 2 hStb in Rot*, von * bis * noch 4x wdh, 2 hStb in Schwarz, die letzte M mit Rot abketten, 1 Lm. [22]
Wdh die 4. und 5. R abwechselnd, bis der Mantel etwa 8–9 cm lang ist. Die letzte R sollte eine 4. R sein. Die beiden Fäden abschneiden und die Enden vernähen.

Ärmel (2x, in Schwarz und Rot und mit Nadelstärke 3,0 mm)

Für die Ärmel nimmst du den schwarzen Faden in einer roten M im Ärmelloch wieder auf.
Tipp: Wie auch bei der Jacke, werden die Ärmel im Karomuster gehäkelt. Auch bei der M-Aufnahme wird die Fb gewechselt.
Die Ärmel werden in Spiral-Rd gehäkelt.

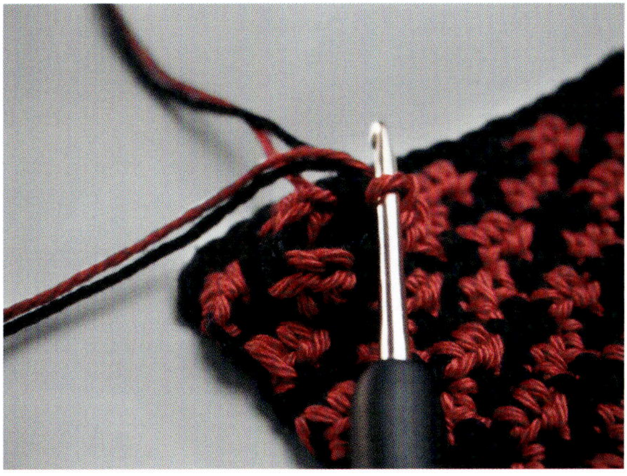

1. Rd: *2 hStb in Schwarz, 2 hStb in Rot*, von * bis * noch 2x wdh. [12]
Setze hier deinen MM.
2. Rd: *2 hStb in Rot, 2 hStb in Schwarz*, von * bis * noch 2x wdh. [12]
3. Rd: *2 hStb in Schwarz, 2 hStb in Rot*, von * bis * noch 2x wdh. [12]
4. Rd: *2 hStb in Rot, 2 hStb in Schwarz*, von * bis * noch 2x wdh. [12]
Wdh die 3. und 4. Rd abwechselnd noch 3x.
Häkle noch 1 Rd fM in Schwarz.

Den Faden abschneiden und alle Fäden vernähen.

Häkle den 2. Ärmel auf dieselbe Weise.

Umrandung

Nimm den schwarzen Faden in der linken Ecke des Mantels auf und häkle rundherum bis zur rechten Ecke fM.
Den Faden abschneiden und alle Enden vernähen.

KOPF

(in Nude)

Häkle den Kopf, wie in der Grundanleitung auf Seite 21 beschrieben. Nähe ihn auf den Körper. Sticke das Gesicht, wie in der Grundanleitung „Gesichter" auf Seite 22 beschrieben.

HAARE

(in Gelb)

Es werden zuerst die Strähnen gehäkelt.
16 Lm anschlagen. Beginne in der 2. Lm ab der Nadel, in jede Lm 2 fM häkeln. Ohne zu wenden, weiter mit der nächsten Strähne. Häkle auf diese Weise insgesamt 18 Strähnen.

1. Rd: Schließe die Rd mit 1 fM in die 1. Strähne, häkle in jede Strähne 2 fM. [36]
Setze hier deinen MM.
2. Rd: *1 M abn, 4 fM*, von * bis * noch 5x wdh. [30]
3. Rd: *1 M abn, 3 fM*, von * bis * noch 5x wdh. [24]
4. Rd: *1 Strähne, 1 M überspr, 1 fM ivM *, von * bis * noch 11x wdh. [24]
5. Rd: ihM der 3. Rd: *1 M abn, 2 fM*, von * bis * noch 5x wdh. [18]
6. Rd: *1 M abn, 1 fM*, von * bis * noch 5x wdh. [12]
7. Rd: *1 Strähne, 1 M überspr, 1 fM ivM*, von * bis * noch 5x wdh. [12]
8. Rd: ihM der 6. Rd: 6x 1 M abn. [6]
Den Faden mit langem Ende abschneiden.
Schließe die übrigen M, indem du den Faden durch die vorderen M-Glieder der letzten Rd fädelst und fest anziehst.

Nähe die Haare rundherum fest. Die 1. Rd der Haare sollte vorn oberhalb der Augen zwischen der 2. und 3. Rd des Kopfs sitzen.

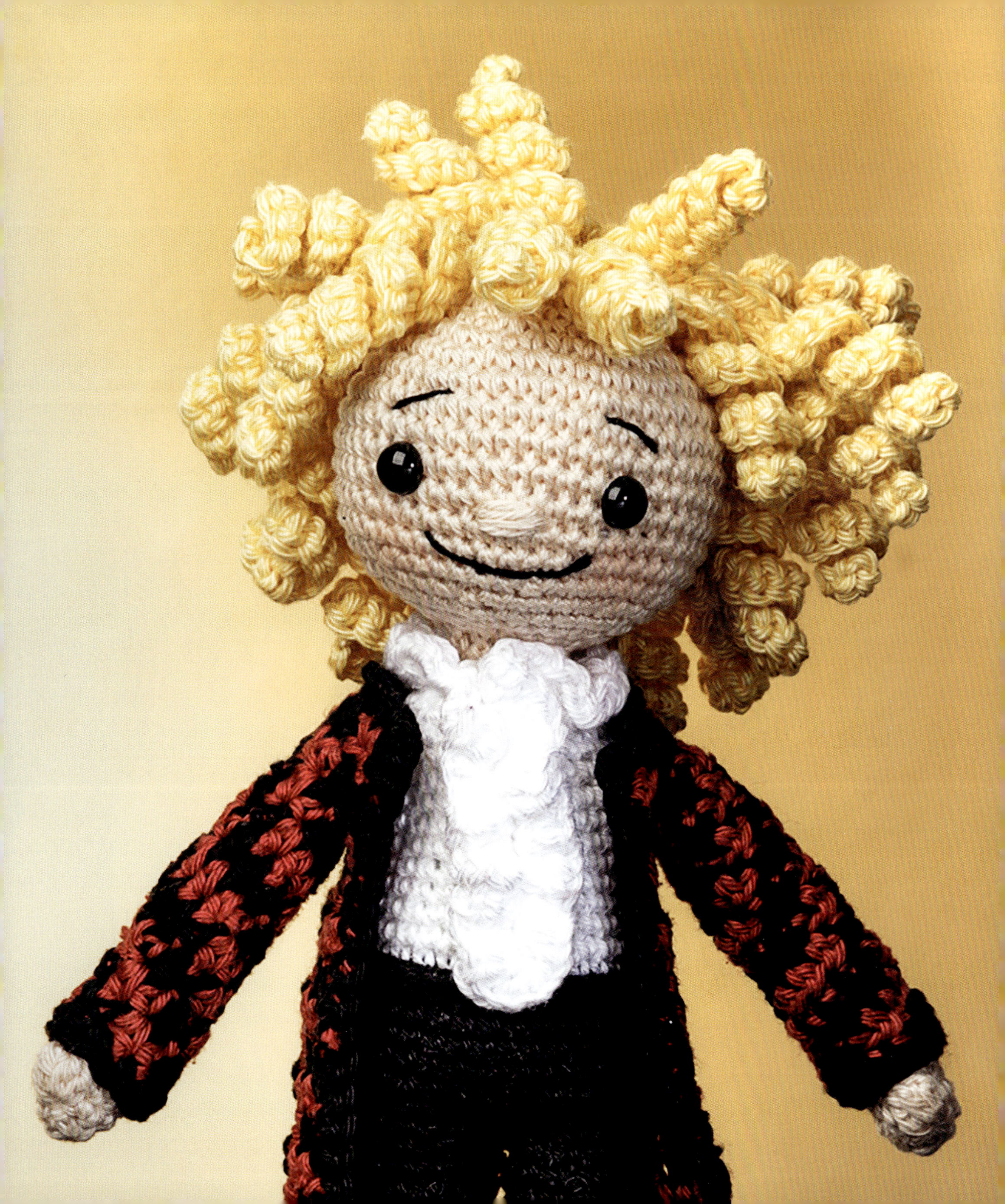

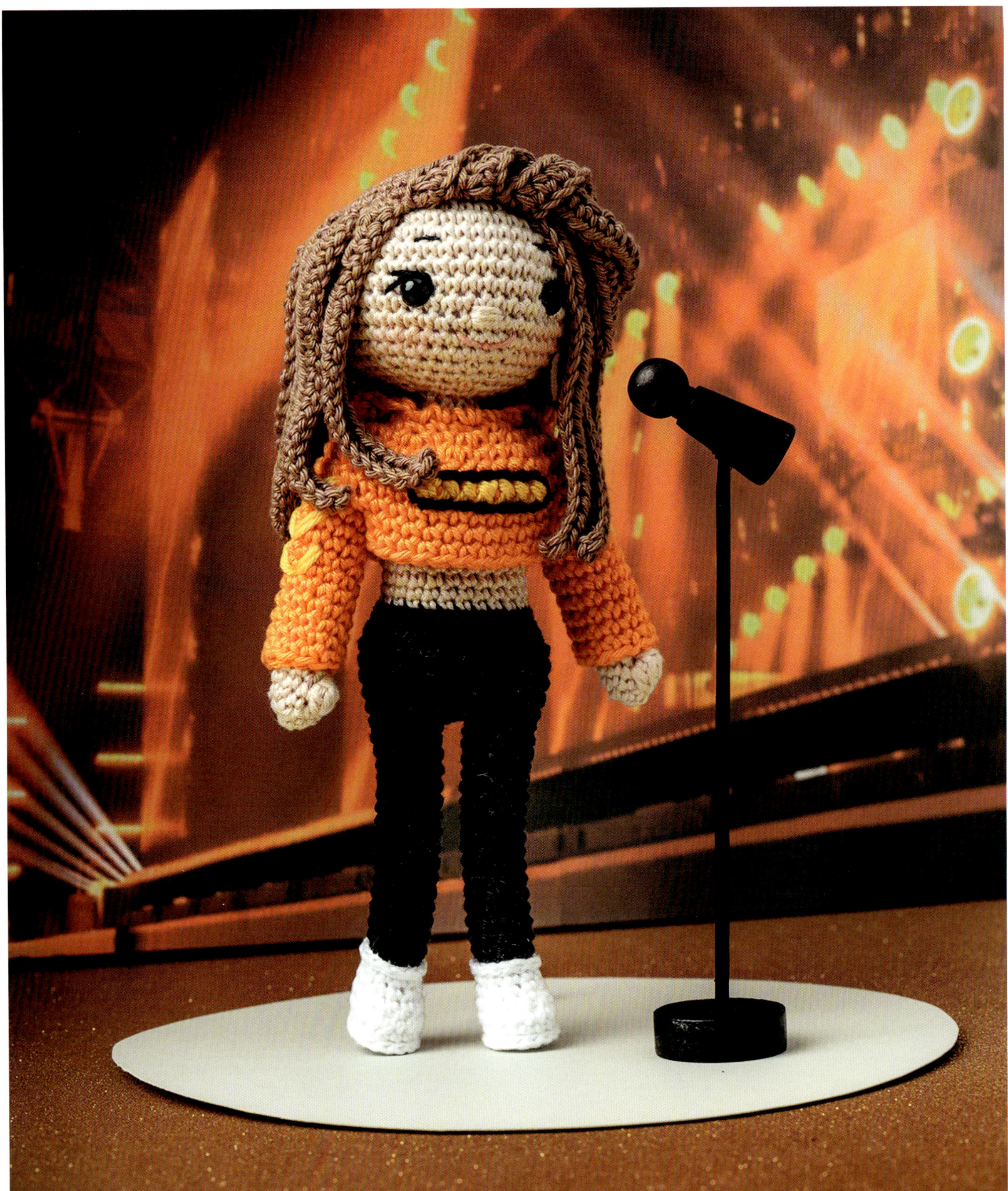

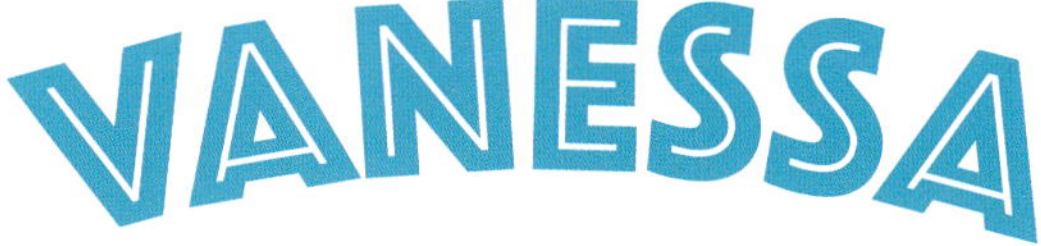

MAI

MATERIAL

Schachenmayr Catania (100 % Baumwolle, LL 125 m/50 g) in

- **Weiß (Fb 106), 15 g**
- **Schwarz (Fb 110), 20 g**
- **Soft Apricot (Fb 263), 25 g**
- **Deep Amber (Fb 438), 25 g**
- **Orange (Fb 281), 20 g**
- **Sonne (Fb 208), Rest**
- **Häkelnadel 2,0 mm**
- **Häkelnadel 3,0 mm**
- **Füllwatte**
- **Wollnadel**
- **Sicherheitsaugen Ø 7 mm**
- **Maschenmarkierer**

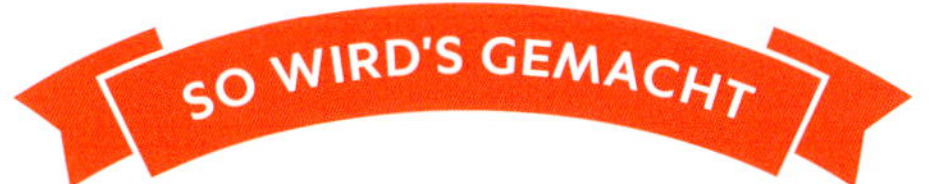

Es wird, wenn nicht anders angegeben, in Spiral-Rd gehäkelt. Denke schon während des Häkelns daran, die Teile nach und nach mit Watte zu füllen.

BEINE

(2x, in Weiß und Schwarz)

Beginne mit Fb Weiß.

1. Rd: Schlage 4 Lm an. Beginne in der 2. Lm ab der Nadel, 2 fM, 3 fM in die nächste Lm, weiter auf der anderen Seite der Lm-Kette, 2 fM, 3 fM in die letzte Lm. [10]
Setze hier deinen MM.
2. Rd: *2 fM, 3x 1 M zun*, von * bis * noch 1x wdh. [16]
3. Rd: 16 fM ihM. [16]
4. Rd: 16 fM häkeln. [16]
5. Rd: 3 fM, 3x 1 M abn, 7 fM. [13]
6. Rd: 2 fM, 1 M abn, 1 fM, 1 M abn, 6 fM. [11]
7. Rd: 11 fM häkeln. [11]
8. Rd: Fb-Wechsel zu Schwarz, 3 fM ihM, 1 M ihM abn, 6 fM ihM. [10]
9.–22. Rd: 10 fM häkeln. [10]
Den Faden abschneiden und vernähen.

Schuhdetails

Den Faden in Weiß im vorderen M-Glied der 3. Rd der Beine wieder aufnehmen. Von oben einstechen und rundherum Km ivM häkeln.
Den Faden abschneiden und vernähen.
Dasselbe machst du in jedes vordere M-Glied der 8. Rd der Beine.

Häkle ein 2. Bein, schneide den Faden aber nicht ab, sondern häkle weitere 5 fM.
Es geht weiter mit der Verbindung.

VERBINDUNG

Häkle die Verbindung in Schwarz, wie in der Grundanleitung auf Seite 20 beschrieben.

KÖRPER

(in Schwarz und Soft Apricot)

Weiter in Fb Schwarz.

1. Rd: 1 M zun, 3 fM, 1 M zun, 4 fM, 1 M zun, 2 fM, 1 M zun, 4 fM, 1 M zun, 3 fM, 1 M zun, 2 fM. [30]
2.–5. Rd: 30 fM häkeln. [30]
6. Rd: 7 fM, 1 M abn, 13 fM, 1 M abn, 6 fM. [28]
7. Rd: 6 fM, 2x 1 M abn, 10 fM, 2x 1 M abn, 4 fM. [24]
8. Rd: Fb-Wechsel zu Soft Apricot, 24 fM ihM. [24]
9.–15. Rd: 24 fM häkeln. [24]
16. Rd: 6 fM, 1 M zun, 1 fM, 1 M zun, 9 fM, 1 M zun, 1 fM, 1 M zun, 3 fM. [28]
17.–18. Rd: 28 fM häkeln. [28]
19. Rd: *7 fM, 1 M abn, 2 fM, 1 M abn*, von * bis * noch 1x wdh, 2 fM. [24]
20. Rd: *2 fM, 1 M abn*, von * bis * noch 5x wdh. [18]
21. Rd: *1 fM, 1 M abn*, von * bis * noch 5x wdh. [12]
22.–23. Rd: 12 fM häkeln.
Den Faden mit langem Ende abschneiden.

ARME

(2x, in Soft Apricot)

Häkle die Arme, wie in der Grundanleitung auf Seite 21 beschrieben.
Nähe die Arme seitlich zwischen der 18. und 19. Rd am Körper an. Die Daumen zeigen nach vorn.

PULLOVER

(in Orange und mit Nadelstärke 3,0 mm)

1. Rd: Schlage 20 Lm an, mit 1 fM zur Rd schließen, 1 fM in jede Lm. [20]
Setze hier deinen MM.
2. Rd: *1 fM, 1 M zun*, von * bis * noch 9x wdh. [30]
3. Rd: *2 fM, 1 M zun*, von * bis * noch 9x wdh. [40]
4.–5. Rd: 40 fM häkeln. [40]
6. Rd: 7 fM, 4 Lm, 6 M überspr, 14 fM, 4 Lm, 6 M überspr, 7 fM. [36]
7. Rd: 7 fM, 1 fM in jede Lm, 14 fM, 1 fM in jede Lm, 7 fM. [36]
8. Rd: 36 fM häkeln. [36]
Den Faden abschneiden und vernähen.

Ärmel (2x, in Orange)

Für die Ärmel den Faden an einer M vom Ärmelloch wieder aufnehmen und 12 fM häkeln.
1.–10. Rd: 12 fM häkeln. [12]
Den Faden abschneiden und vernähen.

Häkle den 2. Ärmel auf dieselbe Weise.

Kapuze (in Orange und mit Nadelstärke 3,0 mm)

1. R: Lass einen langen Anfangsfaden, schlage 16 Lm an. Beginne in der 2. Lm ab der Nadel, 1 fM in jede Lm, 1 Lm, wenden. [15]
2.–11. R: 15 fM, 1 Lm, wenden. [15]
12. R: 15 fM häkeln. [15]
Den Faden mit langem Ende abschneiden.

Falte eine Längsseite des Rechtecks und nähe die gegenüberliegenden M zus.
Markiere die 5 mittigen M am Kragen. Nähe die Kapuze mit den restlichen M an den Kragen.

Wichtig: Ziehe den Pullover an, bevor du den Kopf annähst. Er passt später nicht mehr über den Kopf.

Details am Pullover (in Sonne und Schwarz)

Mithilfe eines Kreuzstichs und doppeltem Faden in Sonne mittig auf Brusthöhe 7 Kreuze sticken. In Schwarz die Umrandung sticken. Nutze dafür einen Rückstich.
Umwickle die Schlaufen des Rückstichs, indem du von unten in die Schlaufen einstichst und den

Faden durchziehst. So wird die Umrandung begradigt.
Tipp: Die bildliche Beschreibung findest du bei Freddie Mercury auf Seite 48.
Vernähe alle Fäden auf der Innenseite.

Sticke ebenfalls in Sonne und mit doppeltem Faden auf jeden Ärmel 3 Pfeile. Vernähe die Fäden.

KOPF

(in Soft Apricot)

Häkle den Kopf, wie in der Grundanleitung auf Seite 21 beschrieben. Nähe ihn auf den Körper. Sticke das Gesicht, wie in der Grundanleitung „Gesichter" auf Seite 22 beschrieben.

HAARE

(in Deep Amber)

Zuerst werden die Strähnen gehäkelt. Diese werden dann zum Kreis geschlossen, bevor es mit der Haube weitergeht.

Strähnen (18x)

Schlage 23 Lm an. Beginne in der 2. Lm ab der Nadel, 22 hStb. Wdh diese Strähne, bis du insgesamt 18 Strähnen gehäkelt hast.
Arbeit wenden und 1 fM in die 1. Strähne häkeln, um zur Rd zu schließen. Häkle in jede Strähne 2 fM. Du solltest jetzt insgesamt 36 M haben.
Setze hier deinen MM, denn die Haube wird weiter in Spiral-Rd gehäkelt.

Haube

1.–2. Rd: 36 fM häkeln. [36]
3. Rd: *1 M abn, 4 fM*, von * bis * noch 5x wdh. [30]
4. Rd: *1 M abn, 3 fM*, von * bis * noch 5x wdh. [24]
5. Rd: *1 M abn, 2 fM*, von * bis * noch 5x wdh. [18]
6. Rd: *1 M abn, 1 fM*, von * bis * noch 5x wdh. [12]
7. Rd: 6x 1 M abn. [6]

Den Faden abschneiden und die Rd schließen, indem du den Faden durch jedes vordere M-Glied der vorletzten Rd fädelst. Den Faden fest anziehen, um das Loch zu schließen.
Vernähe die Fäden und nähe mit einem neuen Faden die Haube am Kopf fest. Die letzte Rd der Haube sollte auf der 1. Rd des Kopfs sitzen.
Fixiere die 3 vor dem Gesicht liegenden Strähnen seitlich mit 2–3 Stichen.

DIE ERGEBNISSE DER TESTHÄKLERINNEN

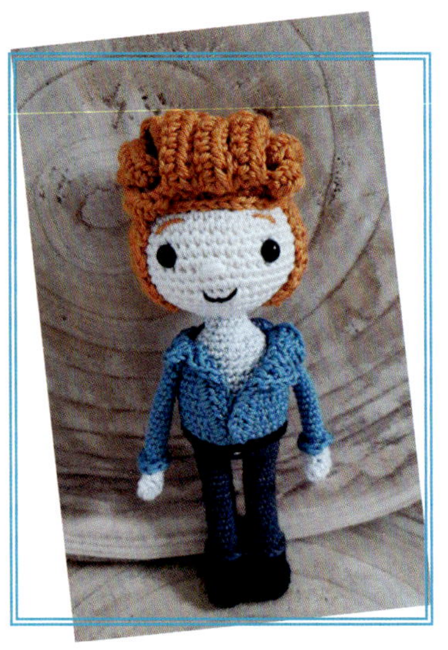

Edward Cullen,
gehäkelt von Henrietta
(@henrietta_handmade)

Sie hat anstelle des Hauttons in der Farbe Natur gehäkelt um die Haut noch blasser erscheinen zu lassen.

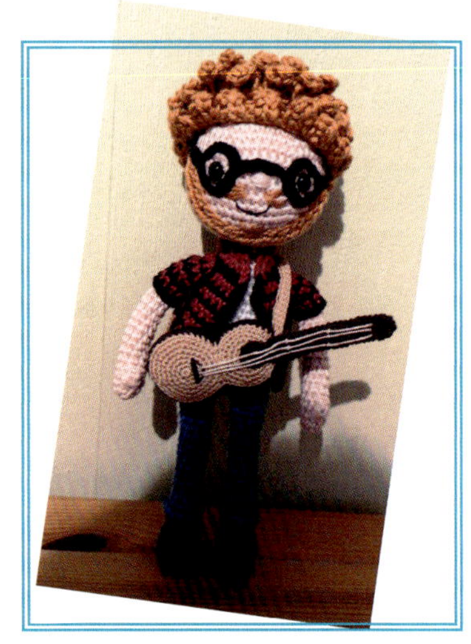

Ed Sheeran,
gehäkelt von Sandra
(@sandrashobbywelt)

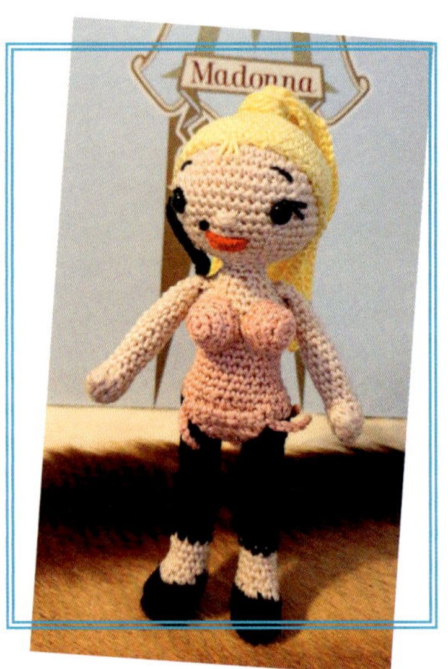

Madonna,
gehäkelt von Bianca
(@bibosch2020)

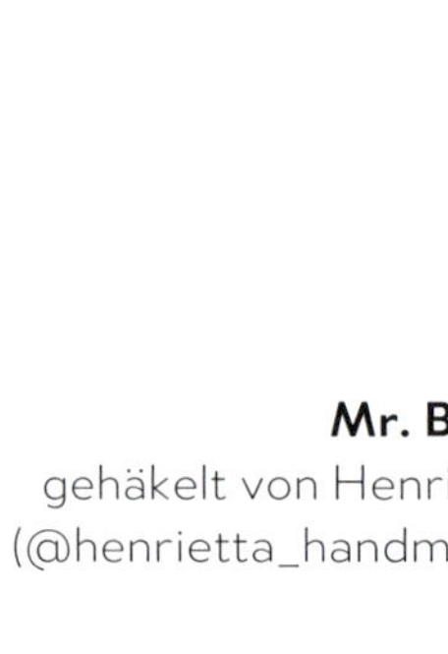

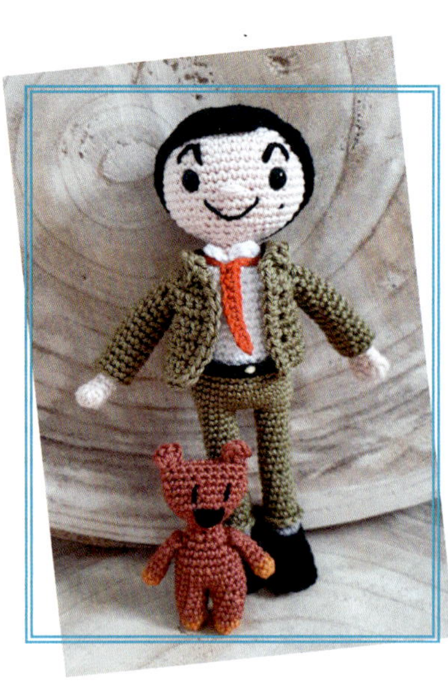

Mr. Bean,
gehäkelt von Henrietta
(@henrietta_handmade)

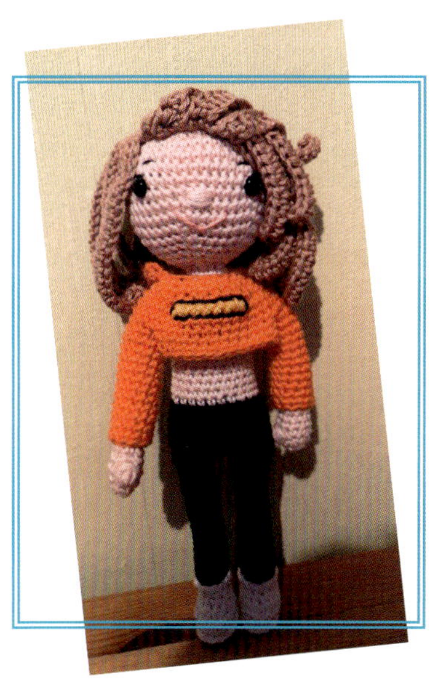

Vanessa Mai und **Freddie Mercury,** gehäkelt von Sandra (@sandrashobbywelt)

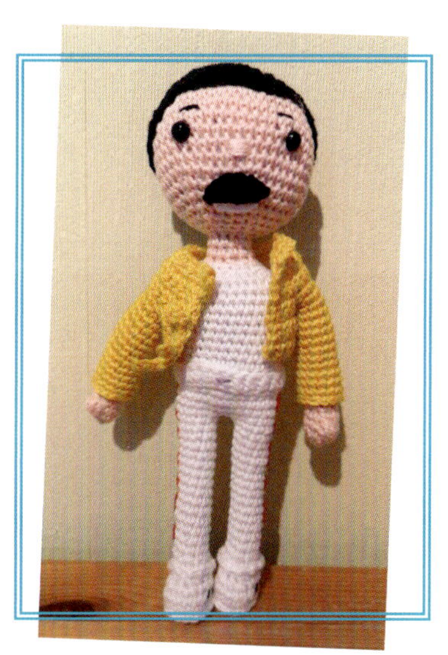

Michael Jackson, gehäkelt hat Denise mit dem „Eco Bebek“ Bio-Baumwollgarn. Sie hat anstelle Sicherheitsaugen einzusetzen, die Augen einfach gestickt.

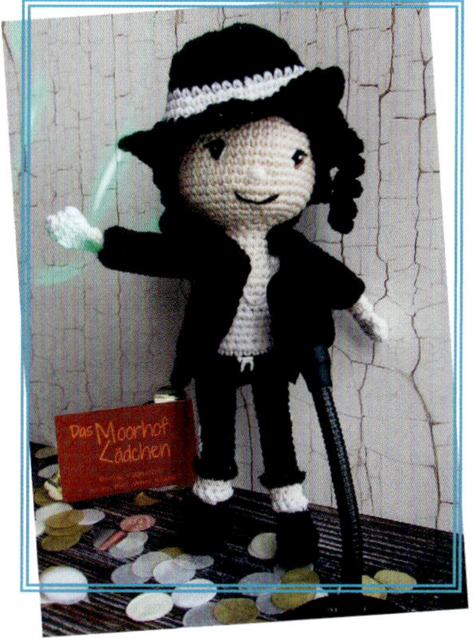

Thomas Gottschalk, gehäkelt von Sandra (@sandrashobbywelt)

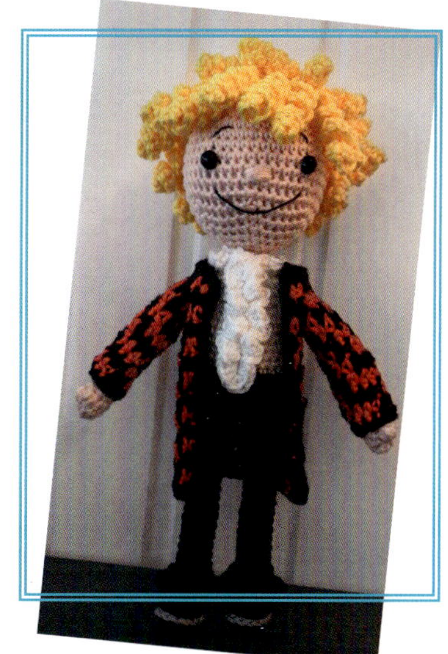

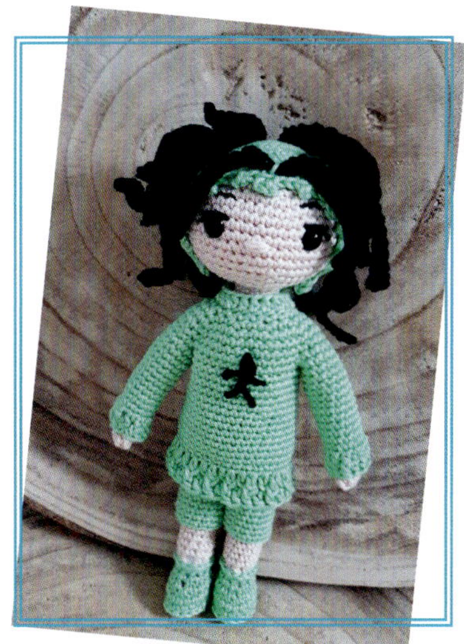

Billie Eilish, gehäkelt von Henrietta (@henrietta_handmade) Sie hat anstelle des Sockengarns für die Kleidung mit Schachenmayr Catania und etwas lockerer gehäkelt.

ÜBER DIE AUTORIN

Alexandra Schwarz war schon in ihrer Kindheit ein echter Kreativkopf – genau wie alle Frauen in ihrer Familie. Das Häkeln von Amigurumis brachte sich die 36-Jährige autodidaktisch bei, nachdem sie diese 2014 zum ersten Mal im Internet entdeckte und unbedingt auch solche Figuren herstellen wollte. Seither vergeht kaum ein Tag, an dem sie nicht die Häkelnadel in die Hand nimmt. Unter dem Namen „Wolltastisch handmade" verkauft sie mittlerweile ihre eigenen Anleitungen und machte das anfängliche Hobby zu ihrem Beruf. Sie lebt mit ihrem Mann, den zwei gemeinsamen Kindern und einer Katze namens Motte in ihrer Wahlheimat Wasseralfingen in Baden-Württemberg.

DANKSAGUNG

Jetzt kommt der für mich schwierigste Teil des Buchs: die Danksagung. Ich habe mir mit diesem Buch einen großen Traum erfüllt und ich finde, die Dankbarkeit für solch eine Chance kann man nicht in Worte fassen. Ich versuche es jetzt einfach mal.

An erster Stelle möchte ich meinem Mann Mario und meinen Kindern Celina und Leonie danken. Sie halten mir immer den Rücken frei und unterstützen mich in allem, was ich tue. Vor allem aber ertragen sie mich, wenn ich beim Designen meiner Figuren mal wieder durchdrehe. Dem Rest meiner Familie möchte ich auf diesem Weg auch Danke sagen. Denn viele Ideen haben wir gemeinsam entwickelt.

Ein großer Dank geht auch an die liebe Andrea Allmeroth. Ohne dich wäre der Kontakt zum Verlag wohl nicht zustande gekommen. Wo wir auch schon beim Verlag sind. Ich danke euch von Herzen für euer Vertrauen und die Erfüllung meines Traums. Ein besonderer Dank geht an meine Lektorin Saskia Reusch, die mir immer mit Rat und Tat zur Seite stand.

Ebenso möchte ich mich bei meinen Sponsoren Schachenmayr, Sheepjes, Buttinette, Wolle Rödel und Hobbii bedanken. Ihr habt alle so unheimlich schöne Garne und Zubehör, mit denen sich so toll häkeln lässt.

Meine fleißigen Testhäklerinnen Sandra, Bianca, Denise und Henrietta bekommen ein ganz großes Danke von mir. Vielen Dank für eure investierte Zeit, eure Geduld und eure hilfreichen Tipps. Ich bin unheimlich froh, euch zu haben.

Und zu guter Letzt möchte ich dir danken. Vielen Dank für den Kauf meines Buchs. Ich hoffe, du hast beim Häkeln der Figuren ebenso viel Spaß wie ich.

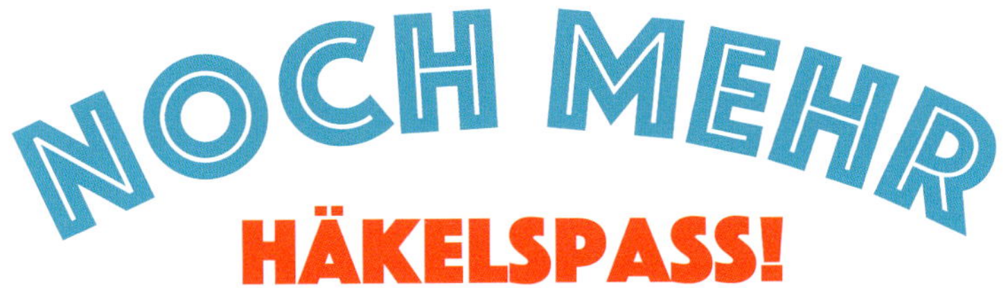

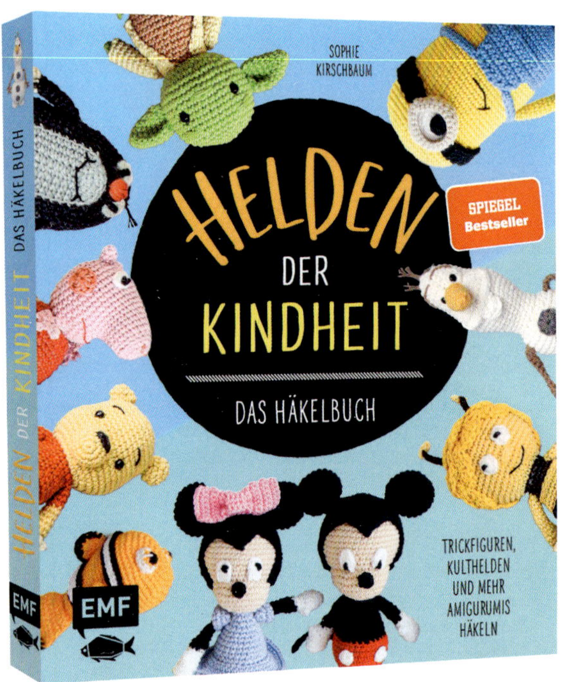

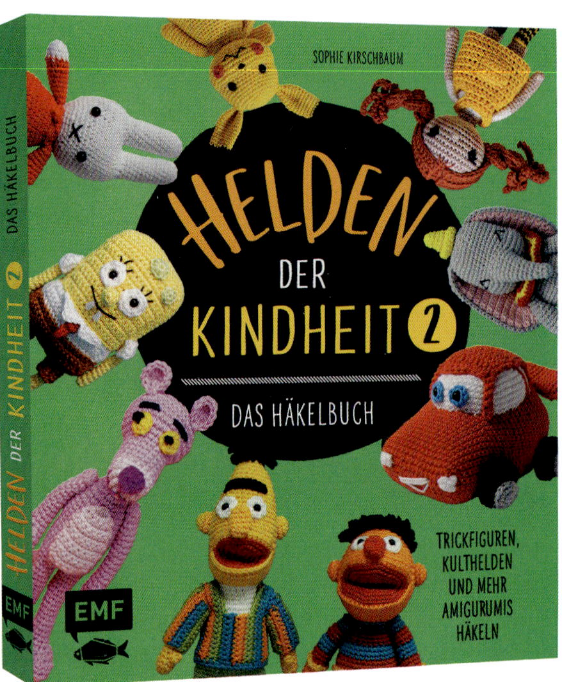

HELDEN DER KINDHEIT –
DAS HÄKELBUCH

Trickfiguren, Kulthelden und mehr
Amigurumis häkeln

ISBN 978-3-96093-591-9

19,99 € (D) / 20,60 € (A)

HELDEN DER KINDHEIT –
DAS HÄKELBUCH – BAND 2

Trickfiguren, Kulthelden und mehr
Amigurumis häkeln

ISBN 978-3-7459-0078-1

19,99 € (D) / 20,60 € (A)

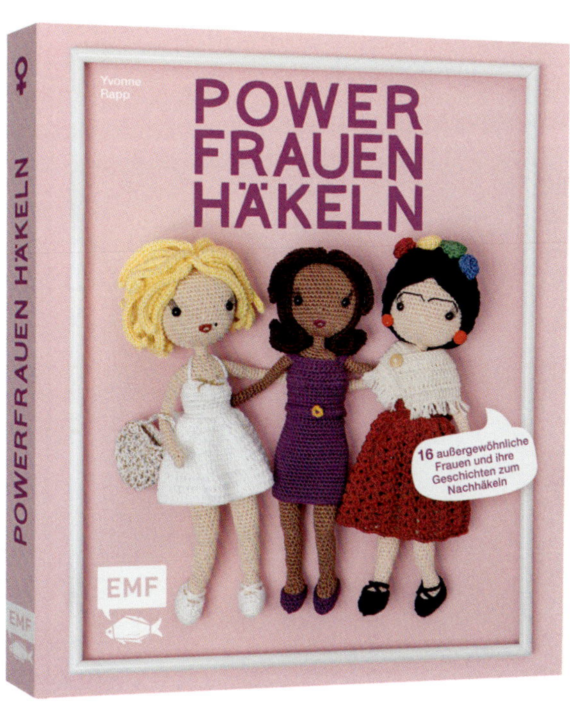

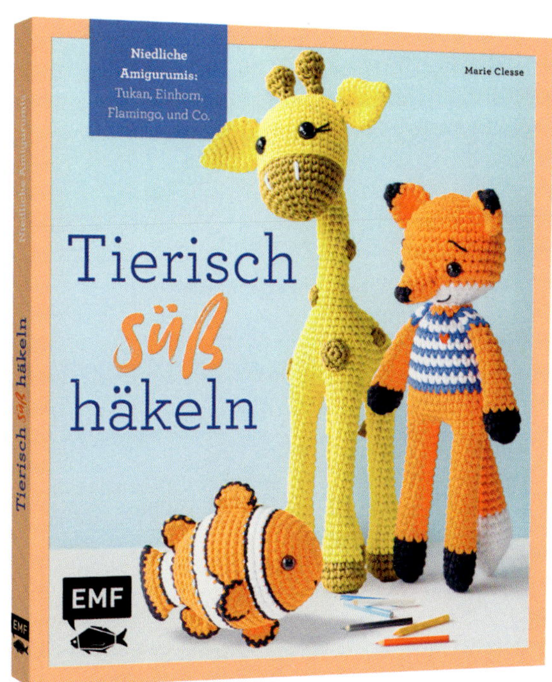

POWERFRAUEN HÄKELN

16 Häkelanleitungen für außergewöhnliche Frauen und ihre Geschichten: Frida Kahlo, Angela Merkel, Jane Austen und viele mehr

ISBN 978-3-7459-0309-6

20,00 € (D) / 20,60 € (A)

TIERISCH SÜSS HÄKELN

Niedliche Amigurumis: Tukan, Clownfisch, Einhorn, Flamingo, Kaktus und Co.

ISBN 978-3-7459-0420-8

12,99 € (D) / 13,40 € (A)

IMPRESSUM

Bibliografische Information der Deutschen Bibliothek.

Die Deutsche Bibliothek verzeichnet diese Publikation in der Deutschen Nationalbibliografie. Detaillierte bibliografische Daten sind im Internet über http://www.dnb.de/ abrufbar.

EIN BUCH DER EDITION MICHAEL FISCHER

1. Auflage 2021

Covergestaltung: Anna Köperl
Bilder: SHOT FOTOGRAFIE, Katja Schubert, München
Illustrationen: © Incomible/Shutterstock, © Batshevs/Shutterstock, © chekart/Shutterstock, © Decobrush/Shutterstock, © andvasiliev/Shutterstock, © mhatzapa/Shutterstock, © BoxerX/Shutterstock, © Tatiana Goncharuk/Shutterstock, © Maryna Stamatova/Shutterstock
Redaktion und Lektorat: Saskia Reusch
Layout: Anna Köperl

ISBN 978-3-7459-0359-1

Gedruckt bei Polygraf Print, Čapajevova 44, 08001 Prešov, Slowakei

www.emf-verlag.de